U0875338

国家示范性高职院校建设项目成果教材

砌体结构工程施工

毛海涛　主　编

赵　霞　雷雄丽
张　赟　副主编

科学出版社

北　京

内 容 简 介

本书根据高职高专院校建筑工程技术专业的教学要求编写，共四个单元。书中主要介绍建筑工地围墙砌筑施工，包括建筑工地围墙的设计与构造要求、建筑工地围墙的砌筑及检查验收与评价；填充墙砌筑施工，包括填充墙的砌筑材料、填充墙的构造要求、填充墙的砌筑工具与机具、填充墙砌筑注意事项、填充墙的施工质量控制与验收评价及填充墙的施工安全；砖混结构砌筑施工，包括砖混结构墙体的作用及要求、砖混结构房屋的构造、砖混结构房屋的主要建筑材料与施工机具、施工准备、工程开工、施工过程、施工过程控制及项目收尾管理，最后一个单元为综合训练单元。

本书可作为高职高专院校建筑工程专业教学用书，也可供有关工程技术人员参考。

图书在版编目(CIP)数据

砌体结构工程施工/毛海涛主编．—北京：科学出版社，2010

(国家示范性高职院校建设项目成果教材)

ISBN 978-7-03-029371-8

Ⅰ．①砌… Ⅱ．①毛… Ⅲ．①砌块结构-工程施工-高等学校：技术学校-教材 Ⅳ．①TU36

中国版本图书馆 CIP 数据核字(2010)第 210757 号

责任编辑：何舒民/责任校对：马英菊

责任印制：吕春珉/封面设计：曹来

科学出版社 出版

北京东黄城根北街16号

邮政编码：100717

http://www.sciencep.com

铭浩彩色印装有限公司 印刷

科学出版社发行　各地新华书店经销

*

2010年11月第 一 版　开本：787×1092 1/16

2016年10月第三次印刷　印张：14 3/4

字数：350 000

定价：24.00元

(如有印装质量问题，我社负责调换〈骏杰〉)

销售部电话 010-62134988　编辑部电话 010-62137154（VA03）

版权所有，侵权必究

举报电话：010-64030229；010-64034315；13501151303

前　言

本书按照“工作过程系统化”课程模式，选取了建筑工地围墙砌筑施工、填充墙砌筑施工、砖混结构砌筑施工三个单元的学习内容，以及一个综合训练单元进行编写。通过本课程的学习，学生在顶岗实习时，不仅能从事有关砌体结构的施工组织与管理，还能进行临时设施的设计与施工。

本书依据现行的国家标准、行业标准，参考工程建设标准化协会标准和沿海地区地方标准编写。

本书主要有以下特点：

1. 根据高职高专的教学特点，以理论“适度、够用”为原则编写教材，侧重施工工艺的适用性分析和施工工艺的流程介绍。

2. 内容全面。本书囊括了施工现场必须有的临时设施、框架结构主体结构、分部工程中的分项工程（填充墙砌筑施工）和一个完整的单位工程施工，即砖混结构砌筑施工。

3. 时效性强。本书结合当前建筑工程企业常用的施工方法进行编写，删减了落后、淘汰的施工工艺，适当引入部分新型施工工艺。

本书由昆明冶金高等专科学校毛海涛、赵霞、雷雄丽、张赟编写。赵霞编写单元1；雷雄丽编写单元2；毛海涛编写单元3；张赟编写单元4。全书由毛海涛统稿。

由于本书按照高职高专建筑施工类建筑工程技术专业课程改革后新的课程体系编写，教材内容较新，编写任务较重，编写时间较为仓促，并且限于编者理论水平和实践经验，书中难免有不妥之处，恳请广大读者批评指正。

编　者

2010年9月

目　录

单元 1 建筑工地围墙砌筑施工

学习目标

能设计并能组织建筑工地围墙施工

技能点

(1) 建筑工地围墙、大门、门房的设计

(2) 建筑工地围墙的砌筑施工

知识点

(1) 建筑工地围墙的构造

(2) 建筑围墙工程用料

(3) 砌筑工具与机具

(4) 砌筑工艺

学习内容

(1) 建筑工地围墙的设计与构造要求

(2) 建筑工地围墙的砌筑

(3) 检查验收与评价

建筑工地的围墙（图 1.1）是现场封闭施工的重要措施，也是安全文明施工的主要设施之一。建筑工地的围墙、大门及门房都由施工单位的工程技术人员自行设计，自行施工。

有的施工单位一是认为施工现场的围墙属于临时性的，产生临时观念，故在施工时未加以重视，不按照规范要求去施工；二是为节省材料，围墙采用黏土砖砌筑，以

图 1.1　建筑工地围墙

便工程完工后拆除围墙砖作二次利用，但此做法势必造成围墙自身强度太低，稳定性差；三是在靠近林带和绿化植被边砌筑围墙，施工时未采取防范措施，由于受到林带经常浇水和绿化微喷的影响，造成围墙基础不断下沉，墙皮脱落，乃至墙体倾斜、倒塌；四是施工现场围墙一侧大量堆土、堆放砂石料或其他建筑材料，对围墙产生较大的侧压力，而导致围墙倒塌。因此，必须对此有足够的认识。施工现场的围墙砌筑，除消除临时观念外，应根据所处环境的地质条件不同及工程的周期长短，分别采取相应的技术措施进行施工。

1.1　建筑工地围墙的设计与构造要求

建筑工地围墙一般由基础和墙身（包括构造柱）构成。基础可以用毛石砌筑，也可以用普通砖砌筑。墙身可以用普通砖砌筑，也可以用砌块砌筑。

1.1.1　建筑工地围墙的设计

1. 建筑工地围墙的位置

工程完工以后要将建筑工地围墙予以拆除，一般使用期不长，可以建筑在规划红线的位置。如果施工场地宽松，可以退规划红线后 3m 砌筑。

所谓的规划红线，是政府规划部门在批准建设用地时用红粗线表示的批准了的建设用地标志线。因此，建筑工地围墙不能设在红线以外。

2. 建筑工地围墙的基础

1）*毛石基础*

在石料丰富的地区，可因地制宜利用本地资源优势，做成石基础。基础采用的石料分毛石和料石两种，一般建筑采用毛石较多，价格低廉，施工简单。

毛石基础可作墙下条形基础或柱下独立基础。

2）*砖基础*

砖基础是由烧结普通砖和水泥混合砂浆（或水泥砂浆）砌筑而成的。砖的强度等级应不低于 MU10，砂浆强度等级应不低于 M5。

砖基础按其形式有条形基础和独立基础。条形基础一般设在砖墙下，独立基础一般设在砖柱下。

3. 建筑工地围墙及构造

1）*高度*

建筑工地围墙的高度一般为 2～2.5m，如果当地政府部门有要求，则按要求的高度砌筑，若没有特殊要求可以按地面以上 2m 砌筑。由于建筑工地地形起伏变化较大，一般可以随着地形变化砌筑。

2）*厚度*

如果用普通砖砌筑，一般采用 24 墙，如果用砌块砌筑，则可以适当增减其厚度。

3）扶壁柱

一般每隔4～5m设置一道扶壁柱，如图1.2所示，在转角处和有高度变化处应加设扶壁柱。

用普通砖砌筑的建筑工地围墙，扶壁柱应为370mm×370mm，用砌块砌筑时，扶壁柱的尺寸可以为1.5倍墙厚。扶壁柱处的基础也必须与扶壁柱相对应。

4. 建筑工地围墙盖顶

建筑工地围墙盖顶（图1.3）可以有多种设计，但必须满足下列要求：

① 必须将砖缝盖住，不能让雨水冲刷。

② 至少挑出墙面60mm，且有一定的斜度。

③ 盖顶砖上部用20～40mm厚水泥砂浆覆盖。

④ 美观要求。

图1.2　建筑围墙扶壁柱

图1.3　建筑围墙盖顶

1.1.2　建筑工地大门洞口的设计

1. 建筑工地大门宽度

建筑工地的大门宽度一般为5～7m（图1.4），这样才能保证进出方便。

2. 建筑工地大门门柱

建筑工地大门一般为铁门，重量较大，门柱尺寸一般为600mm×600mm～900mm×900mm，用水泥砂浆砌牢。围墙砌筑后必须养护一周以上方可上大门。

3. 建筑工地门房

建筑工地门房既是施工现场的安全保卫重地，也是文明施工的重要关口，必须24小时有人值班，因此必须有一定的活动空间（出入登记处、值班人员休息处），还应有厕所，以确保值班人员不离岗。此外还应设置进出车辆的冲洗设施，以确保进出车辆不带泥上路。

建筑工地门房一般为单层建筑，面积以10m²左右为宜。可以用普通砖砌筑，也可以用砌块砌筑，但现在更多是采用活动板房（图 1.5）。

图 1.4　建筑工地大门

图 1.5　建筑工地门房

4. 建筑工地大门地面

建筑工地大门地面应设冲洗进出车辆用的水沟、水槽，要保持路面干净，避免车辆带泥出工地，影响环境卫生。

1.2　建筑工地围墙的砌筑

1.2.1　建筑工地围墙的砌筑材料与工具

砖围墙是用砂浆把砖按一定规律砌筑而成的砌体，因此，砂浆和砖是砖砌体的主要材料。

1. 砌筑围墙用砂浆

砂浆是由胶凝材料、细骨料和水等材料按适当比例配制而成的，细骨料多采用天然砂。砂浆在建筑工程中是一项用量大、用途广的建筑材料，砂浆的作用是把块材黏结成整体，起胶黏作用；可抹平块体表面，使其均匀受力，起承载和传力作用；可以填实缝隙，起到保温、隔热、密封作用。

常用的砌筑砂浆一般分为水泥砂浆、混合砂浆和石灰砂浆。

由于建筑工地围墙工程完工后多数要拆除，砌筑围墙用砂浆大多为非水泥砂浆。非水泥砂浆指不含水泥的砂浆，如石灰砂浆、黏土砂浆。

石灰砂浆是由石灰膏和砂子按一定比例搅拌而成的砂浆，完全靠石灰的气硬性而获得强度。石灰砂浆宜用于砌筑干燥环境中以及强度要求不高的砌体，不宜用于砌筑潮湿环境中的砌体与基础。因为石灰属气硬性胶凝材料，在潮湿环境中，石灰膏不但难于结硬，而且会出现溶解流散现象。

2. 砌筑围墙用普通砖

将规格为 240mm×115mm×53mm 的无孔或孔洞率小于 15%的砖称为普通砖，其尺寸见图1.6。

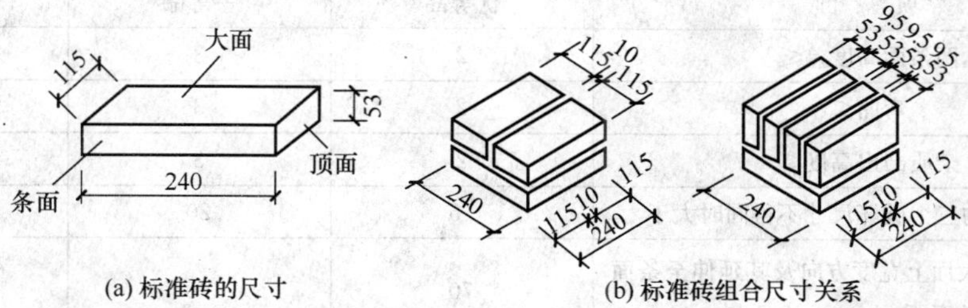

(a) 标准砖的尺寸　(b) 标准砖组合尺寸关系

图1.6　普通砖的尺寸及其尺寸关系

普通砖的规格是以（砖厚＋灰缝）∶（砖宽＋灰缝）∶（砖长＋灰缝）为1∶2∶4的基本原则制定的。普通标准砖的进级尺寸为（240＋10）＝250mm，与我国现行模数中的M＝100mm的基本模数不一致，因此，在设计构件尺寸或在砖墙上开设洞口时，须注意标准砖的这一特性。

普通砖有经过焙烧的黏土砖（称为烧结普通砖）、页岩砖、粉煤灰砖、煤矸石砖和未经过焙烧的粉煤灰砖、炉渣砖、灰砂砖等。大多数建筑围墙都是用烧结普通砖砌筑。

烧结普通砖是指以黏土、页岩、煤矸石或粉煤灰为主要原料经过焙烧而成的实心或孔洞率不大于规定值且外形尺寸符合规定的砖，分为烧结黏土砖、烧结页岩砖、烧结煤矸石砖、烧结粉煤灰砖等。烧结普通砖的尺寸、性能要求等如下：

① 砖的外形为直角六面体，其标准尺寸为长240mm，宽115mm，高53mm，其尺寸偏差不应超过标准规定。因此，在砌筑使用时，包括灰缝（10mm）在内，4块砖长、8块砖宽、16块砖厚都为1m，512块砖可砌1m^{3}砌体。

② 砖按抗压强度分为MU30、MU25、MU20、MU15、MU10五个强度等级。

③ 烧结普通砖强度和抗风化性能合格的砖，根据尺寸偏差、外观质量、泛霜和石灰爆裂分为优等品（A）、一等品（B）、合格品（C）三个质量等级，尺寸允许偏差见表1.1；外观质量允许偏差见表1.2。

泛霜也称起霜，是砖在使用过程中的盐析现象。砖内过量的可溶性盐受潮吸水而溶解，随水分蒸发而沉积于砖的表面，形成白色粉末附着物，影响建筑物美观，若溶盐为硫酸盐，当水分蒸发并结晶析出时，产生膨胀，使砖面剥落。烧结普通砖的泛霜要求见表1.3。

表1.1　烧结普通砖尺寸允许偏差　单位：mm

公称尺寸	优等品		一等品		合格品	
	样本平均偏差	样本极差≤	样本平均偏差	样本极差≤	样本平均偏差	样本极差≤
240	±2.0	8	±2.5	8	±3.0	8
115	±1.5	6	±2.0	6	±2.5	7
53	±1.5	4	±1.6	5	±2.0	6

表 1.2　烧结普通砖外观质量允许偏差　　单位：mm

<table>
<tr><th colspan="2">项　目</th><th>优等品</th><th>一等品</th><th>合格品</th></tr>
<tr><td colspan="2">两条面高度差≤</td><td>2</td><td>3</td><td>5</td></tr>
<tr><td colspan="2">弯曲≤</td><td>2</td><td>3</td><td>5</td></tr>
<tr><td colspan="2">杂质凸出高度≤</td><td>2</td><td>3</td><td>5</td></tr>
<tr><td colspan="2">缺棱掉角的三个破坏尺寸不得同时大于</td><td>15</td><td>20</td><td>30</td></tr>
<tr><td rowspan="2">裂纹长度</td><td>大面上宽度方向及其延伸至条面的长度≤</td><td>70</td><td>70</td><td>110</td></tr>
<tr><td>大面上长度方向及其延伸至顶面的长度或条面上水平裂纹的长度≤</td><td>100</td><td>100</td><td>150</td></tr>
<tr><td colspan="2">完整面不得少于</td><td>一个条面和一个顶面</td><td>一个条面和一个顶面</td><td>—</td></tr>
<tr><td colspan="2">颜色</td><td>基本一致</td><td>—</td><td>—</td></tr>
</table>

表 1.3　烧结普通砖的泛霜要求和石灰爆裂要求

项目	优等品	一等品	合格品
泛霜	无泛霜	不允许出现中等泛霜	不得严重泛霜
石灰爆裂	不允许出现最大尺寸大于 2mm 的爆裂区域	最大破坏尺寸 2mm 且小于等于 10mm 的爆裂区域，每组砖样不得多于 15 处；不允许出现最大破坏尺寸大于 10mm 的爆裂区域	最大破坏尺寸大于 2mm 且小于等于 15mm 的爆裂区域，每组砖样不得多于 15 处；其中大于 10mm 的不得多于 7 处；不允许出现最大破坏尺寸大于 15mm 的爆裂区域

④砖的外形应该平整、方正。外观无明显的弯曲、缺棱、掉角、裂缝等缺陷，敲击时发出清脆的金属声，色泽均匀一致。

3. 砌筑围墙用混凝土空心砌块

普通混凝土小型空心砌块以水泥、砂、碎石或卵石、水等预制而成。

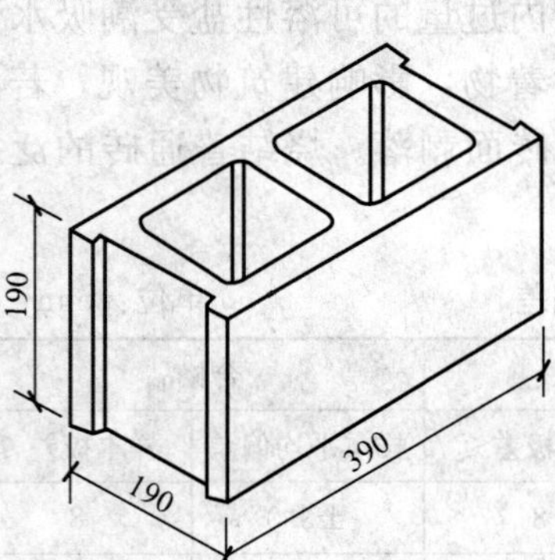

图 1.7　混凝土空心砌块

普通混凝土小型空心砌块主规格尺寸为 390mm×190mm×190mm，有两个方形孔，最小外壁厚应不小于 30mm，最小肋厚应不小于 25mm，空心率应不小于 25%，如图 1.7 所示。

普通混凝土小型空心砌块按抗压强度分为 MU5、MU7.5、MU10、MU15、MU20 五个强度等级。

普通混凝土小型空心砌块按其尺寸允许偏差、外观质量，分为优等品、一等品、合格品。

普通混凝土小型空心砌块的尺寸允许偏差和外观质量应符合表 1.4 和表 1.5 的规定。

表 1.4　普通混凝土小型空心砌块的尺寸允许偏差　　单位：mm

项目	优等品	一等品	合格品
长度	±2	±3	±3
宽度	±2	±3	±3
高度	±2	±3	±3

表 1.5　普通混凝土小型空心砌块的外观质量

项目			优等品	一等品	合格品
弯曲/mm		不大于	2	2	3
掉角缺棱	个数	不大于	0	2	2
	三个方向投影尺寸的最小值/mm	不大于	0	20	30
裂缝延伸的投影尺寸累计/mm		不大于	0	20	30

4. 砌筑围墙用粉煤灰小型空心砌块

粉煤灰小型空心砌块是以粉煤灰、水泥及各种骨料加水拌和制成的砌块。其中粉煤灰用量不应低于原材料重量的10%，生产过程中也可加入适量的外加剂调节砌块的性能。

1）性能

粉煤灰小型空心砌块具有轻质、高强、保温隔热、抗震性能好的特点，可用于框架结构的填充墙等结构部位。

粉煤灰小型空心砌块按抗压强度分为MU2.5、MU3.5、MU5.0、MU7.5、MU10和MU15六个强度等级。

2）质量要求

粉煤灰小型空心砌块按孔的排数分为单排孔、双排孔、三排孔和四排孔四种类型。其主规格尺寸为390mm×190mm×190mm，其他规格尺寸可由供需双方协商确定。根据尺寸允许偏差、外观质量、炭化系数、强度等级分为优等品、一等品和合格品三个等级。

粉煤灰小型空心砌块的尺寸允许偏差和外观质量应分别符合表1.6和表1.7的要求。

表 1.6　粉煤灰小型空心砌块的尺寸允许偏差　　单位：mm

项目	优等品	一等品	合格品
长度	±2	±3	±3
宽度	±2	±3	±3
高度	±2	±3	±3

表 1.7 粉煤灰小型空心砌块的外观质量

项　　目		优等品	一等品	合格品
掉角缺棱个数	不多于	0	2	2
三个方向投影尺寸最小值/mm	不大于	0	20	20
裂缝延伸的投影尺寸累计/mm	不大于	0	20	30
弯曲/mm	不大于	2	3	4

5. 砌筑围墙基础用石材

围墙石砌体基础所用的石材主要是毛石，应质地坚实、无风化剥落和裂纹。毛石分为乱毛石和平毛石两种。乱毛石是指形状不规则的石块；平毛石是指形状不规则，但有两个平面大致平行的石块。

毛石应呈块状，其中部厚度不宜小于 200mm，长度 300～400mm，如图 1.8 和图 1.9 所示。

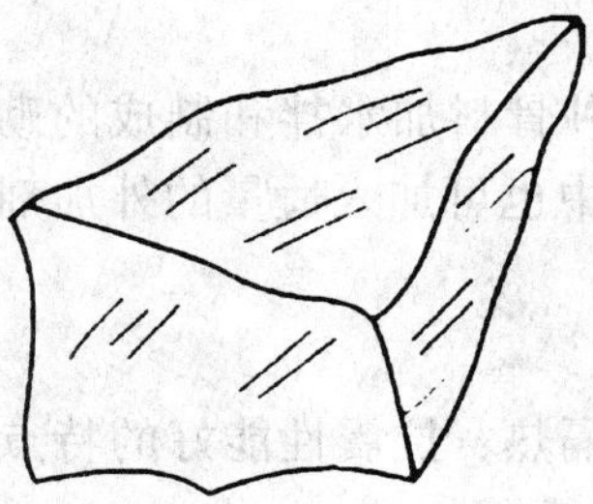

图 1.8 乱毛石外形

图 1.9 平毛石外形

6. 砌筑工具

砌筑工具包括手工工具和备料工具。常用手工工具如下。

1）瓦刀

瓦刀又称泥刀、砖刀，用以砍砖、打灰条、摊铺砂浆。瓦刀分为片刀和条刀两种(图 1.10)。

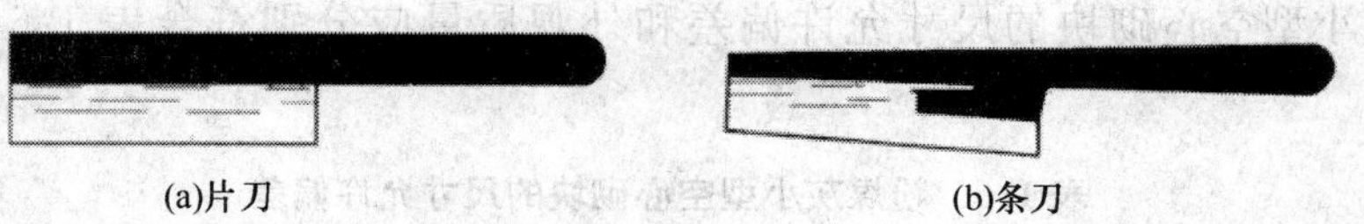

(a)片刀　(b)条刀

图 1.10 瓦刀

① 片刀　叶片较宽，重量较大。我国北方打砖用。

② 条刀　叶片较窄，重量较轻。我国南方砌筑各种砖墙的主要工具。

2）斗车

轮轴小于 900mm，容量约 $0.12m^3$，用于运输砂浆和其他散装材料（图 1.11）。

3）砖笼

采用塔吊施工时，用来吊运砖块的工具（图 1.12）。

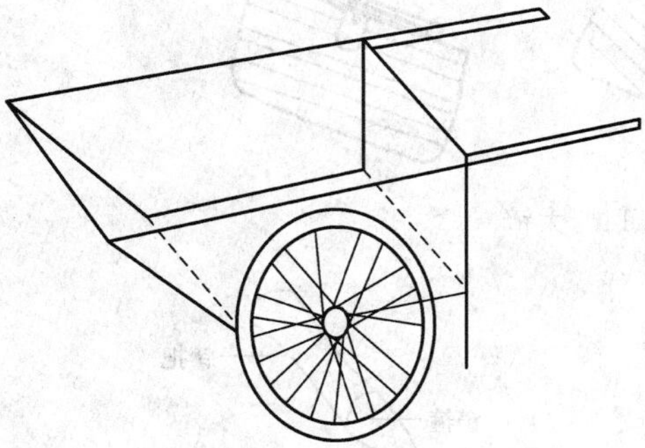

图 1.11　斗车

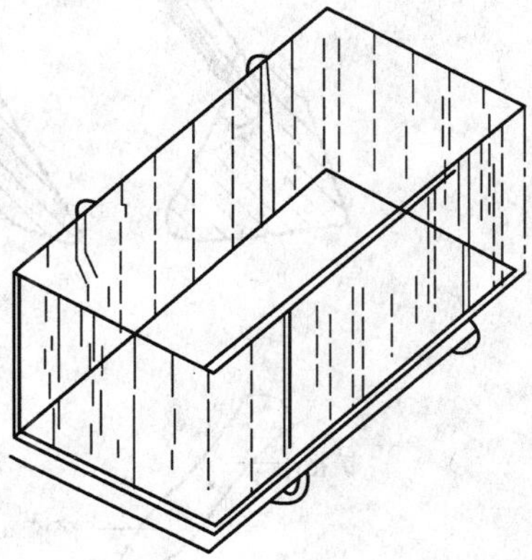

图 1.12　砖笼

4）灰斗

灰斗又称灰盆，用 1～2mm 厚的黑铁皮或塑料制成［图 1.13（a)］，用于存放砂浆。

5）灰桶

灰桶又称泥桶，分铁制、橡胶制和塑料制三种，供短距离传递砂浆及临时贮存砂浆用［图 1.13（b)］。

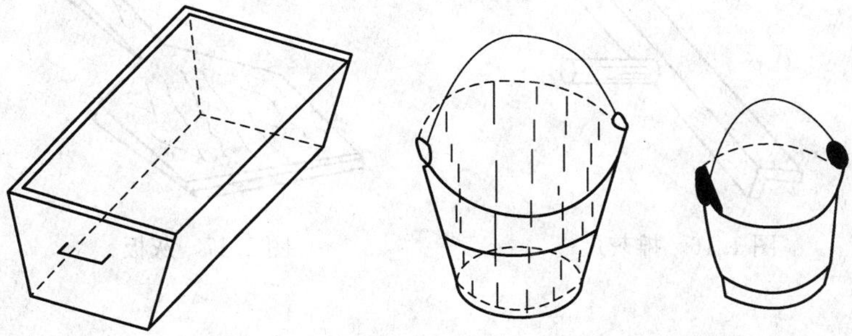

(a)灰斗　　(b)灰桶

图 1.13　灰斗和灰桶

6）大铲

大铲是用于铲灰、铺灰和刮浆的工具，也可以在操作中用其随时调和砂浆。大铲以桃形居多，也有三角形大铲、长方形大铲和鸳鸯大铲。它是实施“三一”（一铲灰、一块砖、一揉挤）砌筑法的关键工具，如图 1.14 和图 1.15 所示。

7）摊灰尺

摊灰尺用于控制灰缝及摊铺砂浆。它用不易变形的木材制成，如图 1.16所示。

8）灰板

灰板又称托灰板，在勾缝时用其承托砂浆。灰板用不易变形的木材制成，如图 1.17 所示。

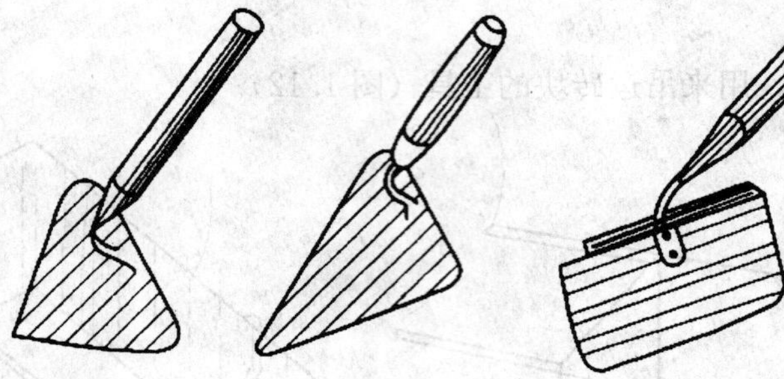

图 1.14　大铲

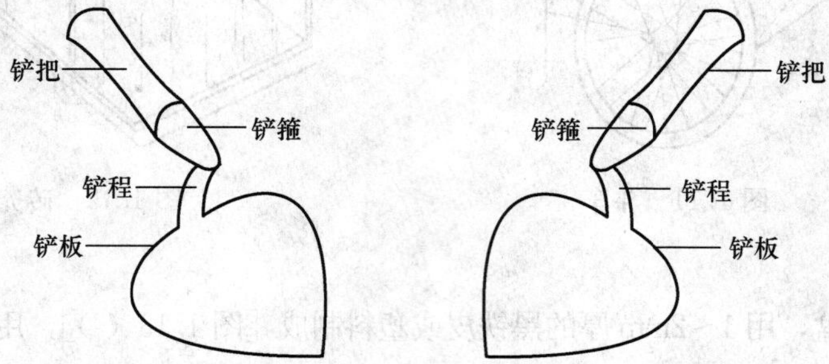

图 1.15　鸳鸯大铲

图 1.16　摊灰尺

图 1.17　灰板

9）抿子

抿子用于石墙抹缝、勾缝，多用 0.8～1mm 厚钢板制成，并装上木柄，如图 1.18 所示。

10）溜子

溜子又称灰匙、勾缝刀，一般以 $\phi 8$ 钢筋打扁制成，并装上木柄，通常用于清水墙勾缝。用 0.5～1mm 厚的薄钢板制成的较宽的溜子，则用于毛石墙的勾缝，如图 1.19 所示。

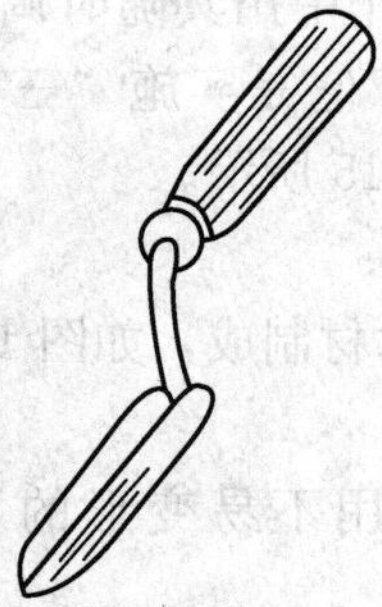

图 1.18　抿子

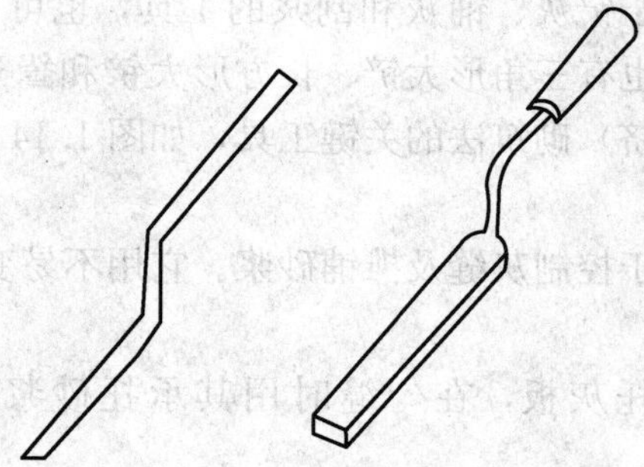

图 1.19　溜子

11）刨锛

刨锛用以打砍砖块，也可当作小锤与大铲配合使用，如图1.20所示。

12）钢凿

钢凿又称錾子，与手锤配合，用于开凿石料、异形砖等。其直径为20～28mm，长150～250mm，端部有尖、扁两种，如图1.21所示。

13）手锤

手锤俗称小榔头，用于敲凿石料和开凿异形砖，如图1.22所示。

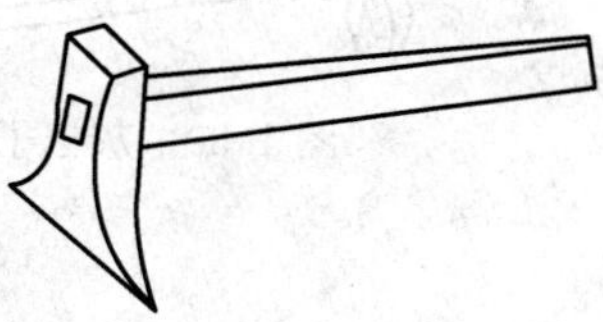

图1.20　刨锛

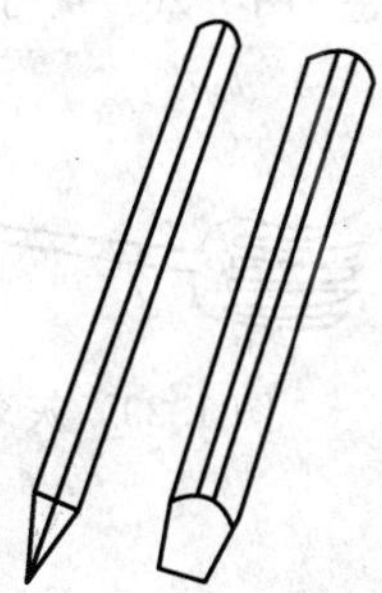

图1.21　钢凿

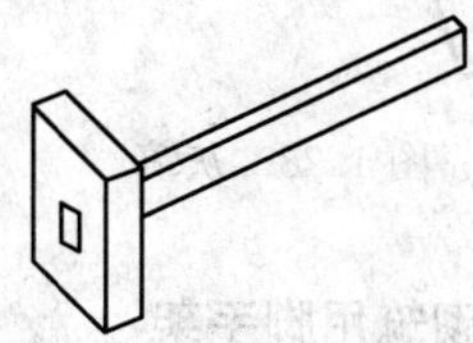

图1.22　手锤

常用的备料工具如下。

1）砖夹

砖夹是施工单位自制的夹砖工具。它可用$\phi16$钢筋锻造，一次可以夹起4块标准砖，用于装卸砖块。砖夹形状见图1.23。

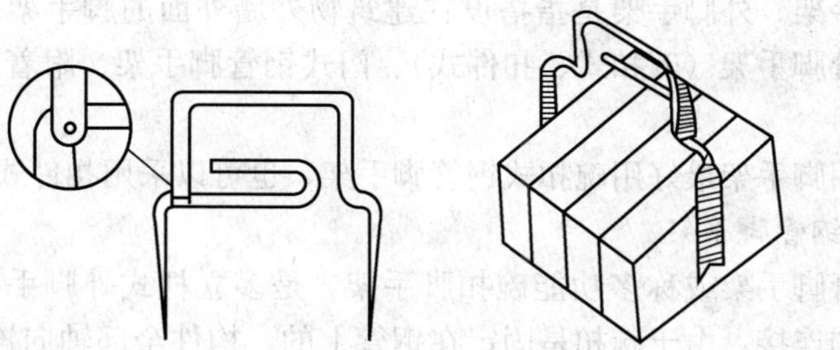

图1.23　砖夹

2）料斗

采用塔吊施工时，用来吊运砂浆的工具，料斗按工作时的状态又分立式料斗和卧式料斗（图1.24）。

3）筛子

筛子用于筛砂。常用筛孔尺寸有4mm、6mm、8mm等几种，有手筛、立筛、小方筛三种，常用的筛子为立筛，如图1.25所示。

4）锹、铲等工具

人工拌制砂浆用的各类锹、铲等工具，

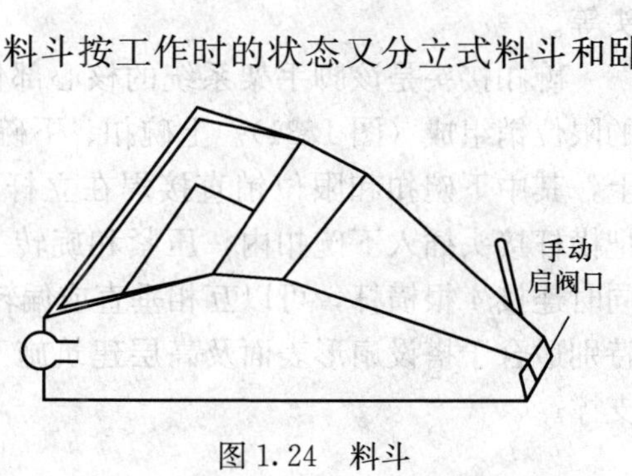

图1.24　料斗

如图 1.26～图 1.30 所示。

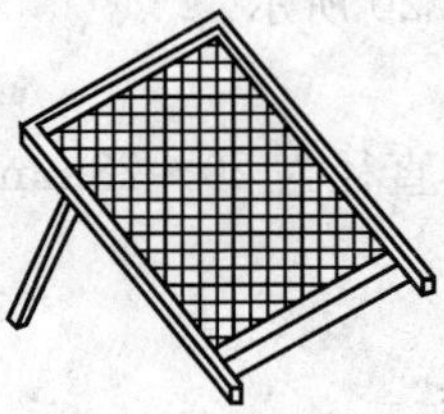

图 1.25　立筛

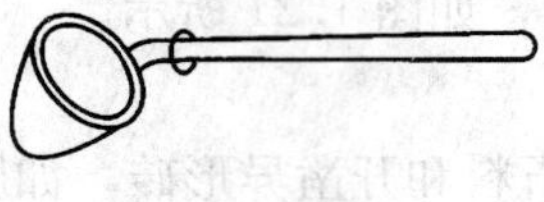

图 1.26　灰勺

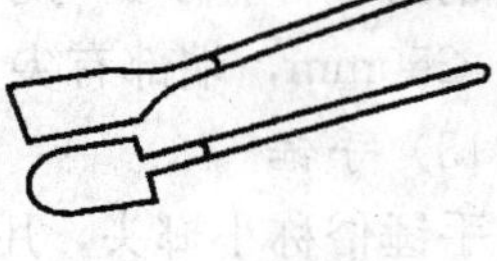

图 1.27　铁锹

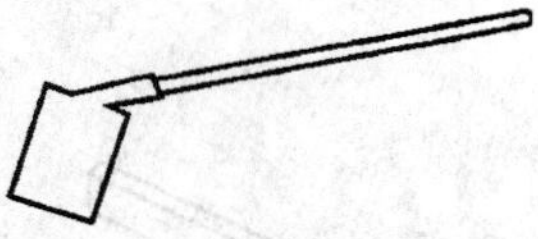

图 1.28　灰镐

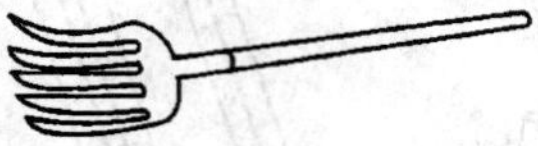

图 1.29　灰叉子

图 1.30　灰耙子

7. 砌筑用脚手架

脚手架是建筑施工中不可缺少的临时设施。它是为解决在建筑物高部位施工而专门搭设的，用作操作平台、施工作业和运输通道，并能临时堆放施工用材料和机具。砌筑施工时，不利用脚手架所能砌筑的高度，一般为 1.2～1.4m，称为一步架可砌高度；当超出一步架可砌高度时，就必须搭设相应高度的脚手架，以便继续砌筑。

脚手架按照与建筑物的位置关系，可划分为外脚手架、里脚手架。建筑工地围墙主要使用外脚手架。外脚手架是指搭设在建筑物外墙外面的脚手架，其主要结构形式有多立杆式钢管脚手架（碗扣式、扣件式）、门式钢管脚手架、附着式升降脚手架和悬吊脚手架等。

围墙砌筑用脚手架最好用碗扣式钢管脚手架，也可以采用扣件式脚手架。

1）*碗扣式钢管脚手架*

碗扣式钢管脚手架或称多功能碗扣脚手架，是多立杆式外脚手架的一种，其杆件节点处采用碗扣连接，由于碗扣是固定在钢管上的，构件全部轴向连接，力学性能好，其接头构造合理、工作安全可靠，组成的脚手架整体性好，不存在扣件丢失问题。

碗扣式钢管脚手架的主要构配件有钢管立管、顶杆、横杆、斜杆、底座和碗扣接头等。

碗扣接头是该脚手架系统的核心部件，它由上碗扣、下碗扣、横杆接头和上碗扣的限位销组成（图 1.31）。上碗扣、下碗扣和限位销按 600mm 间距设置在钢管立杆之上，其中下碗扣和限位销直接焊在立杆上。组装时，将上碗扣的缺口对准限位销后，把横杆接头插入下碗扣内，压紧和旋转上碗扣，利用限位销固定上碗扣。碗扣接头可同时连接 4 根横杆，可以互相垂直或偏转一定角度。因而可以搭设各种形式的脚手架，特别适合于搭设扇形表面及高层建筑施工和装修施工两用外脚手架，还可作为模板的支撑。

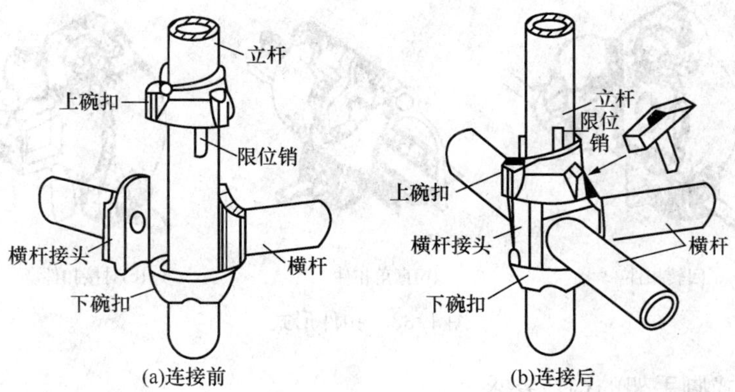

图 1.31　碗扣接头构造

2) 扣件式钢管脚手架

扣件式钢管脚手架是属于多立杆式外脚手架中的一种，其特点是：杆配件数量少；装卸方便，利于施工操作；搭设灵活，能搭设高度大；坚固耐用，使用方便。

(1) 扣件式脚手架的基本组成和一般构造

扣件式钢管脚手架由标准的钢管杆件（$\phi 48 \times 3.5$ 的焊接钢管或无缝钢管）和特制扣件组成的脚手架骨架与脚手板、防护构件、连墙件等组成（图 1.32），是目前最常用的一种脚手架。这种脚手架在纵向外侧每隔一定距离需设置斜撑，以加强其纵向稳定性和整体性。另外，为了防止整片脚手架外倾和抵抗风力，整片脚手架还需均匀设置连墙杆，将脚手架与建筑物主体结构相连，依靠建筑物的刚度来加强脚手架的整体稳定性。

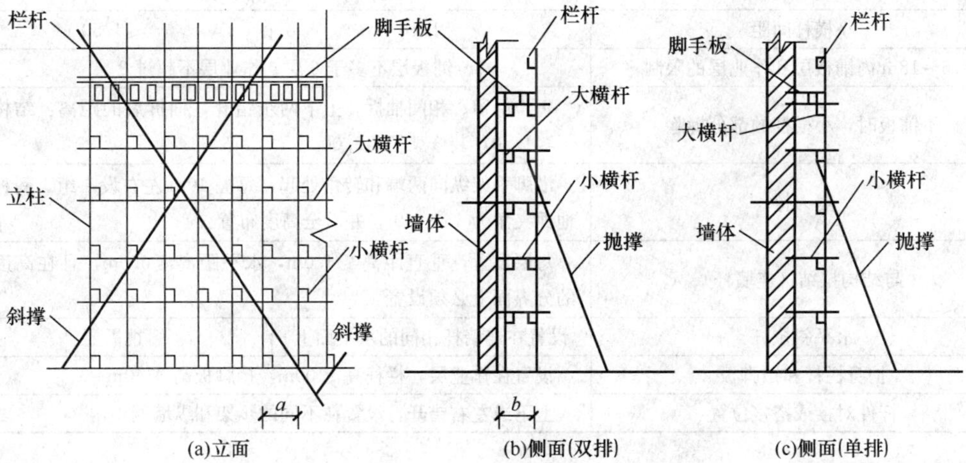

图 1.32　扣件式脚手架

钢管杆件包括立杆、大横杆（纵向平杆）、小横杆（横向平杆）、剪刀撑、斜撑和抛撑等。扣件是杆件之间的连接件。扣件的基本形式有直角扣件、旋转扣件和对接扣件三种(图 1.33)。脚手板根据采用材料的不同，可分为薄钢脚手板、木脚手板和竹脚手板等。

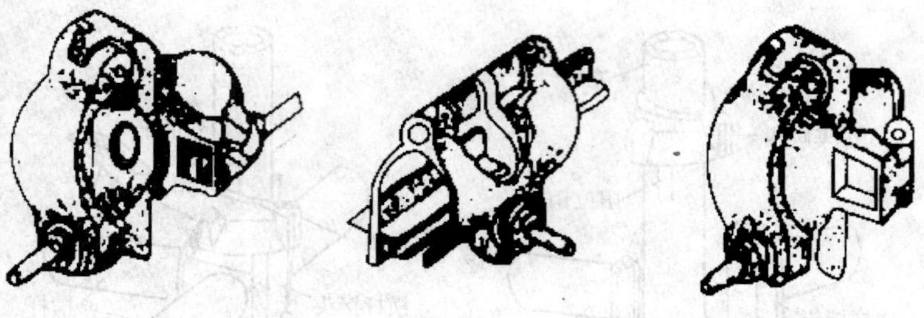

(a)回转扣件　　(b)直角扣件　　(c)对接扣件

图 1.33　扣件形式

(2) 扣件式脚手架的构造要求

扣件式脚手架的一般构造要求见表 1.8。

表 1.8　扣件式脚手架的一般构造要求　　单位：m

项目名称		结构脚手架		装修脚手架	
		单排	双排	单排	双排
双排脚手架中立杆离墙面的距离		—	0.35～0.5	—	0.35～0.5
小横杆里端离墙面的距离或插入墙体的长度		0.35～0.5	0.1～0.15	0.35～0.5	0.15～0.2
小横杆外端伸出大横杆外的长度		>0.15			
双排脚手架内外立杆横距 单排脚手架立杆与墙面距离		1.35～1.80	1.00～1.50	1.15～1.50	1.15～1.20
立杆纵距	单立杆	1.00～2.00			
	双立杆	1.50～2.00			
大横杆间距（步高）		≤1.50		≤1.80	
第一步架步高		一般为 1.60～1.80，且≤2.00			
小横杆间距		≤1.10		≤1.50	
15～18m 内铺板层和作业层的限制		铺板层不多于 6 层，作业层不超过 2 层			
不铺板时，小横杆的部分拆除		每步保留、相间抽拆，上下两步错开，抽拆后的距离：结构架子≤1.50，装修架子≤3.00			
剪刀撑		沿脚手架纵向两端和转角处起，每隔 10m 左右设一组，斜杆与地面夹角为 45°～60°，并沿全高度布置			
与结构拉结（连墙杆）		每层设置，垂直距离≤4.0m，水平距离≤6.0m，且在高度段的分界面上必须设置			
水平斜拉杆		设置在连墙杆相同的水平面上		视需要	
护身栏杆和挡脚板		设置在作业层，栏杆高 1.00m，挡脚板高 0.40m			
杆件对接或搭接位置		上下或左右错开，设置在不同的步架和纵墙网格内			

1.2.2　建筑工地围墙的砌筑方法

1. 毛石基础的砌筑方法

1) 毛石基础的构造

毛石基础按其断面形状有矩形、梯形和阶梯形等。基础顶面宽度应比墙基底面宽度大200mm；基础底面宽度依设计计算而定。梯形基础坡角应大于60°。阶梯形基础每阶高度不小于500mm，每阶挑出宽度不小于200mm，如图1.34所示。

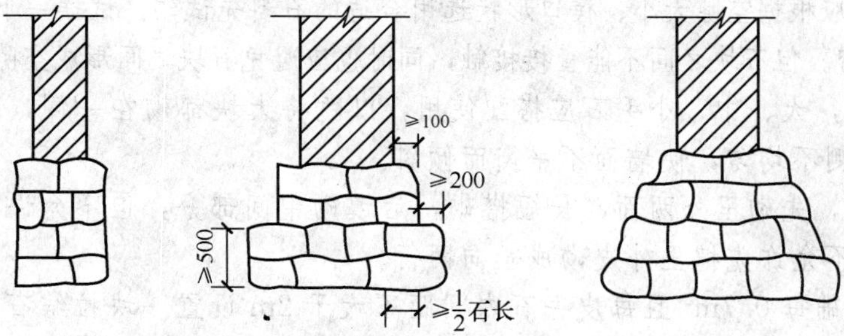

(a) 矩形　(b) 阶梯形　(c) 梯形

图1.34　毛石基础

2）立线杆和拉准线

在基槽两端的转角处，每端各立两根木杆，再横钉一木杆连接，在立杆上标出各大放脚的标高。在横杆上钉上中心线钉及基础边线钉，根据基础宽度拉好立线，见图1.35。然后在边线和阴阳角（内、外角）处先砌两层较方整的石块，以此固定准线。砌阶梯形毛石基础时，应将横杆上的立线按各阶梯宽度向中间移动，移到退台所需要的宽度，再拉水平线。还有一种拉线的方法是：砌矩形或梯形断面的基础时，按照设计尺寸用50mm×50mm的小木条钉成基础断面形状（称样架），立于基槽两端，在样架上注明标高，两端样架相应标高用准线连接作为砌筑的依据，见图1.36。立线控制基础宽窄，水平线控制每层高度及平整。砌筑时应采用双面挂线，每次起线高度长大放脚以上800mm为宜。

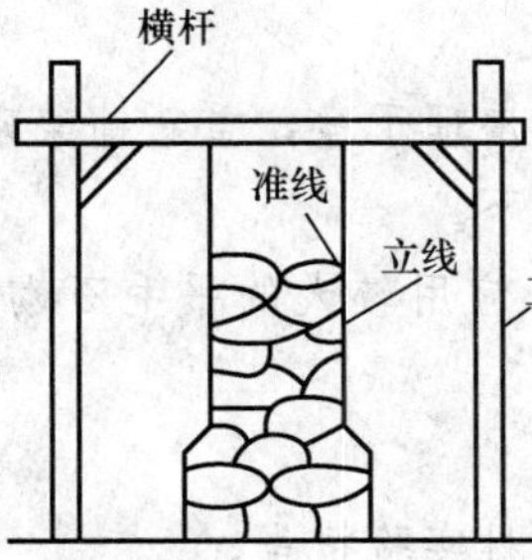

图1.35　挂立线杆

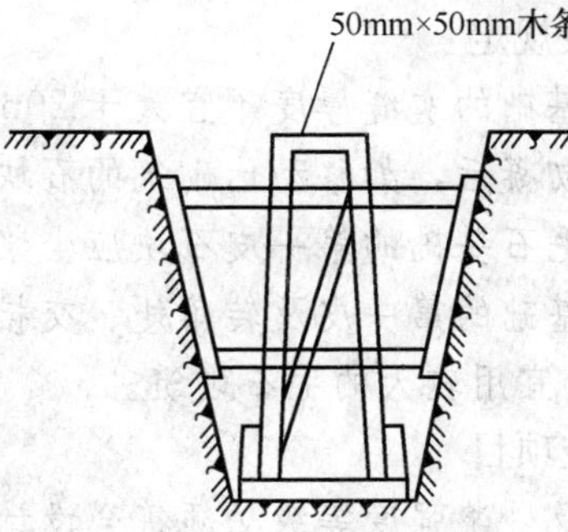

图1.36　样架断面

3）砌筑要点

① 砌第一皮毛石时，应选用有较大平面的石块，先在基坑底铺设砂浆，再将毛石砌上，并使毛石的大面向下。

② 砌第一皮毛石时，应分皮卧砌，并应上下错缝，内外搭砌，不得采用先砌外面石块后中间填心的砌筑方法。石块间较大的空隙应先填塞砂浆，后用碎石嵌实，不得采用先摆碎石后塞砂浆或干填碎石的方法。

③ 砌筑第二皮及以上各皮时，应采用坐浆法分层卧砌，砌石时首先铺好砂浆，砂

浆不必铺满，可随砌随铺，在角石和面石处，坐浆略厚些，石块砌上去将砂浆挤压成要求的灰缝厚度。

④ 砌石时应根据空隙大小、槎口形状选用合适的石料先试砌、试摆一下，尽量使缝隙减少，接触紧密。但石块之间不能直接接触，同时也应避免石块之间形成空隙。

⑤ 砌石时，大、中、小毛石应搭配使用，以免将大块都砌在一侧，而另一侧全用小块，造成两侧不均匀，使墙面不平衡而倾斜。

⑥ 砌石时，先砌里外两面，长短搭砌，后填砌中间部分，但不允许将石块侧立砌成立斗石，也不允许先把里外皮砌成长向两行。

⑦ 毛石基础每 $0.7m^2$ 且每皮毛石内间距不大于 2m 设置一块拉结石，上下两皮拉结石的位置应错开，立面砌梅花形。拉结石宽度：如基础宽度等于或小于 400mm，拉结石宽度应与基础宽度相等；若基础宽度大于 400mm，可用两块拉结石内外搭接，搭接长度不应小于 150mm，且其中一块长度不应小于基础宽度的 2/3。

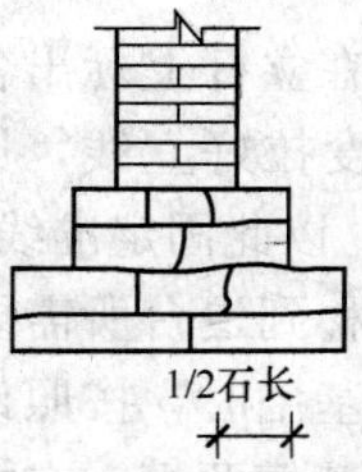

图 1.37 阶梯形毛石基础砌法

⑧ 阶梯形毛石基础，上阶的石块应至少压砌下阶石块的 1/2，见图 1.37；相邻阶梯毛石应相互错缝搭接。

⑨ 毛石基础最上一皮，宜选用较大的平毛石砌筑。转角处、交接处和洞口处应选用较大的平毛石砌筑。

⑩ 有高低台的毛石基础，应从低处砌起，并由高台向低台搭接，搭接长度不小于基础高度。

⑪ 毛石基础转角处和交接处应同时砌筑，如不能同时砌筑又必须留槎时，应留成斜槎，斜槎长度应不小于斜槎高度，斜槎面上毛石不应找平，继续砌时应将斜槎面清理干净，浇水湿润。

4）质量标准

（1）一般规定

① 毛石基础的灰缝厚度不宜大于 20mm。

② 砂浆初凝后，如移动已砌筑的石块，应将原砂浆清理干净，重新铺浆砌筑。

③ 砌筑毛石基础的第一皮石块应坐浆，并将大面向下。

④ 毛石基础的第一皮及转角处、交接处和洞口处，应用较大的平毛石砌筑；基础的最上一皮，宜用较大的毛石砌筑。

（2）主控项目

① 石材及砂浆强度等级必须符合设计要求，检查石材实验报告。

② 砂浆饱满度不应小于 80%，观察检查，每步架不少于一处。

③ 石砌体的轴线位置允许偏差应符合表 1.9 的要求。

表 1.9 毛石基础轴线位置允许偏差 单位：mm

项次	项目	允许偏差	检验方法
1	轴线偏差	20	用经纬仪和尺检查，或用其他测量仪器检查

（3）一般项目

① 毛石砌体的一般尺寸允许偏差应符合表 1.10 的要求。

表 1.10　毛石基础轴线位置允许偏差　　单位：mm

项　次	项　目	允许偏差	检验方法
1	基础顶面标高	±25	用水准仪和尺检查
2	砌体厚度	+30	用尺检查

② 石砌体的组砌形式应符合下列规定：

内外搭砌，上下错缝，拉结石、丁砌石交错设置；毛石墙拉结石每 0.7m² 墙面不应少于一块。

2. 普通砖基础的砌筑方法

1）砖基础构造

普通砖基础由墙基和大放脚（砖基础砌成的台阶形状）两部分组成。墙基与墙身同厚，大放脚即墙基下面的扩大部分，有等高式和间隔式（不等高式）两种。等高式大放脚是两皮一收，每收一次两边各收进 1/4 砖长；间隔式（不等高式）大放脚是两皮一收与一皮一收相间隔，每收一次两边各收进 1/4 砖长，如图 1.38 所示。

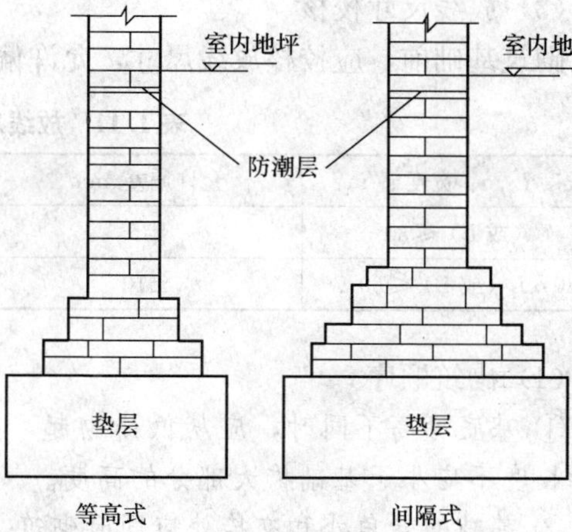

图 1.38　砖基础剖面

大放脚的底宽应根据计算而定。各层大放脚的宽度应为半砖宽的整倍数。

在大放脚的下面为基础垫层，垫层材料可用 3∶7 或 2∶8 的灰土，也可用 1∶2∶4 或 1∶3∶6 碎砖三合土。

为了防止土中水分沿砖块中毛细管上升而侵蚀墙身，应在室内地坪以下一皮砖处设置防潮层。防潮层宜用 1∶2.5（质量比）水泥砂浆加适量的防水剂铺设，其厚度一般为 20mm，位置在底层室内地面以下一皮砖处，即离底层室内地坪以下 60mm 处。建筑工地围墙为临时性设施，可不设防潮层。

2）施工准备

（1）材料要求

砖基础工程所用的材料应有产品合格证书、产品性能检测报告。砖、水泥、外加剂等还应有材料主要性能的进场复验报告。严禁使用国家或本地区明令淘汰的材料。

（2）作业条件

① 基槽或基础垫层已完成并验收，办完隐检手续。

② 置龙门板或龙门桩，标出建筑物的主要轴线，标出基础及墙身轴线与标高，并弹出基础轴线和边线；立好皮数杆（间距为 15～20m，转角处均应设立），办完预检手续。

③ 根据皮数杆最下面一层砖的标高，拉线检查基础垫层、表面标高是否合适，如第一层砖的水平灰缝大于 20mm 时，应用细石混凝土找平，不得用砂浆或在砂浆中掺细砖或碎石处理。

④ 常温施工时，砌砖前 1d 应将砖浇水湿润，砖以水浸入表面下 10～20mm 为宜；雨天作业不得使用含水率为饱和状态的砖。

⑤ 砌筑部位的灰渣、杂物应清除干净，基层浇水湿润。

⑥ 砂浆配合比应在实验室根据实际材料确定。准备好砂浆试模。应按实验确定的砂浆配合比拌制砂浆，并搅拌均匀。常温下拌好的砂浆应在拌和后 3～4h 内用完；当气温超过 30℃时，应在 2～3h 内用完。严禁使用过夜砂浆。

⑦ 基槽安全防护已完成，无积水，并通过了质检员的验收。

⑧ 脚手架应随砌随搭设；运输通道应通畅，各类机具应准备就绪。

(3) 放线尺寸校核

砌筑基础前，应校核放线尺寸，允许偏差应符合表 1.11 的规定。

表 1.11 放线尺寸的允许偏差

长度 L/m、宽度 B/m	允许偏差/mm	长度 L/m、宽度 B/m	允许偏差/mm
L（或 B）≤30	±5	60<L（或 B）≤90	±15
30<L（或 B）≤60	±10	L（或 B）>90	±20

(4) 砌筑顺序

① 基底标高不同时，应从低处砌起，并应由高处向低处搭砌。当设计无要求时，搭接长度不应小于基础扩大部分的高度。

② 基础的转角处和交接处应同时砌筑。当不能同时砌筑时，应按规定留槎、接槎。

3) 基础弹线

在基槽四角各相对龙门板的轴线标钉上拴上白线挂紧，沿白线挂线锤，找出白线在垫层面上的投影点，把各投影点连接起来，即基础的轴线。按基础图所示尺寸，用钢尺向两侧量出各道基础底部大放脚的边线，在垫层上弹上墨线。如果基础下没有垫层，无法弹线，可将中线或基础边线用大钉子钉在槽沟边或基底上，以便挂线。

4) 设置基础皮数杆

基础皮数杆的位置，应设在基础转角（图 1.39）、内外墙基础交接处及高低踏步处。基础皮数杆上应标明大放脚的皮书、退台、基础的底标高与顶标高以及防潮层的位置等。如果相差不大，可在打放脚砌筑过程中逐皮调整，灰缝可适当加厚或减薄（俗称提灰缝或杀灰缝），但要注意在调整中防止砖错层。

5) 排砖撂底

砌筑基础大放脚时，可根据垫层上弹好的基础线按“退台压丁”的方法先进行摆砖撂底。具体方法是，根据基底尺寸边线和已确定的组砌方式及不同的砂浆，用砖在基底的一段长度上干摆一层，摆砖时应考虑竖缝的宽度，按“退台压丁”的原则进行，上、下皮砖错缝达 1/4 砖长，在转角处用“七分头”（四分之三砖长）来调整搭接，避免立缝重缝。摆完后应经复核无误才能正式砌筑。为了砌筑时有规律可循，必须先在转角处将角盘起，再以两端转角为标准拉准线，按准线逐皮砌筑。当大放脚退台到实墙后，再按墙的组砌方法砌筑。排砖撂底工作的好坏，影响到整个基础的砌筑质量，必须严肃认真地做好。

常见排砖撂底方法，有六皮三收等高式大放脚（图 1.40）和六皮四收间隔式大放脚（图1.41）。

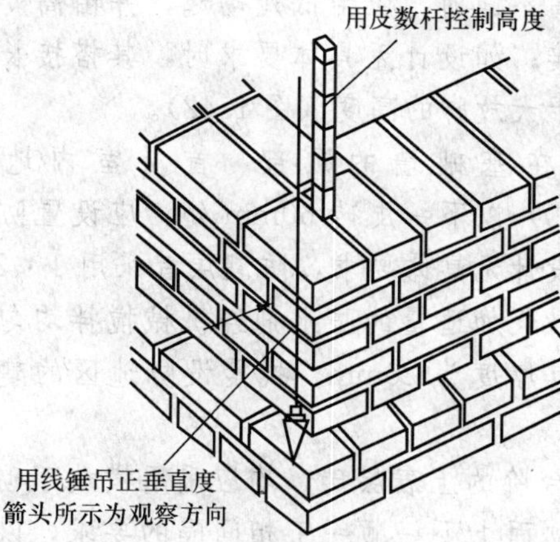

图1.39　基础皮数杆设置示意

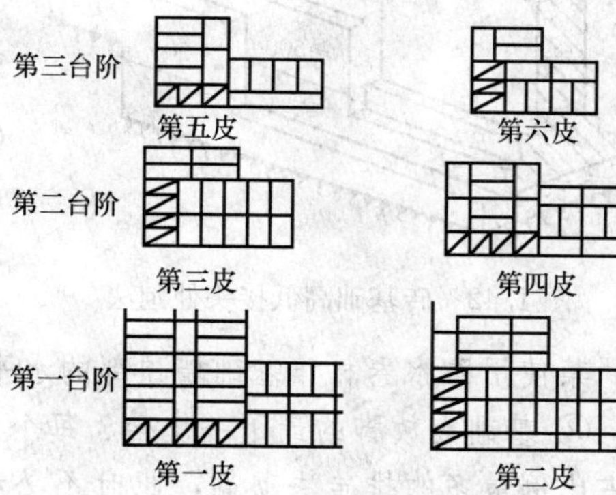

图1.40　六皮三收等高式大放脚

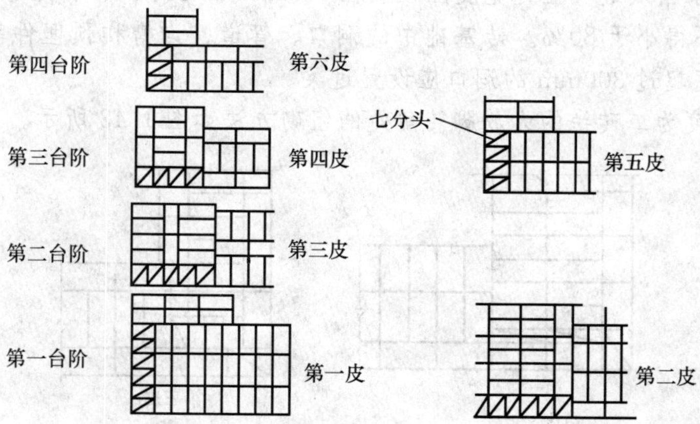

图1.41　六皮四收间隔式大放脚

6）砌筑

（1）盘角

盘角即在房屋的转角、大角处立皮数杆砌好墙角。每次盘角高度不得超过五皮砖，并需用线锤检查垂直度和用皮数杆检查其标高有无偏差。如有偏差时，应在砌筑大放脚的操作过程中逐皮进行调整（俗称提灰缝和杀灰缝）。在调整中，应防止砖错层，即要避免“螺丝墙”情况。

（2）收台阶

基础大放脚每次收台阶必须用尺量准尺寸，其中部的砌筑应以大角处准线为依据，不能用目测或砖块比量，以免出现误差。在收台阶完成后和砌基础墙之前，应利用龙门板的“中心钉”拉线检查墙身中心线，并用红铅笔将“中”字画在基础墙侧面，以便随时检查复核。

（3）砌筑要点

① 内外墙的砖基础均应同时砌筑。如因特殊原因不能同时砌筑时，应留设斜槎

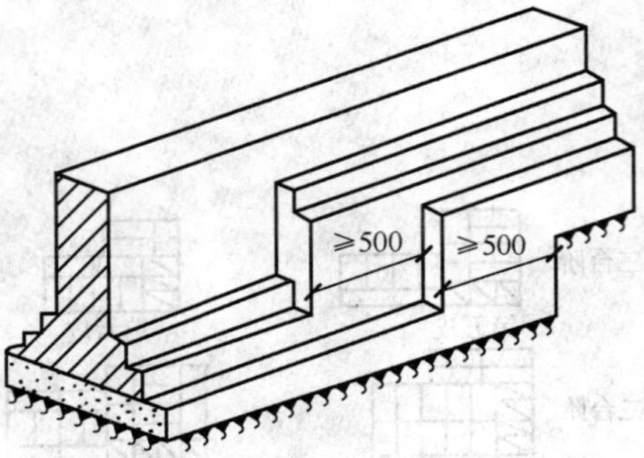

图 1.42 砖基础高低接头处砌法

（踏步槎），斜槎长度不应小于斜槎的高度。基础底标高不同时，应由低处砌起，并由高处向低处搭接；如设计无具体要求时，其搭接长度不应小于大放脚的高度（图 1.42）。

② 在基础墙的顶部、首层室内地面（±0.000）以下一皮砖 60mm 处，应设置防潮层。如设计无具体要求，防潮层宜采用 1∶2.5 的水泥砂浆加适量的防水剂经机械搅拌均匀后铺设，其厚度为 20mm。抗震设防地区的建筑物严禁使用防水卷材作基础墙顶部的水平防潮层。

③ 基础大放脚的最下一皮砖、每个大放脚台阶的上表层砖，均应采用横放丁砌砖所占比例最多的排砖法砌筑，此时不必考虑外立面上下一顺一丁相间隔的要求，以便增强基础大放脚的抗剪强度。基础防潮层下的顶皮砖也应采用以丁砌为主的排砖法。

④ 砖基础水平灰缝和竖缝宽度应控制在 8～12mm 之间，水平灰缝的砂浆饱满度用百格网检查，不得小于 80%。砖基础中的洞口、管道、沟槽和预埋件等，砌筑时应留出或预埋，宽度超过 300mm 的洞口应设置过梁。

⑤ 基底宽度为二砖半的大放脚转角处的组砌方法如图 1.43 所示。

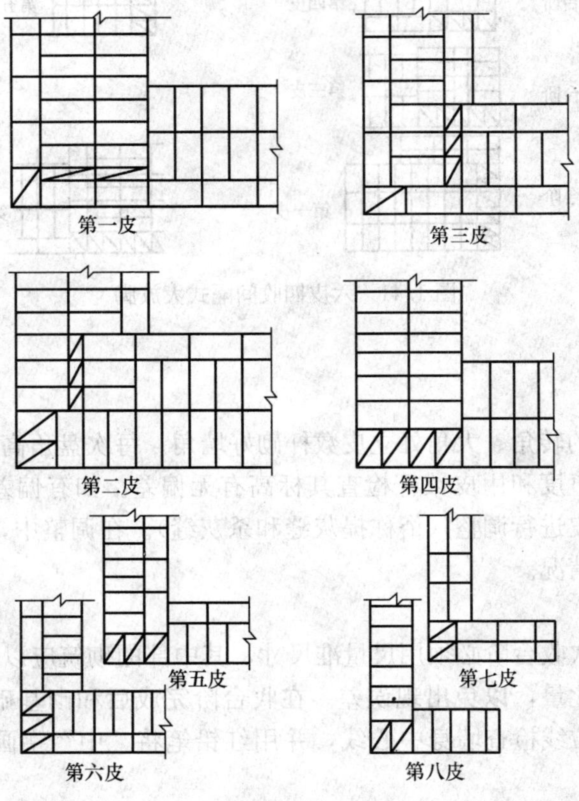

图 1.43 二砖半大放脚转角砌法

⑥ 基础转角处组砌的特点是：穿过交接处的直通墙基础应采用一皮砌通与一皮从交接处断开相间隔的组砌形式；转角处的非直通墙的基础与交接处也应采用一皮搭接与一皮断开相间隔的组砌形式，并在其端头加七分头砖（3/4 砖长，实长应为 177～178mm）。

⑦ 砖基础底标高不同时，应从低处砌起，并应由高处向低处搭砌，当设计无要求时，搭砌长度不应小于砖基础大放脚的高度。

⑧ 砖基础的转角处和交接处应同时砌筑。当不能同时砌筑时，应留置斜槎。

3. 实心砖墙的砌筑方法

1）*实心砖墙的组砌方式和方法*

实心砖墙是用烧结普通砖与水泥混合砂浆砌成的。砖的强度等级宜不低于 MU10，砂浆强度等级宜不低于 M2.5。

（1）实心砖墙组砌方式

实心墙体一般采用一顺一丁（满丁满条）、梅花丁或三顺一丁砌法，见图 1.44。其中代号 M 的多孔砖的砌筑形式只有全顺，每皮均为顺砖，砌体孔平行于墙面，上下皮竖缝相互错开 1/2 砖长，见图 1.45。代号 P 的多孔砖有一顺一丁及梅花丁两种砌筑形式，一顺一丁是一皮顺砖与一皮顶砖相隔砌成，上下皮竖缝相互错开 1/4 砖长；梅花丁是每皮中顺砖与丁顶砖相隔，丁顶砖坐中于顺砖，上下皮竖缝相互错开 1/4 砖长，见图 1.46。

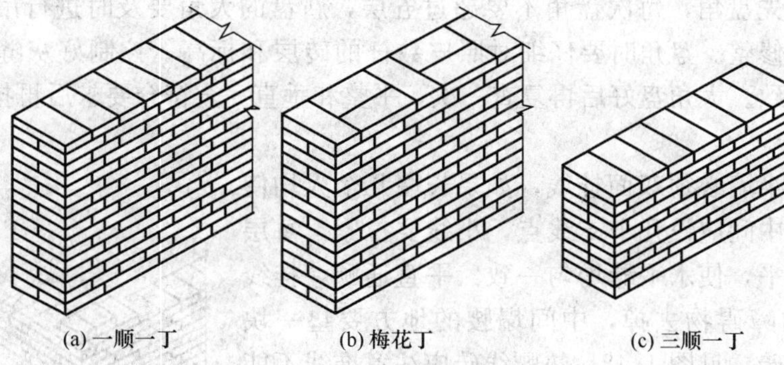

图 1.44　实心砖墙组砌方式

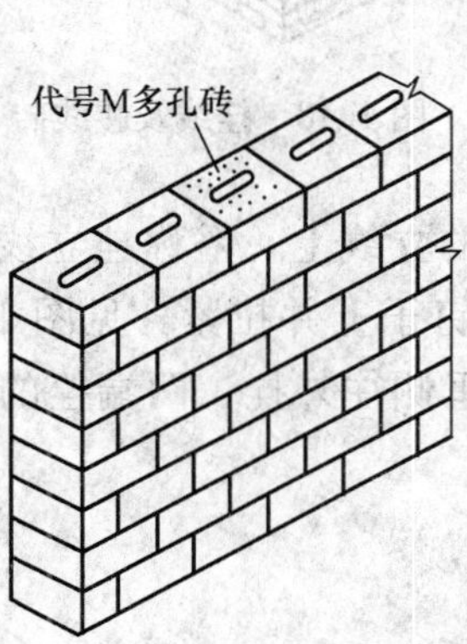

图 1.45　代号 M 多孔砖砌筑形式

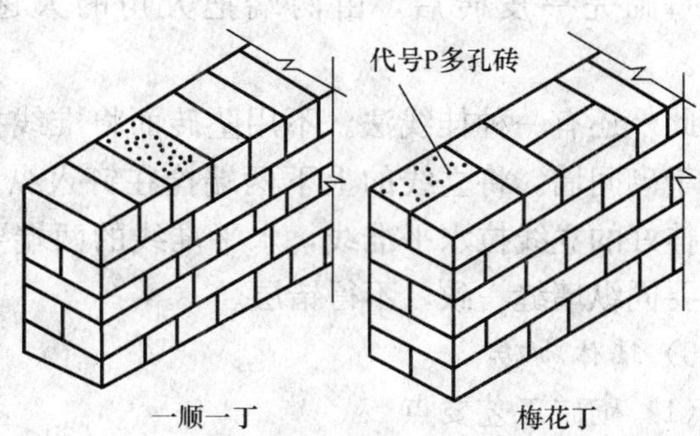

图 1.46　代号 P 多孔砖砌筑形式

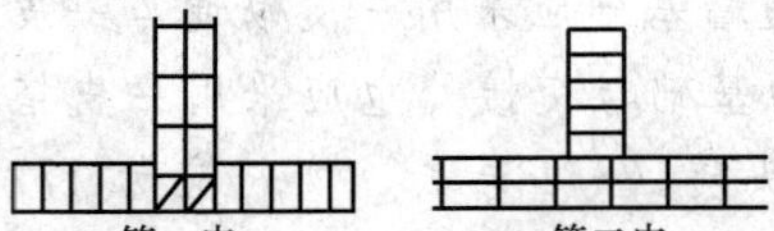

图 1.47　一顺一丁砖墙组砌方法

(2) 实心砖墙组砌方法

组砌形式确定后，组砌方法也随之而定。采用一顺一丁形式砌筑的砖墙的组砌方法，如图 1.47 所示，其余组砌方法以此类推。

2) 找平并弹墙身线

砌墙之前，应将基础防潮层或楼面上的灰砂泥土、杂物等清除干净，并用水泥砂浆或豆石混凝土找平，使各段砖墙底部标高符合设计要求；找平时，需使上下两层围墙之间不致出现明显的接缝。随后开始弹墙身线。

弹线的方法：根据基础四角各相对龙门板，在轴线标钉上拴上白线挂紧，拉出纵横墙的中心线或边线，投到基础顶面上，用墨斗将墙身线弹到墙基上，内间隔墙如没有龙门板，可自围墙轴线相交处作为起点，用钢尺量出各内墙的轴线位置和墙身宽度；根据图样画出门窗口位置线。墙基线弹好后，按图样要求复核建筑物长度、宽度、各轴线间尺寸。经复核无误后，即可作为底层墙砌筑的标准。

3) 排砖撂底

在砌砖前，要根据已确定的砖墙组砌方式进行排砖撂底，使砖的垒砌合乎错缝搭接要求，确定砌筑所需块数，以保证墙身砌筑竖缝均匀适度，尽可能做到少砍砖。排砖时应根据进场砖实际长度尺寸的平均值来确定竖缝的大小。

4) 盘角、挂线

(1) 盘角

砌砖前应先盘角，每次盘角不要超过五层，新盘的大角要及时进行吊、靠。如有偏差，要及时修整。盘角时要仔细对照皮数杆的砖层和标高，控制好灰缝大小，使水平灰缝均匀一致。大角盘好后再复查一次，平整和垂直完全符合要求后再挂线砌墙。

(2) 挂线

砌筑一砖半墙必须双面挂线，如果长墙几个人均使用一根通线，中间应设几个支线点，小线要拉紧，每层砖都要穿线看平，使水平缝均匀一致，平直通顺，挂线时要把高出的障碍物去掉，中间塌腰的地方要垫一块砖，俗称腰线砖，见图 1.48。垫腰线砖应注意准线不能向上拱起。经检查平直无误后即可砌砖。

每砌完一皮砖后，由两端把大角的人逐皮往上起线。

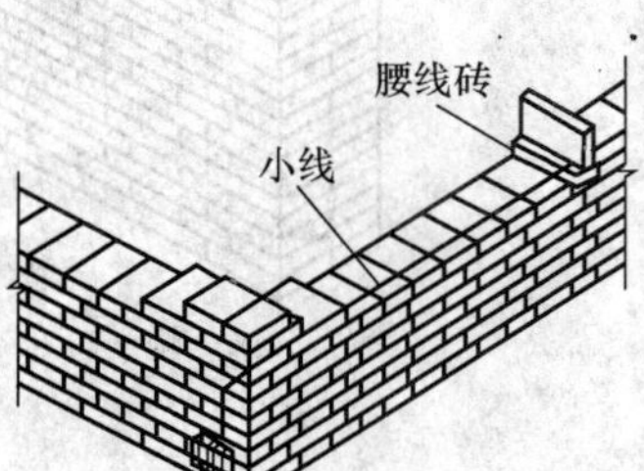

图 1.48　挂线及腰线砖

此外还有一种挂线法。不用坠砖而将准线挂在两侧墙的立线上，俗称挂立线，一般用于砌间墙。将立线的上下两端拴在钉入纵墙水平缝的钉子上并拉紧，见图 1.49。根据挂好的立线拉水平准线，水平准线的两端要由立线的里侧往外拴，两端拴的水平缝线要同纵墙缝一致，不得错层。

5) 墙体砌砖

(1) 砌砖工艺要点

① 砌砖宜采用一铲灰、一块砖、一揉挤的“三一”砌砖法，即满铺、满挤操作法。

砌砖时砖要放平。里手高，墙面就要张；里手低，墙面就要背。

② 砌砖一定要跟线，“上跟线，下跟棱，左右相邻要对平”。

③ 水平灰缝厚度和竖向灰缝宽度一般为10mm，但不应小于8mm，也不应大于12mm。

④ 为保证清水墙面主缝垂直，不游丁走缝，当砌完一步架高时，宜每隔2m水平间距，在丁砖立棱位置弹两道垂直立线，可以分段控制游丁走缝。

⑤ 在操作过程中，要认真进行自检，如出现偏差，应随时纠正，严禁事后砸墙。

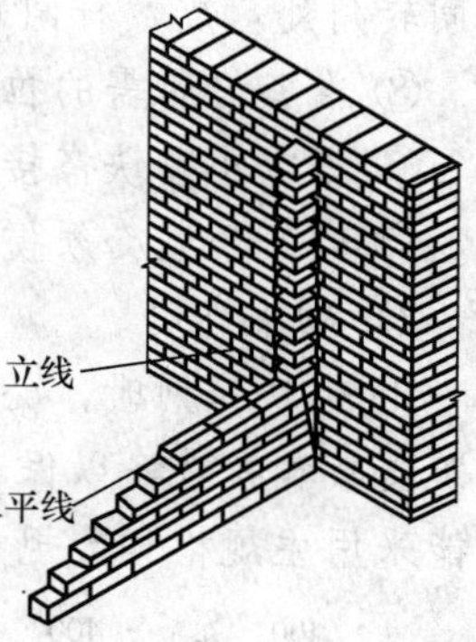

图1.49　挂立线

⑥ 清水墙不允许有三分头，不得在上部任意变缝、乱缝。

⑦ 砌筑砂浆应随搅拌随使用，一般水泥砂浆必须在3h内用完，水泥混合砂浆必须在4h内用完。不得使用过夜砂浆。

⑧ 砌清水墙应随砌随划缝，划缝深度为8～10mm，深浅一致，墙面清扫干净。混水墙应随砌随将舌头灰刮尽。

（2）留槎

围墙转角处应同时砌筑。如不能同时砌筑，则交接处必须留斜槎，槎子长度不应小于墙体高度的2/3，槎子必须平直、通顺。

4. 混凝土空心砌块围墙的砌筑方法

混凝土空心砌块只能用于地面以上围墙的砌筑，而不能用于围墙基础的砌筑。

在砌筑工艺上，混凝土小型空心砌块砌筑与传统的砖混建筑没有大的差别，都是手工砌筑，对建筑设计的适应能力也很强，砌块砌体可以取代砖石结构中的砖砌体。混凝土砌块是用混凝土制作的一种空心、薄壁的硅酸盐制品，它作为墙体材料，不但具有混凝土材料的特性，而且其形状、构造等与黏土砖也有较大的差别，砌筑时要按其特点给予重视和注意。

1）施工准备

① 运到现场的小砌块应分规格、分等级堆放，堆放场地必须平整，并做好排水。小砌块的堆放高度不宜超过1.6m。

② 对于砌筑承重墙的小砌块应进行挑选，剔除断裂小砌块或壁肋中有竖向凹形裂缝的小砌块。

③ 龄期不足28d及潮湿的小砌块不得进行砌筑。

④ 普通混凝土小砌块不宜浇水；当天气干燥炎热时，可在砌块上稍加喷水湿润；轻骨料混凝土小砌块可洒水，但不宜过多。

⑤ 清除小砌块表面污物和芯柱用小砌块孔洞底部的毛边。

⑥ 砌筑底层墙体前，应对基础进行检查。清除防潮层顶面上的污物。

⑦ 根据砌块尺寸和灰缝厚度计算皮数，制作皮数杆。皮数杆立在建筑物四角或楼

梯间转角处，皮数杆间距不宜超过15m。

⑧ 准备好所需的拉结钢筋或钢筋网片。

⑨ 根据小砌块搭接需要，准备一定数量的辅助规格的小砌块。

⑩ 砌筑砂浆必须搅拌均匀，随拌随用。

2）*砌块排列*

① 砌块排列时，必须根据砌块尺寸、垂直灰缝的宽度和水平灰缝的厚度计算砌块砌筑皮数和排数，以保证砌体的尺寸；砌块排列应按设计要求从基础面开始排列，尽可能采用主规格和大规格砌块，以提高台班产量。

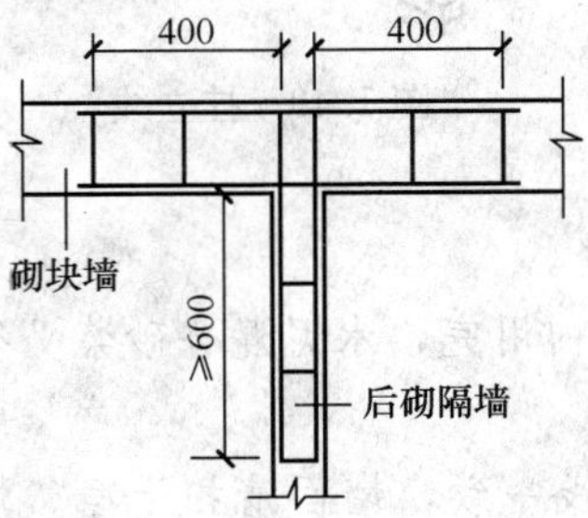

图1.50　砌块墙与后砌隔墙交接处钢筋网片

② 外墙转角处和纵横墙交接处，砌块应分皮咬槎，交错搭砌，以增加房屋的刚度和整体性。

③ 砌块墙与后砌隔墙交接处，应沿墙高每隔400mm在水平灰缝内设置不少于2ϕ4、横筋间距不大于200mm的焊接钢筋网片，钢筋网片伸入后砌隔墙内不应小于600mm（图1.50）。

④ 砌块排列应对孔错缝搭砌，搭砌长度不应小于90mm，如果搭接错缝长度满足不了规定的要求，应采取压砌钢筋网片或设置拉结筋等措施，具体构造按设计规定。

⑤ 对设计规定或施工所需要的孔洞口、管道、沟槽和预埋件等，应在砌筑时预留或预埋，不得在砌筑好的墙体上打洞、凿槽。

⑥ 砌体的垂直缝应与门窗洞口的侧边线相互错开，不得同缝，错开间距应大于150mm，且不得采用砖镶砌。

⑦ 砌体水平灰缝厚度和垂直灰缝宽度一般为10mm，但不应大于12mm，也不应小于8mm。

⑧ 在楼地面砌筑一皮砌块时，应在芯柱位置侧面预留孔洞。为便于施工操作，预留孔洞的开口一般应朝向室内，以便清理杂物、绑扎和固定钢筋。

⑨ 设有芯柱的T形接头砌块第一皮至第六皮排列平面见图1.51。第七皮开始又重复第一皮至第六皮的排列，但不用开口砌块，其排列立面见图1.52。设有芯柱的L形接头第一皮砌块排列平面见图1.53。

3）*砌块砌筑*

（1）组砌形式

混凝土空心小砌块墙的立面组砌形式仅有全顺一种，上、下竖向相互错开190mm；双排小砌块墙横向竖缝也应相互错开190mm，如图1.54所示。

（2）组砌方法

混凝土空心小砌块墙宜采用铺灰反砌法进行砌筑。先用大铲或瓦刀在墙顶上摊铺砂浆，铺灰长度不宜超过800mm，再在已砌砌块的端面上刮砂浆，双手端起小砌块，使其底面向上，摆放在砂浆层上，并与前一块挤紧，使上下砌块的孔洞对准，挤出的砂浆随手刮去。若使用一端有凹槽的砌块，应将有凹槽的一端接着平头的一端砌筑。

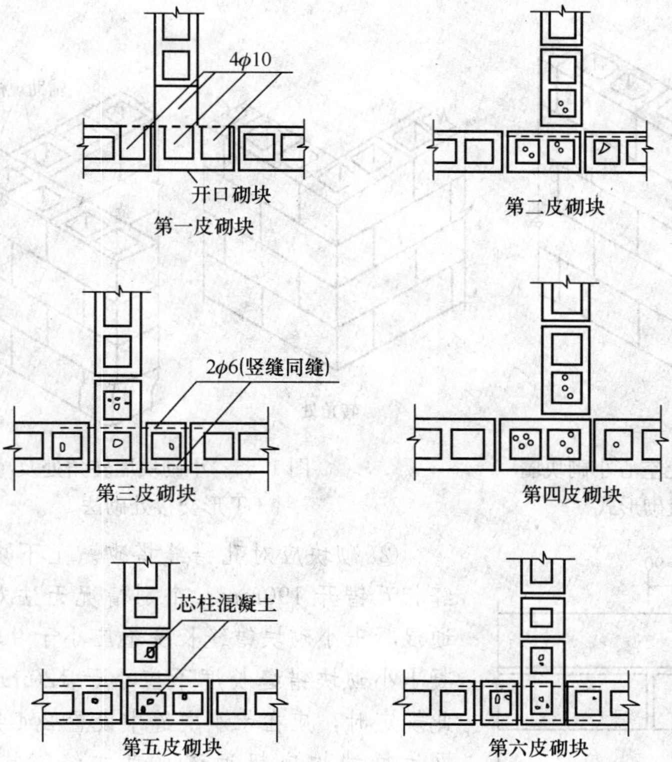

图 1.51　T形芯柱接头砌块排列平面

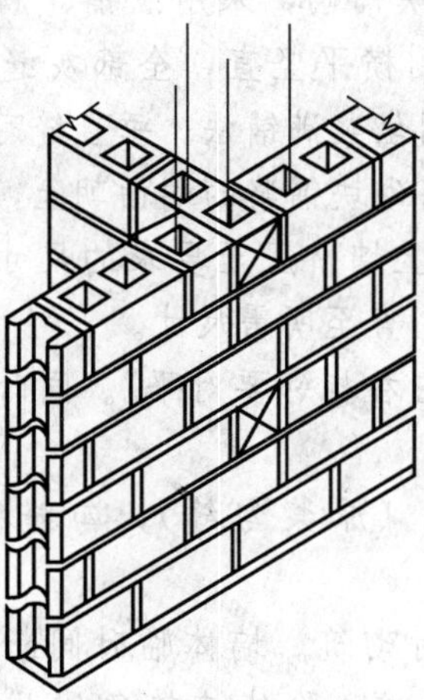

图 1.52　T形芯柱接头砌块排列立面

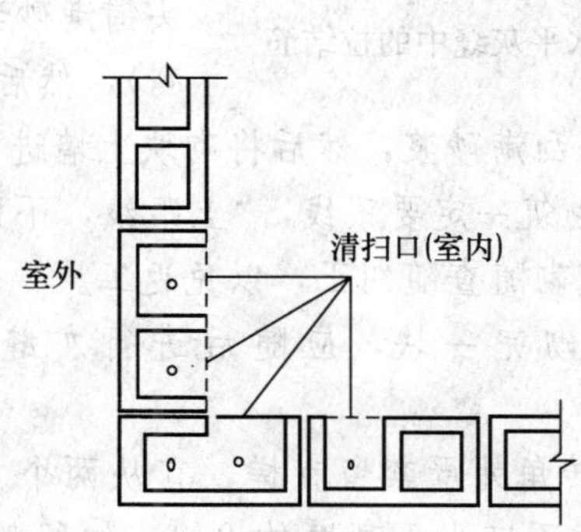

图 1.53　L形芯柱接头第一皮砌块排列平面

(3) 组砌要点

① 砌块砌筑应从转角或定位处开始，内外墙同时砌筑，纵横墙交错搭接。外墙转角处应使小砌块隔皮露端面；T形交接处应使横墙小砌块隔皮露端面，纵墙在交接处改砌两块辅助规格小砌块（尺寸为 290mm×190mm×190mm，一头开口），所有露端

面用水泥砂浆抹平，如图 1.55 所示。

图 1.54　混凝土空心小砌块墙的立面组砌形式

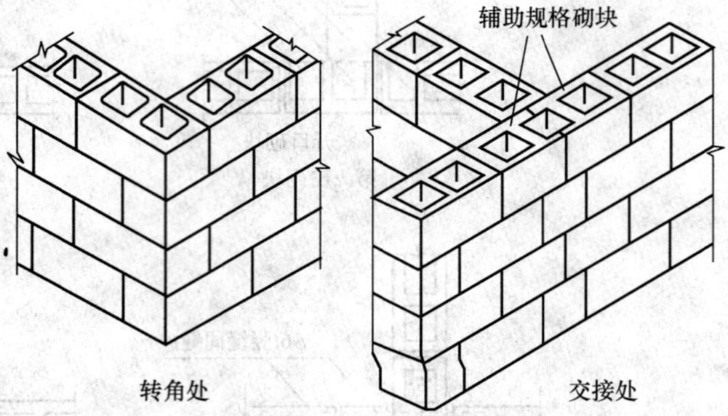

图 1.55　小砌块墙转角处及T形交接处砌法

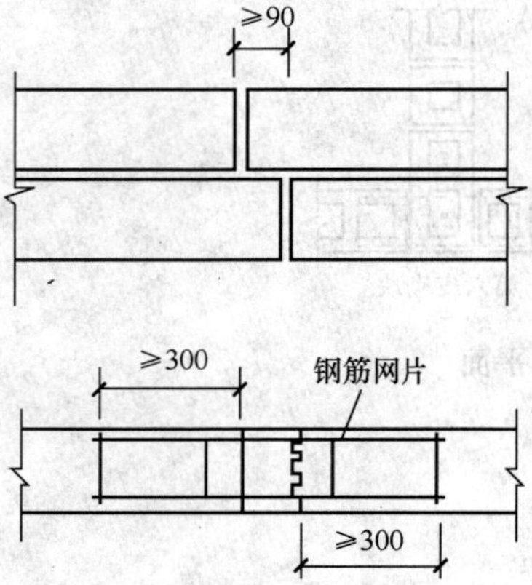

图 1.56　水平灰缝中的拉结筋

② 砌块应对孔错缝搭砌。上下皮小砌块竖向灰缝相互错开 190mm。个别情况无法对孔砌筑时，普通混凝土小砌块错缝长度不应小于 90mm，轻骨料混凝土小砌块错缝长度不应小于 120mm，当不能保证此规定时，应在水平灰缝中设置 2ϕ4 钢筋网片，钢筋网片每端均应超过该垂直灰缝，其长度不得小于 300mm，见图 1.56。

③ 砌块应逐块铺砌，采用满铺、满挤法。灰缝中的拉结筋应做到横平竖直，全部灰缝均应填满砂浆。水平灰缝宜用坐浆满铺法。垂直缝可先在砌块端头铺满砂浆（即将砌块铺浆的端面朝上，依次紧密排列），然后将砌块上墙挤压至要求的尺寸；也可在砌好的砌块端头刮满砂浆，然后将砌块上墙进行挤压，直至所需尺寸。

④ 砌块砌筑一定要跟线，“上跟线，下跟棱，左右相邻要对平”。同时应随时进行检查，做到随砌随查随纠正，以免返工。

⑤ 每当砌完一块，应随后进行灰缝的勾缝（原浆勾缝），勾缝深度一般为 3～5mm。

⑥ 外墙转角处严禁留直槎，宜从两个方向同时砌筑。墙体临时间断处应砌成斜槎，斜槎长度不应小于高度的 2/3。如留斜槎有困难，除外墙转角处及抗震设防地区，墙体临时间断处不应留直槎外，可从墙面伸出 200mm 砌成阴阳槎，并沿墙高每三皮砌块（600mm）设拉结钢筋或钢筋网片，拉结钢筋用两根直径 6mm 的 HPB235 级钢筋；钢筋网片用 ϕ4 的冷拔钢丝。埋入长度从留槎处算起，每边均不小于 600mm，见图 1.57。

⑦ 小砌块用于框架填充墙时，应与框架中预埋的拉结钢筋连接。当填充墙砌至顶面最后一皮时，与上部机构相接处宜用实心小砌块（或在砌块孔洞中填 C15 混凝土）

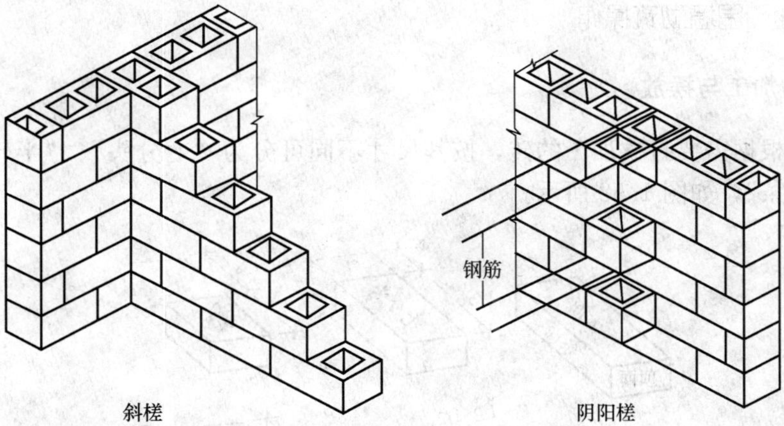

图1.57 小砌块砌体斜槎和阴阳槎

斜砌挤紧。

对设计规定的洞口、管道、沟槽和预埋件等，应在砌筑时预留或预埋，严禁在砌好的墙体上打凿。在小砌块墙体中不得留水平沟槽。

⑧ 砌块墙体内不宜留脚手眼，如必须留设时，可用 190mm×190mm×190mm 小砌块侧砌，利用其孔洞作脚手眼，墙体完工后用 C15 混凝土填实。

在墙体下列部位不得留设脚手眼：

过梁上部，与过梁成 60°角的三角形及过梁跨度 1/2 范围内；

宽度不大于 800mm 的窗间墙；

梁和梁垫下及其左右各 500mm 的范围内；

门窗洞口两侧 200mm 内，墙体交接处 400mm 范围内；

设计规定不允许设脚手眼的部位。

⑨ 安装预制梁、板时，必须坐浆垫平，不得干铺。当设置滑动层时，应按设计要求处理。板缝应按设计要求填实。

砌体中设置的圈梁应符合设计要求，圈梁应连续地设置在同一水平上，并形成闭合状，且应与楼板（屋面板）在同一水平面上，或紧靠楼板底（屋面板底）设置；当不能在同一水平面闭合时，应增设附加圈梁，其搭接长度应不小于圈梁距离的两倍，同时也不得小于 1m；当采用槽形砌块制作组合圈梁时，槽形砌块应采用强度等级不低于 M10 的砂浆砌筑。

⑩ 对于墙体表面的平整度和垂直度、灰缝的均匀程度及砂浆饱满程度等，应随时检查并校正所发现的偏差。

1.2.3 建筑工地围墙砌筑的施工组织

按每 7～10m 安排 1 人同步砌筑，对于转角等关键部位，可以安排每人 5～7m。每个砌筑工配备一名普工。

1.2.4 普通砖围墙砌筑操作

1. 砖的加工与摆放

砌筑时根据需要打砍加工的砖，按其尺寸不同可分为“七分头”、“半砖”、“二寸头”、“二寸条”，如图 1.58 所示。

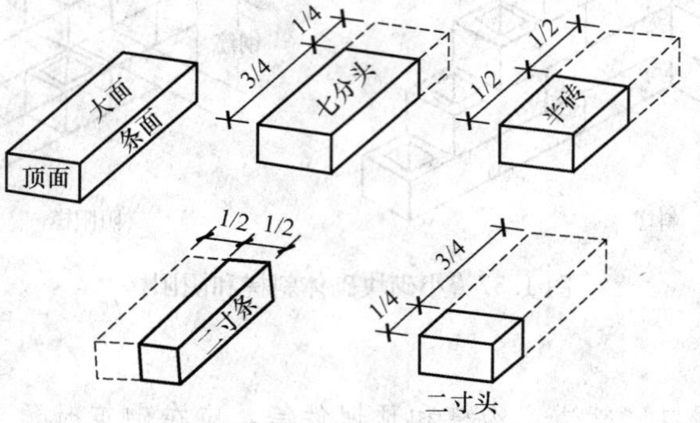

图 1.58 打砍砖

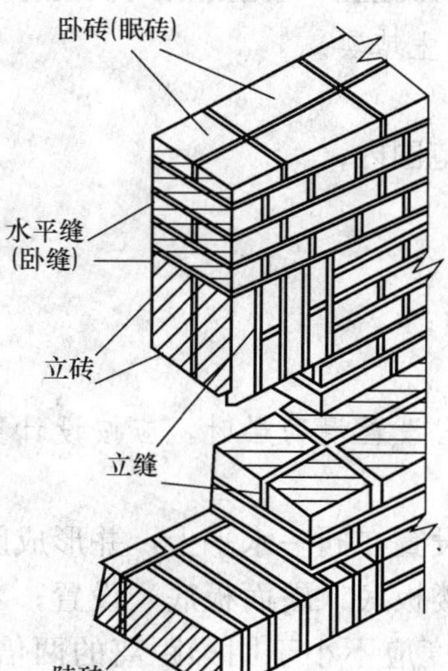

图 1.59 卧砖、陡砖、立砖图

砌入墙内的砖，由于摆放位置不同，可分为卧砖（也称顺砖和眠砖）、陡砖（也称侧砖）、立砖以及顶砖，如图 1.59 所示。

砖与砖之间的缝统称灰缝。水平方向的称水平缝或卧缝；垂直方向的缝称立缝（也称头缝）。

在实际操作中，运用砖在墙体上的位置变换排列，有各种叠砌方法。

2. 砖砌体的组砌要求

砖砌体的组砌要求上下错缝、内外搭接，以保证砌体的整体性和稳定性。同时组砌要有规律，少砍砖，以提高砌筑效率，节约材料。组砌方式必须遵循下面三个原则。

1）砌体必须错缝

砖砌体是由一块一块的砖，利用砂浆作为填缝和黏结材料，组砌成墙体和柱子。为避免砌体出现连续的垂直通缝，保证砌体的整体强度，必须上下错缝、内外搭砌，并要求砖块最少应错缝 1/4 砖长，且不小于 60mm。在墙体两端采用“七分头”、“二寸条”来调整错缝，如图 1.60 所示。

2）墙体连接必须有整体性

为了使建筑物的纵横墙相连搭接成一整体，增强其抗震能力，要求墙的转角和连接处要尽量同时砌筑；如不能同时砌筑，必须先在墙上留出接槎（俗称留槎），后砌的墙体要镶入接槎内（俗称咬槎）。砖墙接槎的砌筑方法合理与否、质量好坏，对建筑物

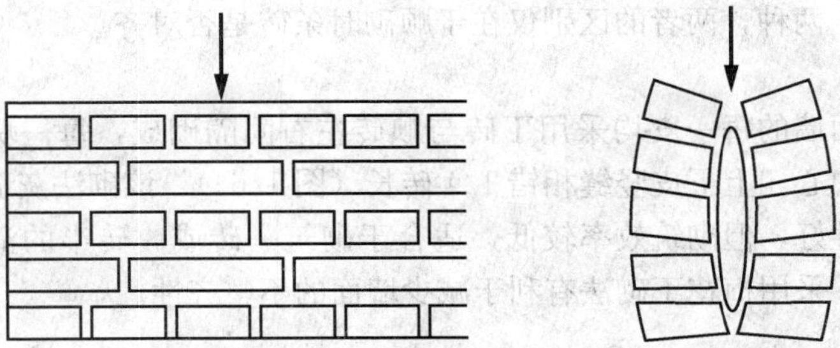

(a) 咬合错缝（力分散传递）　　(b) 不咬合（砌体压散）

图 1.60　砖砌体错缝

的整体性影响很大。正常的接槎按规范规定采用两种形式：一种是斜槎，俗称“退槎”或“踏步槎”，方法是在墙体连接处将待接砌墙的槎口砌成台阶形式，其高度一般不大于1.2m，长度不小于高度的2/3；另一种是直槎，俗称“马牙槎”，是每隔一皮砌出墙外1/4砖，作为接槎之用，每隔500mm高度加2ϕ6拉结钢筋，每边伸入墙内不宜小于500mm。斜槎的做法如图1.61所示，直槎的做法如图1.62所示。

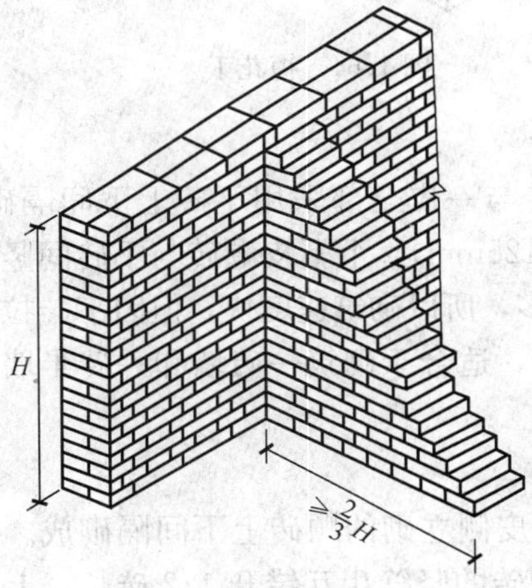

图 1.61　斜槎

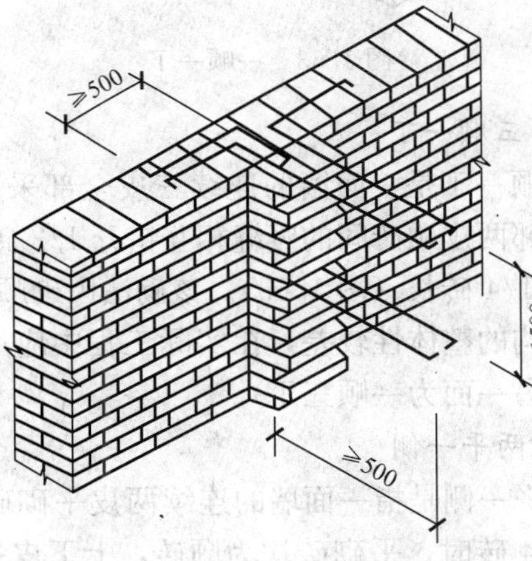

图 1.62　直槎

3）控制水平灰缝厚度

砌体水平方向的缝叫卧缝或水平缝。砌体水平灰缝规定为8～12mm，一般为10mm。如果水平灰缝太厚，会使砌体的压缩变形过大，砌上去的砖会发生滑移，对墙体的稳定性不利；水平灰缝太薄则不能保证砂浆的饱满度和均匀性，会对墙体的黏结、整体性产生不利影响。

砌筑时，在墙体两端和中部架设皮数杆、拉通线来控制水平灰缝厚度，同时要求砂浆的饱满程度应不低于80%。

3. 单片墙的组砌方法

1）一顺一丁法（又称满丁满条法）

这种砌法第一皮排顺砖，第二皮排丁砖，操作方便，施工效率高，又能保证搭接错缝，是一种常见的排砖方式（图1.63）。一顺一丁法根据墙面形式不同又分为“十字缝”和“骑马缝”两种，两者的区别仅在于顺砌时条砖是否对齐。

2）梅花丁

梅花丁是一面墙的每一皮均采用丁砖与顺砖左右间隔砌成，每一块丁砖均在上下两块顺砖长度的中心，上下皮竖缝相错1/4砖长（图1.64）。该砌法灰缝整齐，外表美观，结构的整体性好，但砌筑效率较低，适合于砌筑一砖或一砖半的清水墙。当砖的规格偏差较大时，采用梅花丁砌法有利于减少墙面的不整齐性。

图1.63　一顺一丁

图1.64　梅花丁

3）三顺一丁

三顺一丁是一面墙的连续三皮全部采用顺砖与一皮全部采用丁砖上下间隔砌成，上下相邻两皮顺砖间的竖缝相互错开1/2砖长（125mm），上下皮顺砖与丁砖间竖缝相互错开1/4砖长（图1.65）。该砌法因砌顺砖较多，所以砌筑速度快，但因丁砖拉结较少，结构的整体性较差，在实际工程中应用较少，适合于砌筑一砖墙和一砖半墙（此时墙的另一面为一顺三丁）。

4）两平一侧

两平一侧是指一面墙的连续两皮平砌砖与一皮侧立砌的顺砖上下间隔砌成。当墙厚为3/4砖时，平砌砖均为顺砖，上下皮平砌顺砖的竖缝相互错开1/2砖长，上下皮平砌顺砖与侧砌顺砖的竖缝相错1/2砖长；当墙厚为5/4砖时，只上下皮平砌丁砖与平砌顺砖或侧砖顺砖的竖缝相错1/4砖长，其余与墙厚为3/4砖的相同（图1.66）。两平一侧砌法只适用于3/4砖和5/4砖墙。

图1.65　三顺一丁

图1.66　两平一侧

5）全顺砌法

全顺砌法是指一面墙的各皮砖均为顺砖，上下皮竖缝错开 1/2 砖长（图 1.67）。此砌法仅适用于半砖墙。

6）全丁砌法

全丁砌法是指一面墙的各皮砖均为丁砖，上下皮竖缝错开 1/4 砖长，适于砌筑一砖、一砖半、二砖的圆弧形墙、烟囱筒身和圆井圈等（图 1.68）。

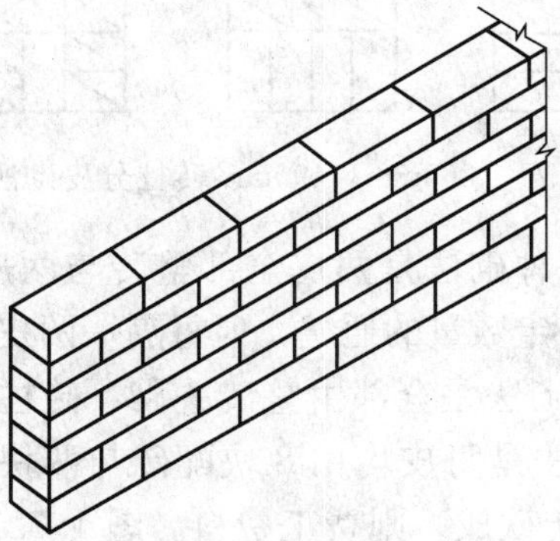

图 1.67　全顺

图 1.68　全丁

4. 矩形砖柱的组砌方法

砖柱一般分为矩形、圆形、正多角形和异形等几种。矩形砖柱分为独立柱和附墙柱两类；圆形砖柱和正多角形砖柱一般为独立砖柱；异形砖柱较少，现在通常由钢筋混凝土柱代替。

普通矩形砖柱截面尺寸不应小于 240mm×365mm。

240mm×365mm 砖柱组砌，只用整砖左右转换叠砌，但砖柱中间始终存在一道长 130mm 的垂直通缝，一定程度上削弱了砖柱的整体性，这是一道无法避免的竖向通缝；如要承受较大荷载时应每隔数皮砖在水平灰缝中放置钢筋网片。图 1.69 所示是 240mm×365mm 砖柱的分皮砌法。

图 1.69　240mm×365mm 砖柱的分皮砌法

365mm×365mm 砖柱有两种组砌方法：一种是每皮中采用三块整砖与两块配砖组砌，但砖柱中间有两条长 130mm 的竖向通缝；另一种是每皮中均用配砖砌筑，如配砖用整砖砍成，则费工费料。图 1.70 所示是 365mm×365mm 砖柱的两种组砌方法。

365mm×490mm 砖柱有三种组砌方法。第一种砌法是隔皮用 4 块配砖，其他都用整砖，但砖柱中间有两道长 250mm 的竖向通缝。第二种砌法是每皮中用 4 块整砖、2

块配砖与一块半砖组砌，但砖柱中间有三道长 130mm 的竖向通缝。第三种砌法是隔皮用一块整砖和一块半砖，其他都用配砖，平均每两皮砖用 7 块配砖，如配砖用整砖砍成，则费工费料。图 1.71 所示是 365mm×490mm 砖柱的三种分皮砌法。

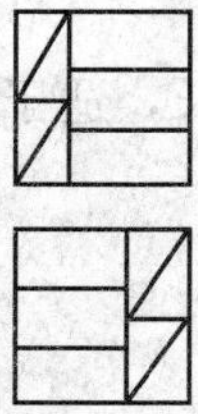

图 1.70　365mm×365mm 砖柱分皮砌法

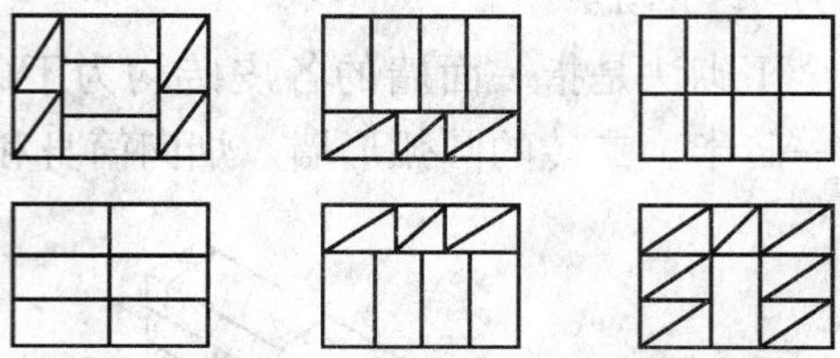

图 1.71　365mm×490mm 砖柱分皮砌法

490mm×490mm 砖柱有三种组砌方法。第一种砌法是两皮全部整砖与两皮配砖、配砖、1/4 砖（各 4 块）轮流叠砌，砖柱中间有一定数量的通缝，但每隔一两皮便进行拉结，使之有效地避免竖向通缝的产生。第二种砌法是全部由整砖叠砌，砖柱中间每隔三皮竖向通缝才有一皮砖进行拉结。第三种砌法是每皮均用 8 块配砖与两块整砖砌筑，无任何内外通缝，但配砖太多，如配砖用整砖砍成，则费工费料。图 1.72 所示是 490mm×490mm 砖柱分皮砌法。

365mm×615mm 砖柱组砌，一般可采用图 1.73 所示的分皮砌法，每皮中都要采用整砖与配砖，隔皮还要用半砖，半砖每砌一皮后，与相邻丁砖交换一下位置。

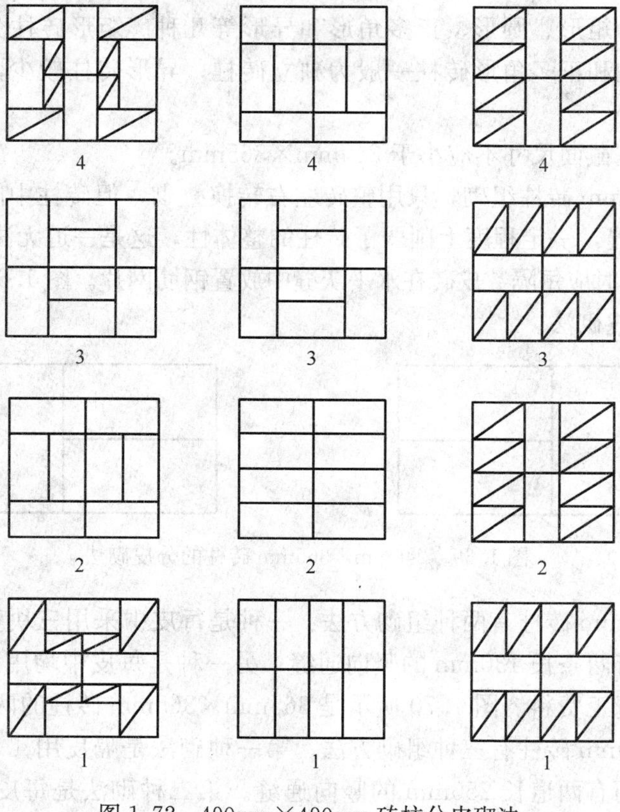

图 1.72　490mm×490mm 砖柱分皮砌法

490mm×615mm 砖柱组砌，一般可采用图 1.74 所示的分皮砌法。砖柱中间存在两条长 60mm 的竖向通缝。

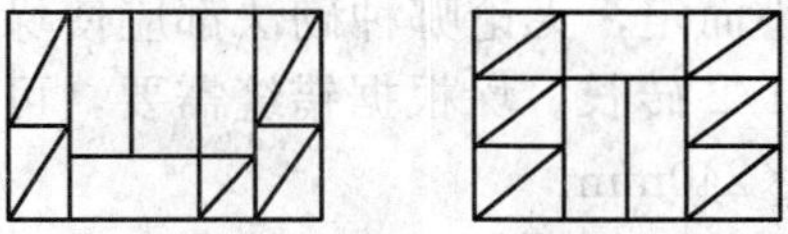

图 1.73　365mm×615mm 砖柱分皮砌法

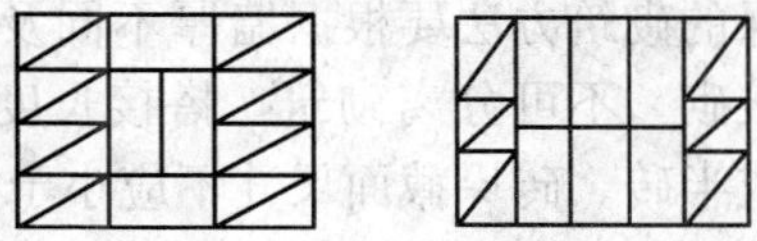

图 1.74　490mm×615mm 砖柱分皮砌法

5. 空斗墙的组砌方法

空斗墙是指墙的全部或大部分采用侧立丁砖和侧立顺砖砌筑而成，在墙中由侧立丁砖、顺砖围成许多个空斗，所有侧砌斗砖均用整砖。空斗墙的组砌方法有以下几种(图 1.75)。

图 1.75　空斗墙组砌形式

① 无眠空斗　全部由侧立丁砖和侧立顺砖砌成的斗砖层构成，无平卧丁砌的眠砖层。空斗墙中的侧立丁砖也可以改成每次只砌一块侧立丁砖。

② 一眠一斗　由一皮平卧的眠砖层和一皮侧砌的斗砖层上下间隔砌成。

③ 一眠二斗　由一皮眠砖层和二皮连续的斗砖层相间砌成。

④ 一眠三斗　由一皮眠砖层和三皮连续的斗砖层相间砌成。

无论采用哪一种组砌方法，空斗墙中每一皮斗砖层每隔一块侧砌顺砖必须侧砌一块或两块丁砖，相邻两皮砖之间均不得有连通的竖缝。

空斗墙一般用水泥混合砂浆或石灰砂浆砌筑。在有眠空斗墙中，眠砖层与丁砖层接触处以及丁砖层与眠砖层接触处，除两端外，其余部分不应填塞砂浆。空斗墙的水平灰缝厚度和竖向灰缝宽度一般为 10mm，且不应小于 8mm，也不应大于 12mm。空斗墙中留置的洞口，必须在砌筑时留出，严禁砌完后再行打凿。

空斗墙在下列部位应用眠砖或丁砖砌成实心砌体：墙的转角处和交接处；室内地坪以下的全部砌体；室内地坪以上和楼板面上要求砌三皮实心砖；三层房屋外墙底层的窗台标高以下部分；楼板、圈梁、格栅和檩条等支撑面下 2～4 皮砖的通长部分，且砂浆的强度等级不低于 M2.5；梁和屋架支撑处按设计要求的部分；壁柱和洞口的两侧 240mm 范围内；楼梯间的墙、防火墙、挑檐以及烟道和管道较多的墙及预埋件处；做框架填充墙时，与框架拉结筋的连接宽度内；屋檐和山墙压顶下的二皮砖部分。

6. 砖垛（扶壁柱）的组砌方法

砖垛的砌筑方法要根据墙厚不同及垛的大小而定，无论哪种砌法都应使垛与墙身逐皮搭接砌，不可分离砌筑，搭接长度至少为1/2砖长。垛根据错缝需要，可加砌七分头砖或半砖。砖垛截面尺寸不应小于125mm×240mm。

砖垛施工时，应使墙与垛同时砌，不能先砌墙后砌垛或先砌垛后砌墙。

125mm×240mm砖垛组砌，一般可采用图1.76所示分皮砌法，砖垛的丁砖隔皮伸入砖墙内1/2砖长。

125mm×365mm砖垛组砌，一般可采用图1.77所示分皮砌法，砖垛的丁砖隔皮伸入砖墙内1/2砖长，隔皮要用两块配砖及一块半砖。

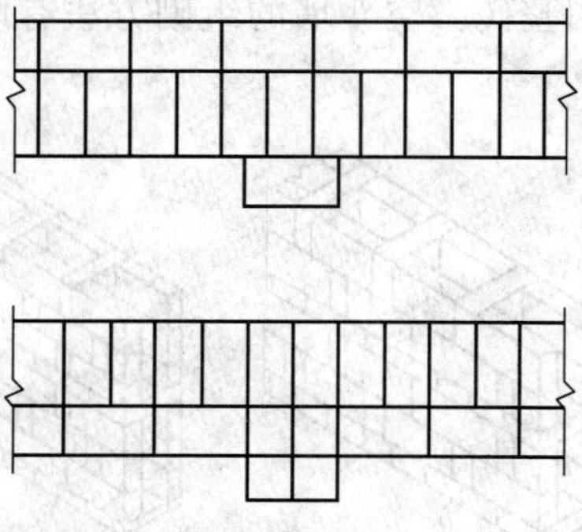

图1.76　125mm×240mm砖垛分皮砌法

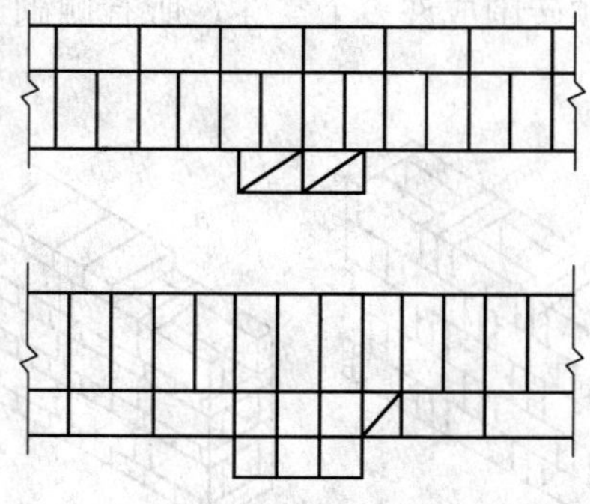

图1.77　125mm×365mm砖垛分皮砌法

125mm×490mm砖垛组砌，一般采用图1.78所示分皮砌法，砖垛丁砖隔皮伸入砖墙内1/2砖长，隔皮要用两块配砖及一块半砖。

240mm×240mm砖垛组砌，一般采用图1.79所示分皮砌法，砖垛丁砖隔皮伸入砖墙内1/2砖长，不用配砖。

240mm×365mm砖垛组砌，一般采用图1.80所示分皮砌法，砖垛丁砖隔皮伸入砖墙内1/2砖长，隔皮要用两块配砖。砖垛内有两道长120mm的竖向通缝。

240mm×490mm砖垛组砌，一般采用图1.81所示分皮砌法，砖垛丁砖隔皮伸入砖墙内1/2砖长，隔皮要用两块配砖及一块半砖。砖垛内有三道长120mm的竖向通缝。

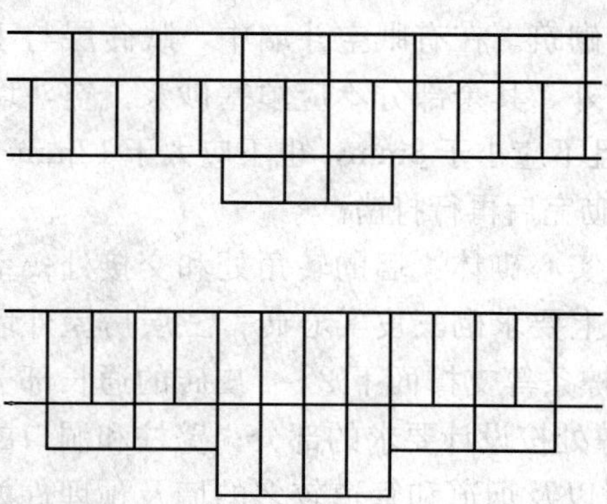

图1.78　125mm×490mm砖垛分皮砌法

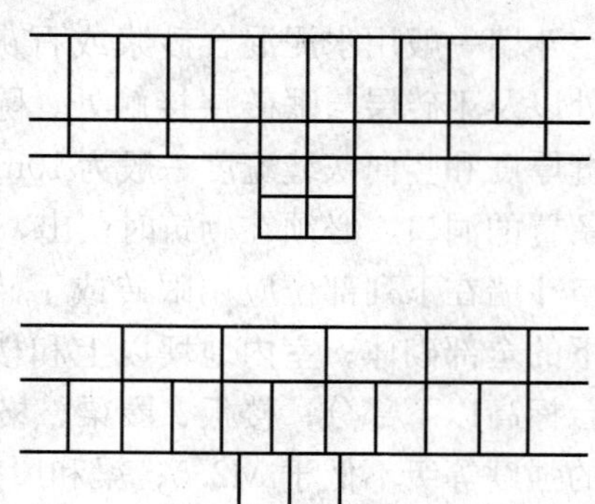

图1.79　240mm×240mm砖垛分皮砌法

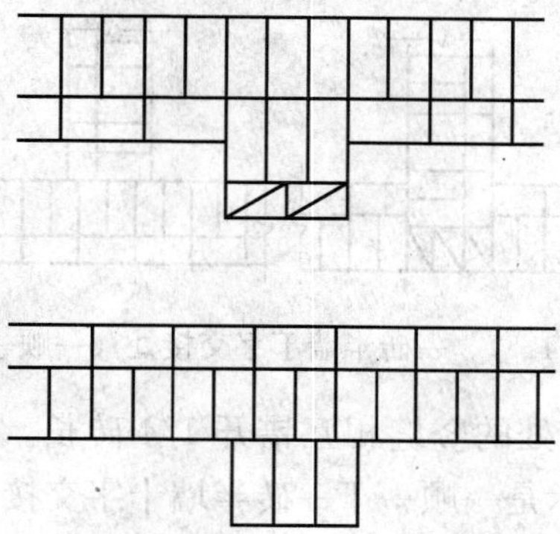

图 1.80　240mm×365mm 砖垛分皮砌法

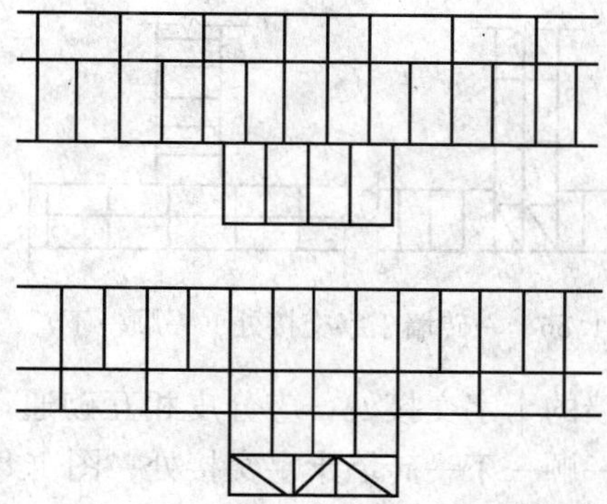

图 1.81　240mm×490mm 砖垛分皮砌法

7. 砖砌体转角及交接处的组砌方法

1）*砖砌体转角的组砌方法*

在砖墙的转角处，为了使各皮间竖缝相互错开，必须在外角处砌七分头砖。当采用一顺一丁组砌时，七分头的顺面方向依次砌顺砖，丁面方向依次砌丁砖。图 1.82 所示是一顺一丁砌一砖墙转角；图 1.83 所示是一顺一丁砌一砖半墙转角。

当采用梅花丁组砌时，在外角仅砌一块七分头砖，七分头砖的顺面相邻砌丁砖，丁面相邻砌顺砖。图 1.84 所示是梅花丁砌一砖墙转角；图 1.85 所示是梅花丁砌一砖半墙转角。

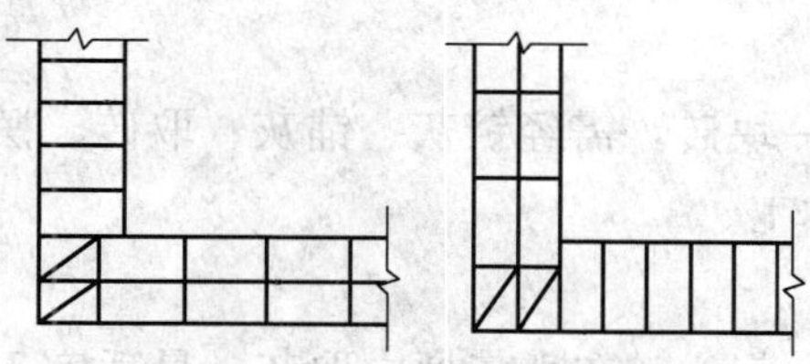

图 1.82　一砖墙转角（一顺一丁）

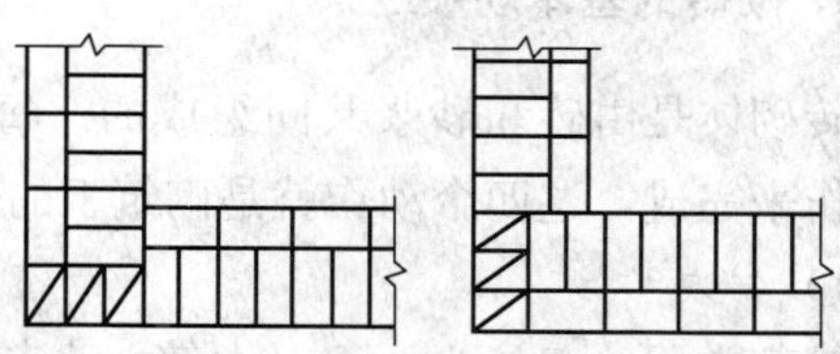

图 1.83　一砖半墙转角（一顺一丁）

图 1.84　一砖墙转角（梅花丁）

图 1.85　一砖半墙转角（梅花丁）

2）*砖砌体交接处的组砌方法*

在砖墙的丁字交接处，应分皮相互砌通，内角相交处竖缝应错开 1/4 砖长，并在横墙端头处加砌七分头砖。图 1.86 所示是一顺一丁砌一砖墙丁字交接处；图 1.87 所示是一顺一丁砌一砖半墙丁字交接处。

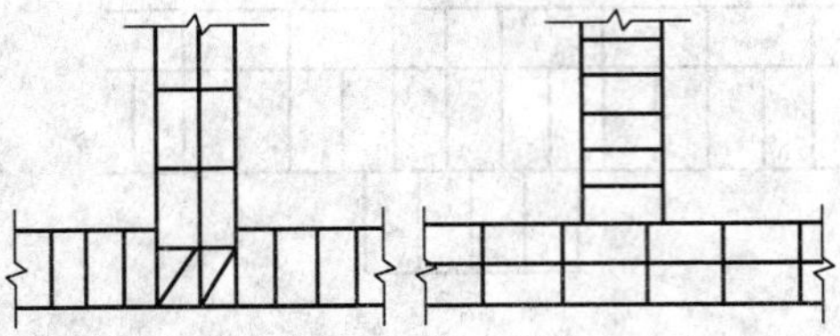

图 1.86　一砖墙丁字交接处（一顺一丁）

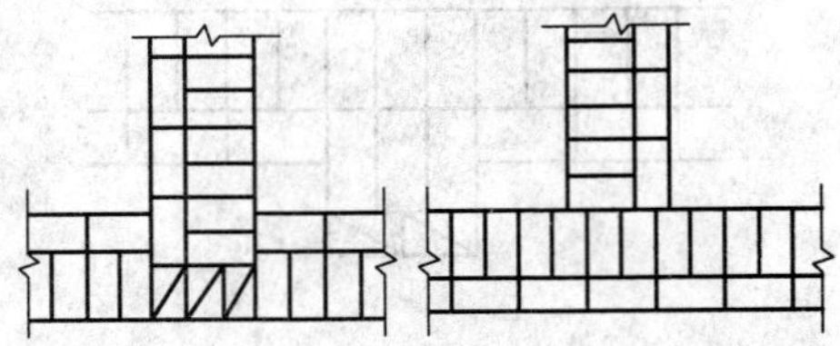

图 1.87　一砖半墙丁字交接处（一顺一丁）

砖墙的十字交接处，应分皮相互砌通，交角处的竖缝相互错开 1/4 砖长。图 1.88 所示是一顺一丁一砖墙十字交接处；图 1.89 所示是一顺一丁一砖半墙十字交接处。

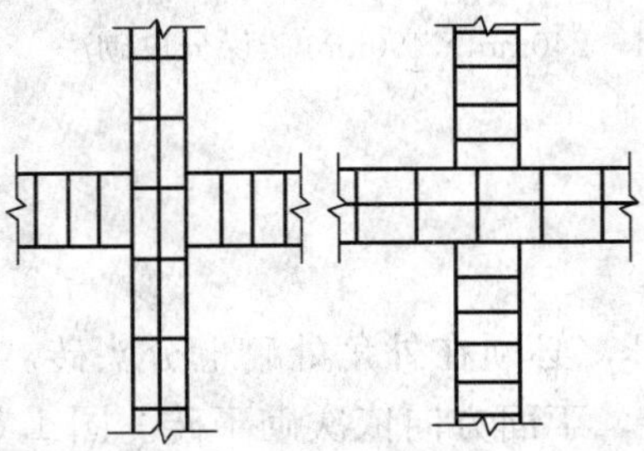

图 1.88　一砖墙十字交接处（一顺一丁）

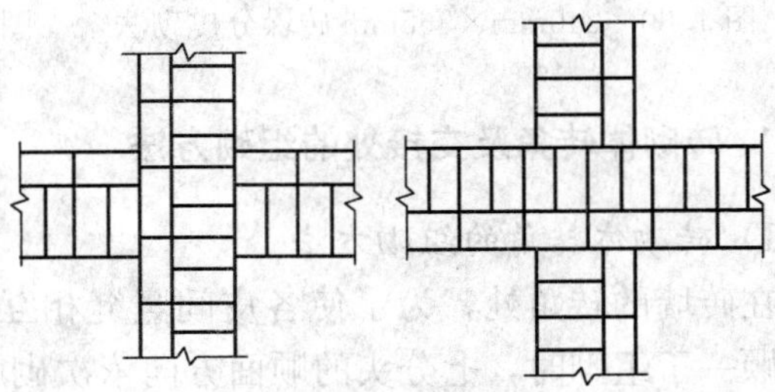

图 1.89　一砖半墙十字交接处（一顺一丁）

1.2.5　砖砌体的砌筑方法

1. 砌砖的基本功

砖砌体是由砖和砂浆共同组成的。每砌一块砖，需经铲灰、铺灰、取砖、摆砖四个动作来完成，这四个动作就是砌筑工的基本工。

1）铲灰

铲灰常用的工具为瓦刀、大铲、小灰桶、灰斗。在小灰桶中取灰，最适宜于披灰法砌筑。若手法正确、熟练，灰浆就容易铺得平整和饱满。用瓦刀铲灰时，一般不将瓦刀贴近灰斗的长边，而应顺长边取灰，同时还要掌握好取灰的数量，尽量做到一刀灰一块砖。

2）铺灰

砌砖速度的快慢和砌筑质量的好坏与铺灰有很大关系。初学者可单独在一块砖上练习铺灰，砖平放，铲一刀灰，顺着砖的长方向放上去，然后用挤浆法砌筑。

3）取砖

砌墙时，操作者应顺墙斜站，砌筑方向是由前向后退着砌，这样易于随时检查已砌好的墙是否平直。

用挤浆法操作时，铲灰和取砖的动作应该一次完成，这样不仅节约时间，而且减少了弯腰的次数，使操作者能比较持久地操作。

取砖包括选砖，操作者对摆放在身边的砖要进行全面的观察，初学时可以用一块木砖练习，将砖平托在左手掌上，使掌心向上，砖的大面贴在手心，这时用左手的食指或中指稍勾砖的边棱，依靠四指向大拇指方向的运动，配合抖腕动作，砖就在左手掌心旋转起来了。操作者可观察砖的四个面（两个条面、两个丁面），然后选定最合适的面朝向墙的外侧。

4）*摆砖*

摆砖是完成砌砖的最后一个动作，砌体能不能满足横平竖直、错缝搭接、灰浆饱满、整洁美观等要求，关键在于摆砖。练习时可单独在一段墙上操作，操作者的身体同墙皮保持20cm左右的距离，手必须握住砖的中间部分，摆放前用瓦刀粘少量灰浆刮到砖的端头上，抹上“碰头灰”，使竖向砂浆饱满。摆放时要注意手指不能碰撞准线，特别是砌顺砖的外侧面时，一定要在砖将要落墙时的一瞬间跷起大拇指。砖摆上墙以后，如果高出准线，可以稍稍揉压砖块，也可用瓦刀轻轻扣打。灰缝中挤出的灰可用瓦刀随手挂起甩入竖缝中。

5）*砍砖*

砍砖的动作虽然不在砌筑的四个动作之内，但为了满足砌体的错缝要求，砖的砍凿是必要的。一般用瓦刀或刨锛作为砍凿工具，当所需形状比较特殊且用量较多时，也可利用扁头钢凿、尖头钢凿配合手锤开凿。开凿尺寸的控制一般是利用砖作为模数进行划线，其中七分头用得最多，可以在瓦刀柄和刨锛把上先量好位置，刻好标记槽，以提高工效。

2. 砖砌体砌筑操作方法

我国广大建筑工人在长期的操作实践中，积累了丰富的砌筑经验，并总结出各种不同的操作方法。这里介绍目前常用的几种操作方法。

1）*瓦刀披灰法*

瓦刀披灰法又称满刀灰法或带刀灰法，是指在砌砖时，先用瓦刀将砂浆抹在砖黏结面上和砖的灰缝处，然后将砖用力按在墙上的方法，见图1.90。该法是一种常见的砌筑方法，适用于砌空斗墙、1/4砖墙、平拱、弧拱、窗台、花墙、炉灶等。但其要求稠度大、黏性好的砂浆与之配合，也可使用黏土砂浆和白灰砂浆。

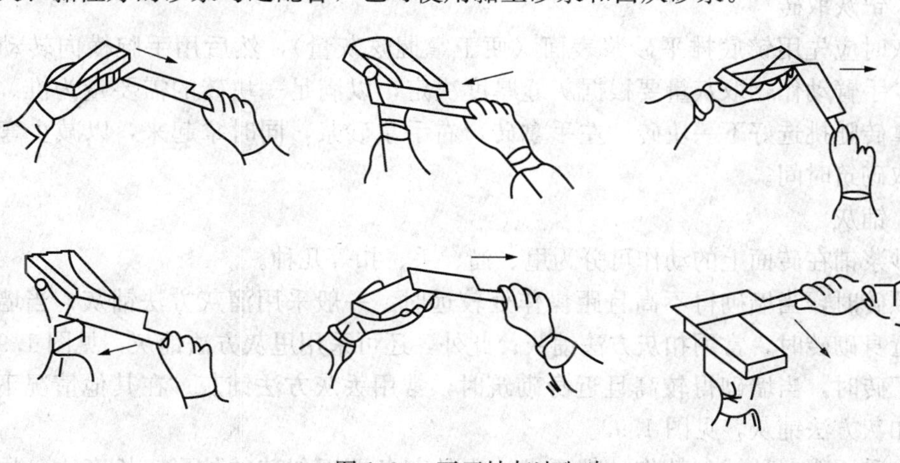

图1.90 瓦刀披灰法砌砖

瓦刀披灰法通常使用瓦刀，操作时右手拿瓦刀，左手拿砖，先用瓦刀把砂浆正手刮在砖的侧面，然后反手将砂浆抹满砖的大面，并在另一侧刮上砂浆。要刮布均匀，中间不要留空隙，四周可以厚一些，中间薄些。与墙上已砌好的砖接触的头缝（即碰头灰）也要刮上砂浆。砖块刮好砂浆后，放在墙上，挤压至与准线平齐。如有挤出墙面的砂浆，须用瓦刀刮下填于竖缝内。

用瓦刀披灰法砌筑，能做到刮浆均匀、灰缝饱满，有利于初学砖瓦工者的手法锻炼。此法历来被列为砌筑基本工训练之一。但其工效低，劳动强度大。

2）“三一”*砌砖法*

“三一”砌砖法的基本操作是“一铲灰、一块砖、一揉挤”。

（1）步法

操作时人应顺墙体斜站，左脚在前，离墙约 15cm，右脚在后，距墙及左脚跟 30～40cm。砌筑方向是由前往后退着走，这样操作可以随时检查已砌好的砖是否平直。砌完 3～4 块砖后，左脚后退一大步（70～80cm），右脚后退半步，人斜对墙面可砌约 50cm，砌完后左脚后退半步，右脚后退一步，恢复到开始砌砖时的位置，见图 1.91。

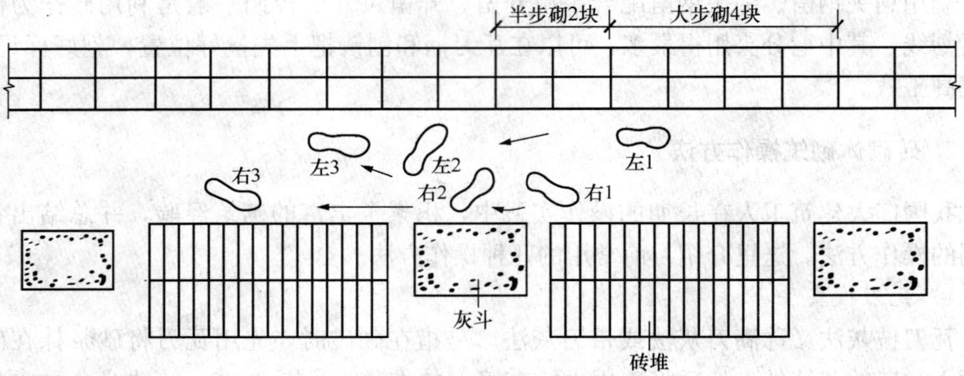

图 1.91 “三一”砌砖法步法平面

（2）铲灰取砖

铲灰时应先用铲底摊平砂浆表面（便于掌握吃灰量），然后用手腕横向转动来铲灰，减少手臂动作，取灰量要根据灰缝厚度决定，以满足一块砖的需要量为准。取砖时应随拿砖随挑选好下一块砖。左手拿砖，右手拿砂浆，同时拿起来，以减少弯腰次数，争取砌筑时间。

（3）铺灰

将砂浆铺在砖面上的动作可分为甩、溜、丢、扣等几种。

砌顺砖时，当墙砌得不高且距操作处较远时，一般采用溜灰方法铺灰；当墙砌得较高且近身砌砖时，常用扣灰方法铺灰；此外，还可采用甩灰方法铺灰，见图 1.92。

砌丁砖时，当墙砌得较高且近身砌筑时，常用丢灰方法铺灰；在其他情况下，还经常用扣灰方法铺灰，见图 1.93。

不论采用哪一种铺灰动作，都要求铺出的灰条要近似砖的外形，长度比一块砖稍长 1～2cm、宽 8～9cm，灰条距墙外面 2cm，并与前一块砖的灰条相接。

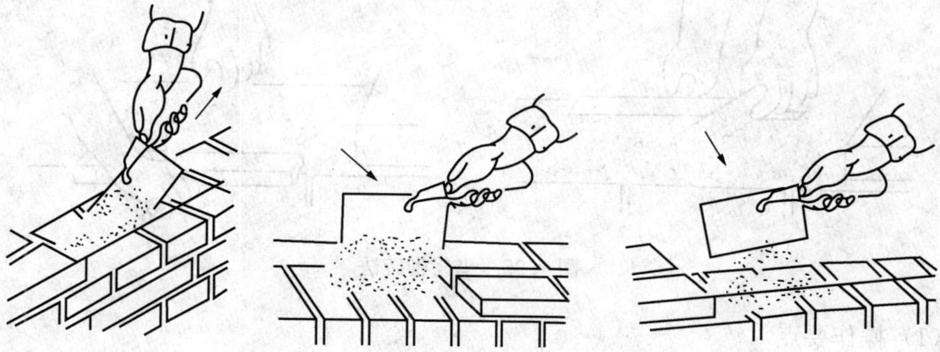

图 1.92 砌顺砖时铺灰

(4) 揉挤

左手拿砖，在离已砌好的前砖 3～4cm 处开始平放推挤，并用手轻揉。在揉砖时，眼要上边看线，下边看墙皮，左手中指随即同时伸下，摸一下上下砖棱是否齐平。砌好一块砖后，随即用铲将挤出的砂浆刮回，放在竖缝中或随手投入灰斗中。揉砖的目的是使砂浆饱满。铺在砖上的砂浆如果较薄，揉的劲要小些；砂浆较厚时，揉的劲要稍大一些。并且根据已铺砂浆的位置要前后揉或左右揉，总之以揉到下齐砖棱上齐线为宜，要做到平开、轻放、轻揉，见图 1.94。

图 1.93 砌丁砖铺灰

图 1.94 揉砖

“三一”砌砖法的优点是：由于铺出来的砂浆面积相当于一块砖的大小，并且随即揉砖，因此灰缝容易饱满，黏结力强，能保证砌筑质量；挤砌时随手刮去挤出的砂浆，使墙保持清洁。缺点是：一般是个人操作，操作时取砖、铲灰、铺灰、转身、弯腰等繁琐动作较多，影响砌筑效率，因而可用两铲灰砌三块砖或三铲灰砌四块砖的办法来提高效率。

这种操作方法适合于砌窗间墙、砖柱、砖垛、烟囱等较短的部位。

3) *坐浆砌砖法（又称摊尺砌砖法）*

坐浆砌砖法是指在砌砖时，先在墙上铺 50cm 左右的砂浆，用摊尺找平，然后在已铺设好的砂浆上砌砖，见图 1.95。该法适用于砌门窗洞较多的砖墙或砖柱。

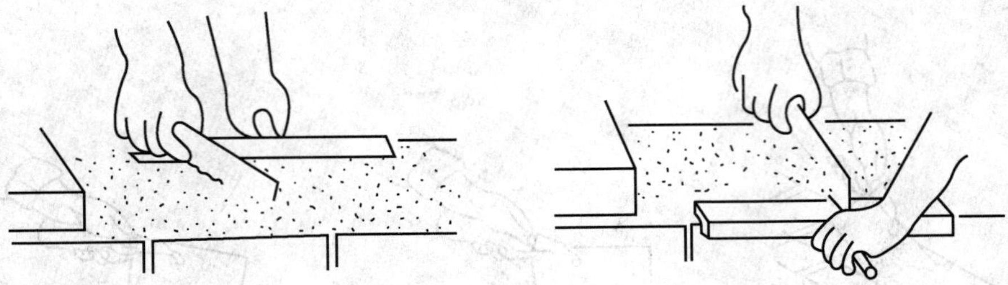

图 1.95 坐浆砌砖法

(1) 操作要点

操作时人站立的位置以距墙面 10～15cm 为宜，左脚在前，右脚在后，人斜对墙面，随着砌筑前进方向退着走，每退一步可砌 3～4 块顺砖长。

通常使用瓦刀，操作时用灰勺和大铲舀砂浆，均匀地倒在墙上，然后左手拿摊尺刮平。砌砖时左手拿砖，右手用瓦刀在砖的头缝处打上砂浆，随即砌上砖并压实。砌完一段铺灰长度后，将瓦刀放在最后砌完的砖上，转身再舀灰，如此逐段铺砌。每次砂浆摊铺长度应看气温高低、砂浆种类及砂浆稠度而定，每次砂浆摊铺长度不宜超过 75cm（气温在 30℃以上时，不超过 50cm）。

(2) 注意事项

在砌筑时应注意，砖块头缝的砂浆另外用瓦刀抹上去，不允许在铺平的砂浆上刮取，以免影响水平灰缝的饱满程度、摊尺铺灰砌筑时，当砌一砖墙时，可一人自行铺灰砌筑；墙较厚时，可组成两人小组，一人铺灰，一人砌墙，分工协作，密切配合，这样会提高工效。

采用这种方法，因摊尺厚度同灰缝一样为 10mm，故灰缝厚度能够控制，便于保证砌体的水平缝平直。又由于铺灰时摊尺靠墙阻挡砂浆流到墙面，所以墙面清洁美观，砂浆耗损少。但由于砖只能摆砌，不能挤砌，同时铺好的砂浆容易失水变稠变硬，因此黏结力较差。

4) 铺灰挤砌法

铺灰挤砌法是采用一定的铺灰工具，如铺灰器等，先在墙上用铺灰器铺一段砂浆，然后将砖紧压砂浆层，推挤砌于墙上的方法。铺灰挤砌法分为单手挤浆法和双手挤浆法两种。

(1) 单手挤浆法

用铺灰器铺灰，操作者应沿砌筑方向退着走。砌顺砖时，左手拿砖，距前面的砖块 5～6cm 处将砖放下，砖稍稍蹭灰面，沿水平方向向前推挤，把砖前灰浆推起作为立缝处砂浆（俗称挤头缝）（图 1.96），并用瓦刀将水平灰缝挤出墙面的灰浆刮清，甩填于立缝内。

砌丁砖时，将砖擦灰面放下后，用手掌横向往前挤，挤浆的砖口要略成倾斜，用手掌横向往前挤，到将接近一指缝时，砖块略向上翘，以便带起灰浆挤入立缝内，将砖压至与准线平齐为止，并将内外挤出的灰浆刮清，甩填于立缝内。

当砌墙的内侧顺砖时，应将砖由外向里靠，水平向前挤推，这样立缝处砂浆容易饱满，同时用瓦刀将反面墙水平缝挤出的砂浆刮起，甩填于挤砌的立缝内。

挤浆砌筑时，手掌要用力，使砖与砂浆密切结合。

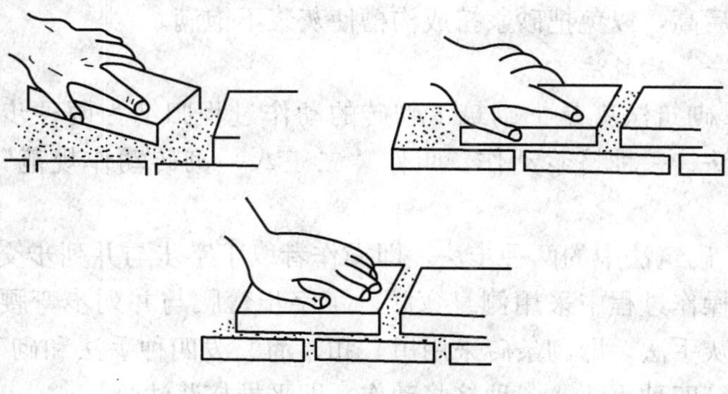

图 1.96　单手挤浆法

(2) 双手挤浆法

双手挤浆法操作时，使靠墙的一只脚脚尖稍偏向墙边，另一只脚向斜前方踏出40cm左右（随着砌砖动作灵活移动），使两脚很自然地站成“T”字形。身体离墙约7cm，胸部略向外倾斜。这样，便于操作者转身拿砖、挤砖和看棱角。

拿砖时，靠墙的一只手先拿，另一只手跟着上去，也可双手同时取砖；两眼要迅速查看砖的边角，将棱角整齐的一边先砌在墙的外侧；取砖和选砖几乎同时进行。为此操作必须熟练，无论是砌丁砖还是顺砖，靠墙的一只手先挤，另一只手迅速跟着挤砌（图 1.97）。其他操作方法与单手挤浆法相同。

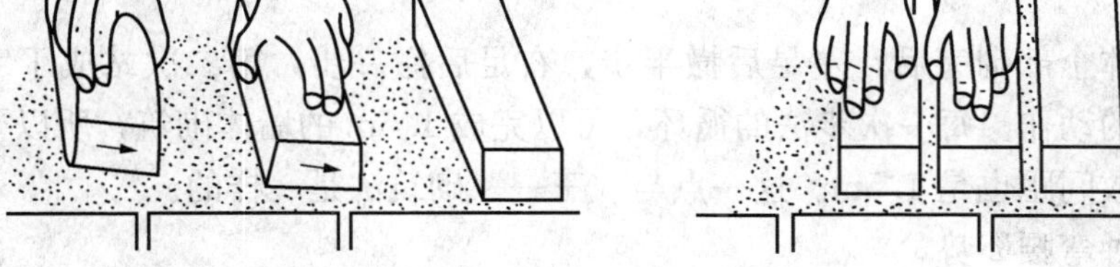

图 1.97　双手挤浆砌丁砖

如砌丁砖，当手上拿的砖与墙上原砌的砖相距 5～6cm 时，如砌顺砖，距离约13cm时，把砖的一头（或一侧）抬起约 4cm，将砖插入砂浆中，随即将砖放平，手掌不要用力挤压，只需依靠砖的倾斜自坠力压住砂浆，平推前进。若竖缝过大，可用手掌稍加压力，将灰缝压实至 1cm 为止。然后看准砖面，如有不平，用手掌加压，使砖块平整。由于顺砖长，因而要特别注意砖块下齐边棱上平线，以防墙面产生凹进凸出和高低不平现象。

这种方法，在操作时减少了每块砖都要转身、铲灰、弯腰、铺灰等动作，可大大减轻劳动强度，并还可组成两人或三人小组，铺灰、砌砖分工协作，密切结合，提高工效。此外，由于挤浆时平推平挤，使灰缝饱满，能充分保证墙体质量。但要注意，如砂浆保水性能不好时，砖湿润又不合要求，操作不熟练，推挤动作稍慢，往往会出现砂浆干硬，造成砌体黏结不良。因此在砌筑时要求快铺快砌，挤浆时严格掌握平推平挤，避免前低后高，以免把砂浆挤成沟槽使灰浆不饱满。

5）“二三八一”砌筑法

“二三八一”砌筑法就是把砌筑工砌砖的动作过程归纳为两种步法、三种弯腰姿势、八种铺灰手法、一种挤浆动作，叫作“二三八一砌砖动作规范”，简称“二三八一”砌筑法。

“二三八一”砌筑法中的两种步法，即操作者以丁字步与并列步交替退行操作；三种弯腰姿势，即操作过程中采用侧身弯腰、丁字步弯腰与并列步弯腰三种弯腰形式进行操作；八种铺灰手法，即砌条砖采用甩、扣、溜、泼四种手法和砌丁砖采用扣、溜、泼、一带二铺灰等四种手法；一种挤浆动作，即平推挤浆法。

“二三八一”砌筑法把砌砖动作复合为四个：双手同时铲灰和拿砖—转身铺灰—挤浆和接刮余灰—甩出余灰。该法大大简化了操作，使身体各部肌肉轮流运动，减少疲劳。

（1）两种步法

砌砖时采用“拉槽取法”，操作者背向砌砖前进方向退步砌筑。开始砌筑时，人斜站成丁字步，左足在前、右足在后，后腿紧靠灰斗。这种站立方法稳定有力，可以适应砌筑部位的远近高低变化，只要把身体的重心在前后之间变换，就可以完成砌筑任务。

后腿靠近灰斗以后，右手自然下垂，就可以方便地在灰斗中取灰。右足绕足跟稍微转动一下，又可以方便地取到砖块。

砌到近身以后，左足后撤半步，右足稍稍移动即成为并列步，操作者基本上面对墙身，又可完成50cm长的砖墙砌筑。在并列步时，靠两足的稍稍旋转来完成取灰和取砖的动作。

一段砌体全部砌完后，左足后撤半步，右足后撤一步，第二次站成丁字步，再继续重复前面的动作。每一次步法的循环，可以完成1.5m的墙体砌筑，所以要求操作面上灰斗的排放间距也是1.5m。这一点与“三一”砌筑法是一样的。

（2）三种弯腰姿势

① 侧身弯腰　当操作者站成丁字步的姿势铲灰和取砖时，应采取侧身弯腰的动作，利用后腿微弯、斜肩和侧身弯腰来降低身体的高度，以达到铲灰和取砖的目的。侧身弯腰时动作时间短，腰部只承担轻度的负荷。在完成铲灰取砖后，可借助伸直后腿和转身的动作，使身体重心移向前腿而转换成正弯腰（砌低矮墙身时）。

② 丁字步正弯腰　当操作者站成丁字步，并砌筑离身体较远的矮墙身时，应采用丁字步正弯腰的动作。

③ 并列步正弯腰　丁字步正弯腰时重心在前腿，当砌到近身砖墙并改换成并列步砌筑时，操作者就可采取并列步正弯腰的动作。

三种弯腰姿势的动作分解如图1.98所示。

（3）八种铺灰手法

砌条砖时的三种手法：

图 1.98　三种弯腰姿势的动作分解

① 甩法　甩法是“三一”砌筑法中的基本手法，适用于砌离身体部位低而远的墙体。铲取砂浆要求呈均匀地条状，当大铲提到砌筑位置时，将铲面转 90°，使手心向上，同时将灰顺砖面中心甩出，使砂浆呈条状均匀落下，甩灰的动作分解如图 1.99 所示。

② 扣法　扣法适用于砌近身和较高部位的墙体，人站成并列步。铲灰时以后腿足跟为轴心转向灰斗，转过身来反铲扣出灰条，铲面的运动路线与甩法正好相反，也可以说是一种反甩法，尤其在砌低矮的近身墙时更是如此。扣灰时手心向下，利用手臂的前推力扣落砂浆，其动作形式如图 1.100 所示。

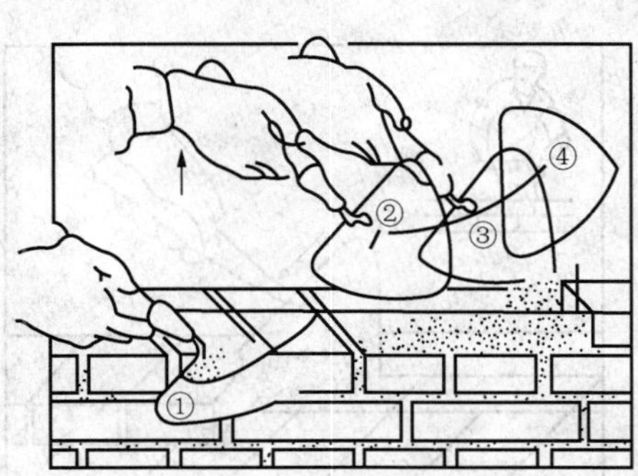

图 1.99　甩灰的动作分解

图 1.100　扣灰的动作分解

③ 泼法　泼法适用于砌近身部位及身体后部的墙体，用大铲铲取扁平状的灰条，提到砌筑面上，将铲面翻转，手柄在前，平行向前推泼出灰条，其手法如图 1.101 所示。

砌丁砖时的三种手法：

① 砌里丁砖的溜法　溜法适用于砌一砖半墙的里丁砖，铲取的灰条要求呈扁平状，前部略厚，铺灰时将手臂伸过准线，使大铲边与墙边取平，采用抽铲落灰的办法，如图 1.102 所示。

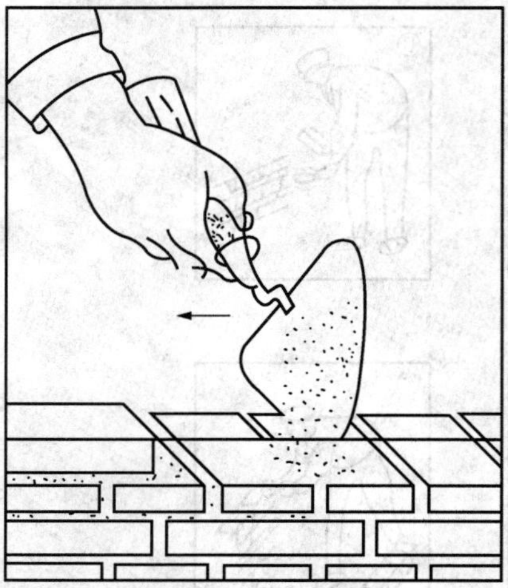

图 1.101　泼灰的动作分解

② 砌丁砖的扣法　铲灰条时要求做到前部略低，扣到砖面上后，灰条外口稍厚，其动作如图 1.103所示。

③ 砌外丁砖的泼法　当砌三七墙外丁砖时可采用泼法。大铲铲取扁平状的灰条，泼灰时落点向里移一点，可以避免反面刮浆的动作。砌离身体较远的砖可以平拉反泼，砌近身处的砖采用正泼，其手法如图 1.104 所示。

砌角砖时的溜法：

砌角砖时，用大铲铲取扁平状的灰条，提送到墙角部位并与墙边取齐，然后抽铲落灰。采用这一手法可减少落地灰，如图 1.105 所示。

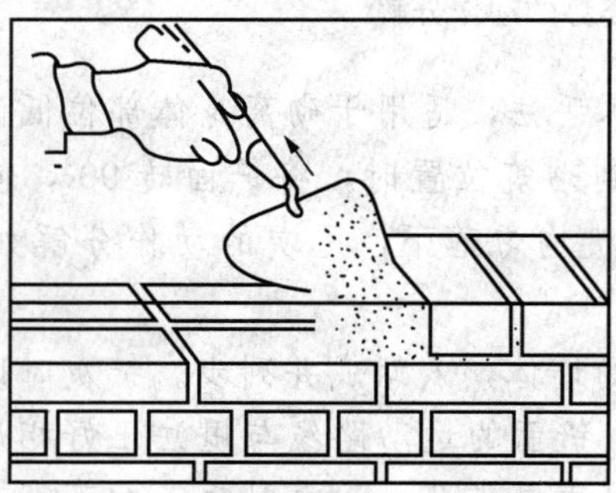

图 1.102　砌里丁砖的溜法

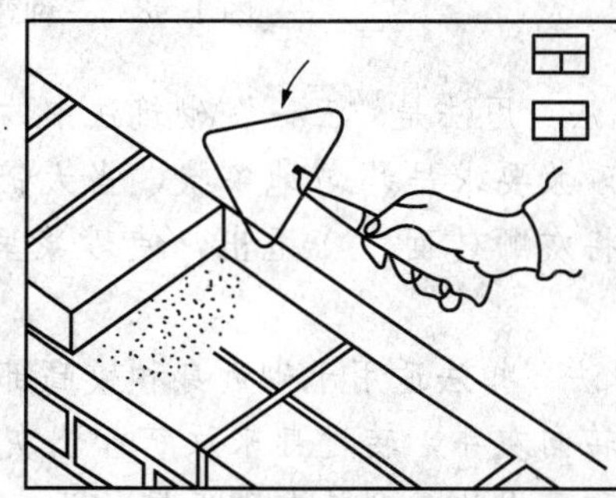

图 1.103　砌丁砖的扣法

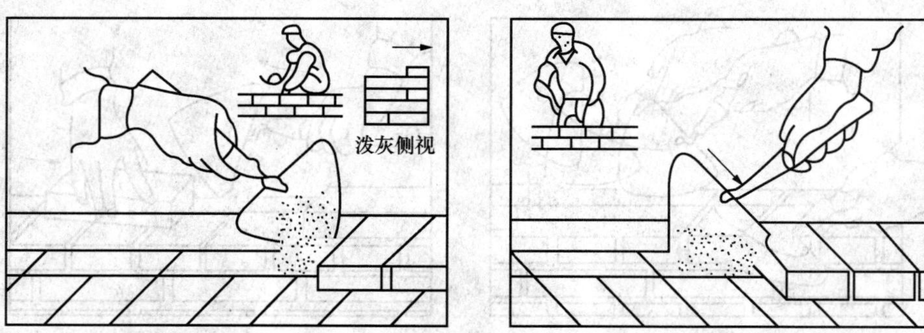

(a) 平拉反泼　　(b) 正泼

图 1.104　砌外丁砖的泼法

一带二铺灰法：

由于砌丁砖时，竖缝的挤浆面积比条砖大一倍，外口砂浆不易挤严，可以先在灰斗处将丁砖的碰头灰打上，再铲取砂浆转身铺灰砌筑，这样做就多了一次打灰动作。一带二铺灰法是将这两个动作合并起来，利用在砌筑面上铺灰时，将砖的丁头伸入落灰处接打碰头灰。这种做法铺灰后要摊一下砂浆，才可摆砖挤浆，在步法上也要作相应变换，其手法如图 1.106 所示。

(4) 一种挤浆动作

挤浆时应将砖落在灰条 2/3 的长度或宽度处，将超过灰缝厚度的那部分砂浆挤入竖缝内。如果铺灰过厚，可用揉搓的办法将过多的砂浆挤出。

在挤浆和揉搓时，大铲应及时接刮从灰缝中挤出的余浆并甩入竖缝内，当竖缝严实时也可甩入灰斗中。如果是砌清水墙，可以用铲尖稍稍伸入平缝中刮浆，这样不仅刮了浆，而且减少了勾缝的工作量、节约了材料，挤浆和刮余浆的动作如图 1.107 所示。

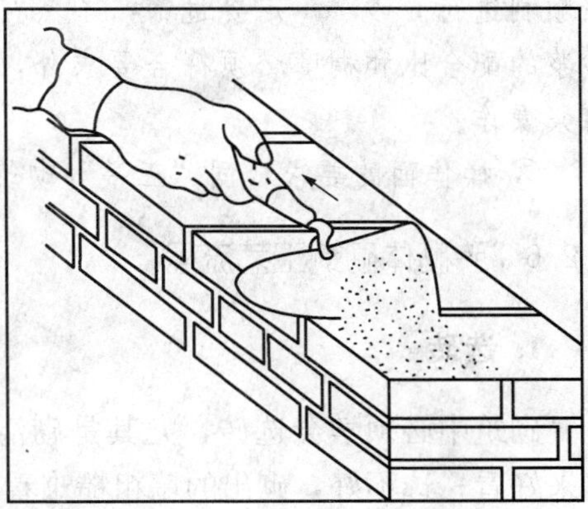

图 1.105 砌角砖的溜法

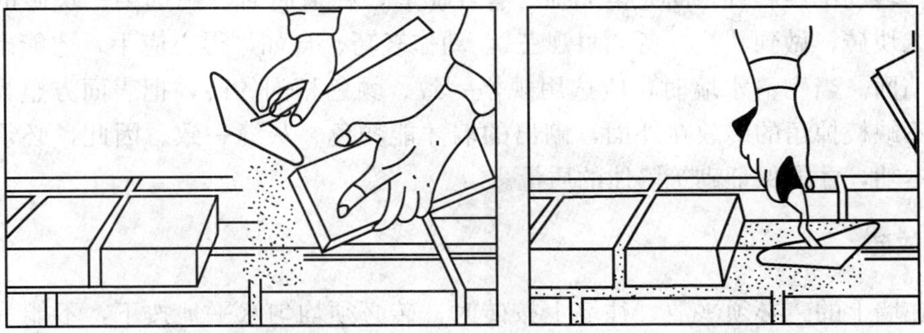

铺灰后摊砂浆　　摆砖挤灰

图 1.106 一带二铺灰动作（使用于砌外丁砖）

挤浆刮余浆同时砌丁砖　　砌外条砖刮余浆

图 1.107 挤浆和刮余浆的动作

(5) 实施“快速”砌筑法必须具备的条件

① 工具准备　大铲是铲取灰浆的工具，砌筑时，要求大铲铲起的灰浆刚好能砌一块砖，再通过各种手法的配合才能达到预期的效果。铲面呈三角形，铲边弧形平缓，铲柄角度合适的大铲才便于使用。可以利用废带锯片根据各人的条件和需要自行加工。

② 材料准备　砖必须浇水达到合适的程度，即砖的里层吸够一定水分，表面阴干。一般可提前 1～2d 浇水，停半天后使用。吸水合适的砖，可以保持砂浆的稠度，使挤

浆顺利进行。砂子一定要过筛，不然在挤浆时会因为有粗颗粒而造成挤浆困难。除了砂浆的配合比和稠度必须符合要求外，砂浆的保水性也很重要，离析的砂浆很难进行挤浆操作。

③ 操作面的要求　同“三一”砌筑法。

1.2.6　砖砌体砌筑工艺流程

1. 选砖

砌筑中必须学会选砖，尤其是砌清水墙面。砖面的选择很重要，砖选得好，砌出墙来好看；选不好，砌出的墙粗糙难看。

选砖时，把一块砖拿在手中用手掌托起，将砖在手掌上旋转（俗称滑砖）或上下翻转，在转动中察看哪一面完整无损。有经验者，在取砖时，挑选第一块砖的同时就选出第二块砖，做到“执一备二眼观三”，动作轻巧、自如，得心应手，才能砌出整齐美观的墙面。当砌清水墙时，应选用规格一致、颜色相同的砖，把表面方整光滑、不弯曲和不缺棱掉角的砖放在外面，砌出的墙才能颜色、灰缝一致。因此，必须练好选砖的基本功，才能保证砌筑墙体的质量。

2. 放砖

砌在墙上的砖必须平放。往墙上按砖时，砖必须均匀水平地按下，不能一边高一边低，造成砖面倾斜。如果养成这种不好的习惯，砌出的墙会向外倾斜（俗称往外张或冲）或向内倾斜（俗称向里背或眠）。也有的墙虽然垂直，但因每皮砖放不平，每层砖出现一点马蹄楞，形成鱼鳞墙，使墙面不美观，而且影响墙体强度。

3. 跟线穿墙

砌砖必须跟着准线走，叫“上跟线、下跟棱、左右相跟要对平”，就是说砌砖时，砖的上棱边要与线约离 1mm，下棱边要与下层已砌好的砖棱对平，左右前后位置要准。当砌完一皮砖时，看墙面是否平直，有无高出、低洼、拱出或拱进准线的现象，有了偏差应及时纠正。

不但要跟线，还要做到用眼“穿墙”。即从上面第一块砖往下穿看，穿到底，每层砖都要在同一平面上，如果有出入，应及时修理。

4. 自检

在砌筑中，要随时随地进行自检。一般砌三层砖用线锤吊大角的垂直度，五层砖用靠尺靠一靠墙面垂直平整度。俗语称“三层一吊，五层一靠”。当墙砌到一步架时，要用托线板全面检查一下垂直及平整度，特别要注意墙大角要绝对垂直平整，发现有偏差应及时纠正。

砌好的墙千万不能砸或撬。如果墙面砌出鼓肚，用砖往里砸使其平整，或者如果墙面砌出洼凹，往外撬砖，都不是好习惯。因砌好的砖砂浆与砖已黏结，甚至砂浆已凝固，经砸和撬以后砖面活动，黏结力破坏，墙就不牢固，如发现墙有大的偏差，应拆掉重砌，以保证质量。

5. 留脚手眼

砖墙砌到一定高度时，就需要脚手架。当使用单排立杆脚手架时，它的排木的一端要支放在砖墙上。为了放置排木，砌砖时就要预留出脚手眼。一般在1m高处开始留，间距1m左右一个。脚手眼孔洞如图1.108所示。采用铁排木时，在砖墙上留一顶头大小孔洞即可，不必留大孔洞。脚手眼的位置不能随便乱留，必须符合质量要求中的规定。

图1.108　留脚手眼

6. 留施工洞口

在施工中经常会遇到管道通过的洞口和施工用洞口。这些洞口必须按尺寸和部位进行预留。不允许砌完砖后凿墙开洞。凿墙开洞震动墙身，会影响砖的强度和整体性。

对大的施工洞口，必须留在不重要的部位。如窗台下的墙可暂时不砌，作为内外通道用；或在山墙（无门窗的山墙）中部预留洞，其形式是高度不大于2m，下口宽1.2m左右，上头呈尖顶形式，这样才不致影响墙的受力。

7. 浇砖

在常温施工时，砖必须在砌筑前一两天浇水浸湿，一般以水浸入砖四边1cm左右为宜。不要在使用时浇，更不能在架子上及地槽边浇，以防止造成塌方或架子因重量增加而沉陷。

浇砖是砌好砖的重要一环。如果用干砖砌墙，砂浆中的水分会被干砖全部吸去，使砂浆失水过多，这样不易操作，也不能保证水泥硬化所需的水分，从而影响砂浆强度的增长，这对整个砌体的强度和整体性都不利。反之，如果把砖浇得过湿或当时浇砖当时砌墙，表面水还未能吸进砖内，砖表面水分过多，形成一层水膜，这些水在砖与砂灰黏结时，反使砂浆增加水分，使其流动性变大。这样，砖的重量往往容易把灰缝压薄，使砖面总低于挂的小线，造成操作困难，更严重的会导致砌体变形。此外，稀砂浆也容易流淌到墙面上弄脏墙面。所以，这两种情况对砌筑质量都不能起到积极作用，必须避免。

浇砖还能把砖表面的粉尘、泥土冲干净，对砌筑质量有利。砌筑灰砂砖时亦可适当洒水后再砌筑。冬季施工由于浇水砖会发生冰冻，在砖表面结成冰膜不能和砂浆很好结合，此外冬季水分蒸发量也小，所以冬季施工不要浇砖。

8. 文明操作

砌筑时要保持清洁，文明操作。当砌混水墙时要当清水墙砌。每砌至 10 层砖高(白灰砂浆可砌完一步架)，墙面必须用刮缝工具划好缝，划完后用扫帚扫净墙面。在铺灰挤浆时，要注意墙面清洁，不能污损墙面。砍砖头时不要随便往下砍扔，以免伤人。落地灰要随时清理，做到工完料净、场清，确保墙面清洁美观。

综上所述，砌砖操作要点概括为："横平竖直，注意选砖，灰缝均匀，砂浆饱满，上下错缝，咬槎严密，上跟线，下跟棱，不游丁，不走缝"。

总之，要把墙砌好，除了要掌握操作的基本知识、操作规则以及操作方法外，还必须在实践中注意练好基本功，好中求快，逐渐达到熟练、优质、高效的程度。

1.3 检查验收与评价

1.3.1 建筑围墙施工检查

建筑工地围墙由于属于临时构筑物，因此设计与施工时要考虑尽可能地降低成本。

1. 质量检查

一般来说，围墙只要不倒就能满足使用功能。因此施工过程中必须严格控制下列质量。

1）围墙的地基处理与排水

（1）地基处理

如果地基处理不好，围墙在使用过程中会发生不均匀沉降或基础位移，都会导致围墙倒塌。因此，围墙基础砌筑前，项目部必须对地基进行验收。

（2）排水

即使地基处理得合乎要求，但是由于排水不畅，阴雨天围墙基础部位有积水，致使地基土被浸泡，也会导致围墙倒塌。因此，必须检查围墙附近的排水是否通畅。

2）构造柱设置

由于没按要求设置构造柱，建筑工地围墙的整体性差，也会导致围墙倒塌。因此，要检查构造柱间距是否小于 5m，构造柱断面和构造柱基础设置是否恰当。

3）砌筑砂浆质量

由于是临时构筑物，施工时用黏土砂浆砌筑，砂浆本身黏结力不强，墙体表面又没有抹灰，黏土砂浆在雨水冲刷下会丧失黏结能力，导致围墙倒塌。因此，要检查砌筑砂浆的质量，如果用黏土砂浆砌筑，则墙体表面必须抹纸筋石灰予以保护。

4）通缝数量

通缝太多，围墙整体性不好，会导致围墙倒塌。一般来说，每 5m 距离（两构造柱之间）3～6皮的通缝数不允许超过6处，7皮砖及以上的通缝数不允许出现1处。

2. 安全检查

1）脚手架的安全使用

① 脚手架的搭设必须严格按照《建筑施工扣件式钢管脚手架安全技术规范》（JGJ 130—2001）、《建筑施工安全检查标准》（JGJ 59—2003）的规定执行，验收合格后方可使用。

② 搭设脚手架的材料应有合格证，各部件的焊接质量必须检验合格并符合要求。脚手架上的铺板必须严密平整、防滑、固定可靠，孔洞应设盖板封严。

③ 钢管脚手架应用外径48～51mm，壁厚3～3.5mm，无严重锈蚀、弯曲、压扁或裂纹的钢管。钢管脚手架的杆件连接必须使用合格的钢扣件，不得使用钢丝和其他材料绑扎。

④ 木脚手架应用小头有效直径不小于80mm，无腐朽、折裂、枯节的杉木杆，杉木杆脚手架的杆件绑扎应使用8号钢丝，搭设高度在6m以下的杉木杆脚手架可使用直径不小于10mm的专用绑扎绳；脚手杆件不得钢木混搭。

⑤ 脚手架的搭设必须由专业架工操作，脚手架架工应持证上岗，凡患有高血压、心脏病或其他不适应上架操作和疾病未愈者，严禁上架作业。

⑥ 脚手架必须按楼层与结构拉结牢固，拉结点垂直距离不得超过4m，水平距离不超过6m。拉结所用的材料强度不得低于双股8号钢丝的强度。

⑦ 脚手架的操作面必须满铺脚手板，高出墙面不得大于200mm，不得有空隙和探头板。操作面外侧应设两道护身栏杆和一道挡脚板或设一道护身栏杆，防护高度应为1m。

⑧ 脚手架必须保证整体结构不变形，必须设置斜支撑。

⑨ 承重脚手架，使用荷载不得超过2700N/m^2。

⑩ 钢脚手架不得搭设在距离35kV以上的高压线路4.5m以内的地区和距离1～10kV高压线路3m以内的地区。钢脚手架在架设和使用期间，要严防与带电体接触。需要穿过或靠近380V以内的电力线路，距离在2m以内时，则应断电或拆除电源，如不能拆除，应采取可靠的绝缘措施。

⑪ 搭设在旷野、山坡上的钢脚手架，如在雷击区域或雷雨季节时，应设避雷装置，接地电阻不大于10Ω。

⑫ 各种脚手架在投入使用前，必须由施工负责人组织由支搭和使用脚手架的负责人及安全人员组成的检查验收小组共同进行检查，履行交接验收手续。特殊脚手架，在支搭、拆装前，要由技术部门编制安全施工方案，并报上一级技术领导审批后，方可施工。

⑬ 未经施工负责人同意，不得随意拆改脚手架，暂未使用而又不需拆除时，亦应保持其完好性，并应清除架上的材料、杂物。在搭、拆脚手架过程中，若杆件尚未绑稳扣牢或绑扣已拆开、松动时，严禁中途停止作业。

⑭ 在六级以上大风、大雾、暴雨、雷击天气或夜间照明不足时，严禁在架上操作。

⑮ 在脚手架上操作时，严禁人员聚集一处，严禁在脚手架上打闹、跑跳。

⑯ 酒后、穿硬底鞋或拖鞋以及敞袖口、裤口等衣着不整者，不得上架操作。

⑰ 坚持三检制度，架子使用中必须坚持自检、互检、交换检和班前检查制度，并落实到人头。若发现有松动、变形处，必须先加固、后使用。大风、大雨、下雪或停工后，在使用前必须进行全面检查。

2）基础施工的安全技术及防护措施

① 砌基础时，应检查和注意基坑土质的变化情况。堆放砖石材料应离开坑边 1m 以上。

② 砌墙高度超过地坪 1.2m 以上时，应搭设脚手架。架上堆放材料不得超过规定荷载值，堆砖高度不得超过三皮侧砖，同一块脚手板上的操作人员不应超过两人。

③ 人工抬运钢筋、钢管等材料时要相互配合，上下传递时不得在同一垂直线上。

3）墙体砌筑施工的安全技术及防护措施

① 不准站在墙顶上做划线、刮缝及清扫墙面或检查大角垂直等工作。不准用不稳固的工具或物体在脚手板上垫高操作。

② 砍砖时应面向墙面，工作完毕应将脚手板和砖墙上的碎砖、灰浆清扫干净。

③ 正在砌筑的墙上不准走人。山墙砌完后，应立即安装檩条或临时支撑，以防止倒塌。

④ 雨天或每日下班时，应做好防雨准备，以防雨水冲走砂浆，致使砌体倒塌。

⑤ 冬期施工时，脚手板上如有冰霜、积雪，应先清除后才能上架子进行操作。

⑥ 不准勉强在超过胸部的墙上进行砌筑，以免将墙体碰撞倒塌或上砖时失手掉下造成安全事故。脚手板要钉装牢固，并钉防滑条及扶手栏杆。

⑦ 对有部分破裂和脱落危险的砌块，严禁起吊；起吊砌块时，严禁将砌块停留在操作人员上空或在空中整修；砌块吊装时，不得在下一层楼面上进行其他任何工作；卸下砌块时应避免冲击，砌块堆放应尽量靠近楼板两端，不得超过楼板的承重能力；砌块吊装就位时，应待砌块放稳后，方可松开夹具。

1.3.2 建筑围墙的验收评价

围墙砌筑完毕后应进行验收，验收合格后方能投入使用。

单元2

填充墙砌筑施工

学习目标

能组织房屋建筑填充墙施工

技能点

(1) 填充墙的施工组织

(2) 填充墙的质量检查验收

(3) 填充墙的安全施工

知识点

(1) 填充墙的构造

(2) 填充墙的工程用料

(3) 砌筑工艺

学习内容

(1) 填充墙的砌筑材料

(2) 填充墙的构造要求

(3) 填充墙砌筑注意事项

(4) 质量验收与评价

填充墙是指框架结构中起围护作用的后砌墙体。填充墙常用的砌筑材料有多孔砖、空心砖、粉煤灰砌块、加气混凝土砌块等。

2.1 填充墙的砌筑材料

2.1.1 多孔砖填充墙的砌筑材料

烧结多孔砖是指以黏土、页岩、煤矸石、粉煤灰为主要原料，经焙烧而成的多孔砖（图2.1）。孔洞率不小于25%、孔的尺寸小而数量多、主要用于承重部位的砖简称多孔砖。烧结多孔砖按主要原料分为黏土多孔砖、页岩多孔砖、煤矸石多孔砖和粉煤灰多孔砖。

烧结多孔砖的外形为直角六面体，其长度、宽度、高度尺寸应符合下列要求：长度为290mm、240mm、190mm；宽度为180mm、175mm、140mm、115mm；高度为90mm。

砖孔形状有矩形长条孔、圆孔等多种。孔洞要求：孔径≤22mm、孔数多、孔洞方

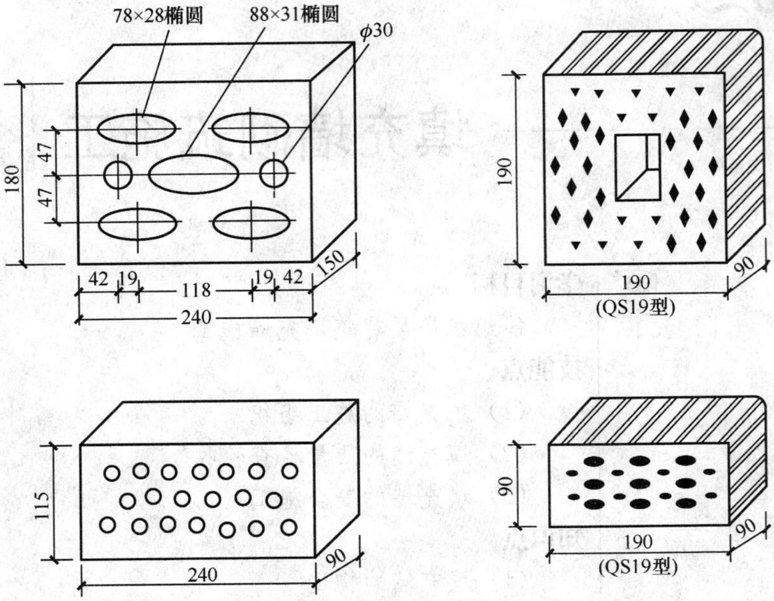

图 2.1　烧结多孔空心砖

向垂直于承压面方向。

烧结多孔砖根据抗压强度分为 MU30、MU25、MU20、MU15、MU10 五个强度等级。

强度和抗风化性能合格的砖，根据尺寸偏差、外观质量、孔形及孔洞排列、泛霜和石灰爆裂分为优等品（A）、一等品（B）、合格品（C）三个质量等级，烧结多孔砖尺寸允许偏差见表 2.1，外观质量允许偏差见表 2.2。

表 2.1　烧结多孔砖尺寸允许偏差　　单位：mm

公称尺寸	优等品（A）		一等品（B）		合格品（C）	
	样本平均偏差	样本平均差≤	样本平均偏差	样本平均差≤	样本平均偏差	样本平均差≤
290、240、190、180	±2	6	±2.5	7	±3	8
175、140、115	±1.5	5	±2	6	±2.5	7
90	±1.5	4	±1.5	5	±2	6

表 2.2　烧结多孔砖外观质量允许偏差　　单位：mm

项　　目	优等品	一等品	合格品
颜色（一条面和一顶面）	一致	基本一致	—
完整面（不得少于）	一条面和一顶面	一条面和一顶面	—
缺棱掉角的三个破坏尺寸（不得同时大于）	10	20	30

续表

项　目		优等品	一等品	合格品
裂纹长度	大面上深入孔壁 15mm 以上，宽度方向及其延伸到条面的长度	60	80	100
	大面上深入孔壁 15mm 以上，宽度方向及其延伸到顶面的长度	60	100	120
	条面上的水平裂纹	80	100	120
杂质在砖面上造成的凸出高度		3	4	5

注：1）为装饰而施加的色差，凸凹纹、拉毛、压花等不算缺陷。

2）凡有下列缺陷之一者，不能称为完整面：

缺损在条面或顶面上造成的破坏面尺寸同时大于 20mm×30mm；

条面或顶面上裂纹宽度大于 1mm，其长度超过 70mm；

压线、焦花、粘底在条面或顶面上的凹陷或凸出超过 2mm，区域尺寸同时大于 20mm×30mm。

2.1.2　砌块填充墙的砌筑材料

砌块是指建筑用的人造块材，外形多为直角六面体，也有各种异形的。砌块系列中主规格的长度、宽度或高度有一项或一项以上分别大于 365mm、240mm 或 115mm，但高度不大于长度或宽度的 6 倍，长度不超过高度的 3 倍。砌块系列中主规格高度大于 150mm，而又小于 380mm 的砌块称为小型砌块，简称小型砌块；最大尺寸为 1200mm，高 800mm，厚度分别为 180mm、240mm、370mm、490mm 的都称为中型砌块；大于中小型规格尺寸的称为大型砌块。

小型砌块按其所用材料不同，分为普通混凝土小型空心砌块、粉煤灰小型空心砌块、蒸压加气混凝土砌块、轻骨料混凝土小型空心砌块、粉煤灰实心砌块等。

1. 普通混凝土小型空心砌块

普通混凝土小型空心砌块以水泥、砂、碎石或卵石、水等预制而成。普通混凝土小型砌块不宜浇水；当天气干燥炎热时，可在砌块上稍加喷水润湿。

普通混凝土小型空心砌块主规格尺寸为 390mm×190mm×190mm，有两个方形孔，最小外壁厚不小于 30mm，最小肋厚不小于 25mm，空心率应不小于 25%，如图 2.2 和图 2.3 所示。有关普通混凝土小型空心砌块的内容参见单元 1（1.2 节）中“砌筑围墙用混凝土空心砌块”，此处不再赘述。

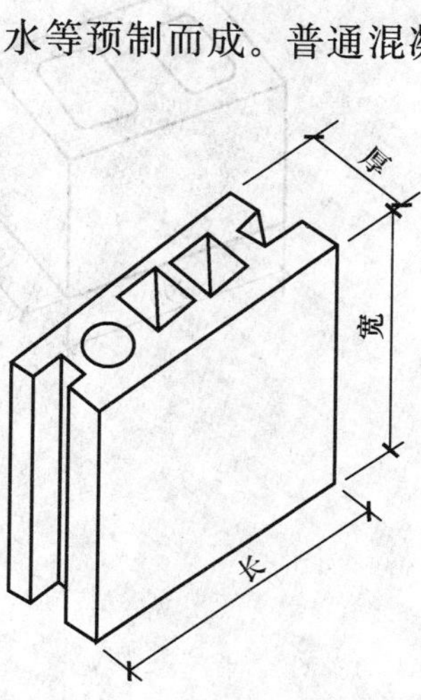

图 2.2　混凝土空心砌块

2. 粉煤灰小型空心砌块

粉煤灰小型空心砌块的有关介绍参见单元 1（1.2 节）中关于“砌筑围墙用粉煤灰小型空心砌块”。

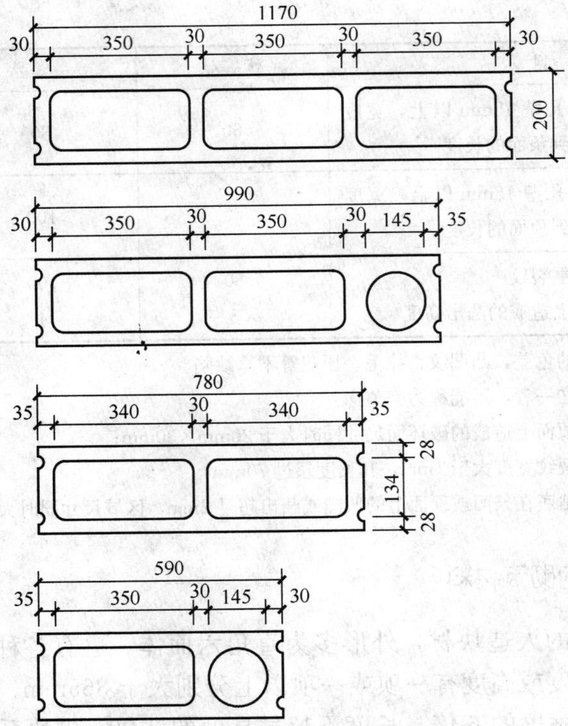

图 2.3　中、小型混凝土空心砌块

3. 轻骨料

轻骨料混凝土小型空心砌块以水泥、轻骨料、砂、水等预制而成。砌块主规格尺寸为 390mm×190mm×190mm。按其孔的排数有：实心（0）、单排孔（1）、双排孔（2）、三排孔（3）和四排孔（4）五类，如图 2.4 所示。

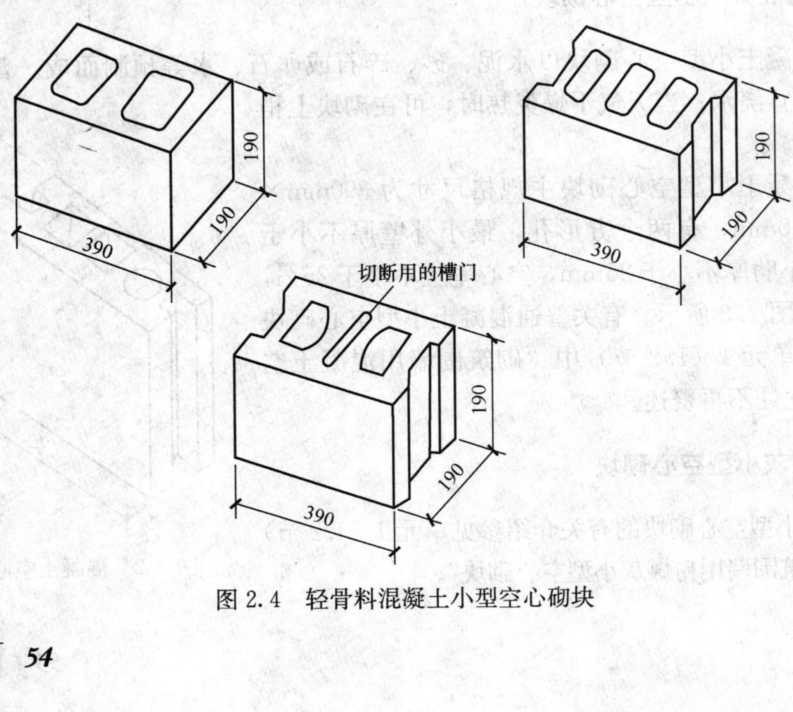

图 2.4　轻骨料混凝土小型空心砌块

轻骨料混凝土小型空心砌块按其密度，分为500、600、700、800、900、1000、1200、1400八个密度等级。空心砌块按尺寸偏差、外观质量，分为优等品（A）、一等品（B）、合格品（C）。砌块的尺寸允许偏差和外观质量应符合表2.3和表2.4的规定。

表2.3　轻骨料混凝土小型空心砌块的尺寸允许偏差　　单位：mm

项　目	优等品	一等品	合格品
长度	±2	±3	±3
宽度	±2	±3	±3
高度	±2	±3	+3，−4

注：最小外壁厚和肋厚不应小于20mm。

表2.4　轻骨料混凝土小型空心砌块的外观质量

项　目	优等品	一等品	合格品
缺棱掉角个数（不多于）	0	2	2
三个方向投影尺寸最小值（不大于）/mm	0	20	20
裂纹延伸投影的累计尺寸（不大于）/mm	0	20	30

4. 粉煤灰实心砌块

粉煤灰实心砌块是以粉煤灰、石灰、石膏和骨料等为原料，加水搅拌、振动成型、蒸汽养护而制成的。粉煤灰实心砌块的主要规格尺寸为880mm×380mm×240mm、880mm×430mm×240mm。砌块端面留灌浆槽，如图2.5所示。粉煤灰砌块按其抗压强度分MU10、MU15两个强度等级。

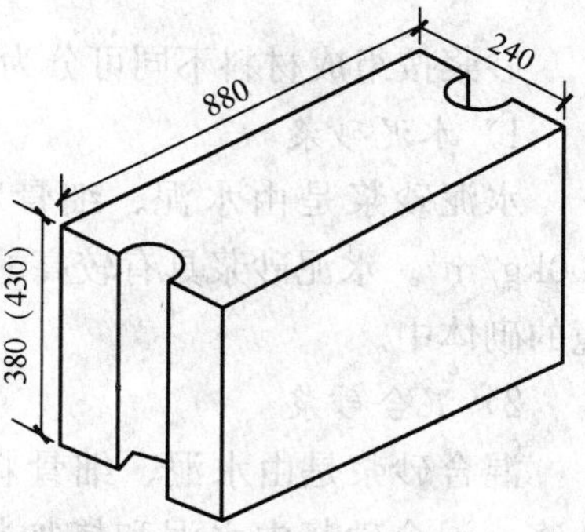

图2.5　粉煤灰实心砌块

粉煤灰砌块按其外观质量、尺寸偏差和干缩性能分为一等品和合格品两个等级。各级别的外观质量、尺寸允许偏差应符合表2.5的规定。

表2.5　粉煤灰实心砌块的外观质量、尺寸允许偏差

项　目		指　标	
		一等品	合格品
外观质量	表面疏松	不允许	
	贯穿面棱的裂纹	不允许	
	任一面上裂缝长度不得大于裂缝方向砌块尺寸的	1/3	
	石灰团、石膏团	直径大于5mm的不允许	
	粉煤灰团、空调和爆裂	直径大于30mm的不允许	直径大于50mm的不允许
	局部凸起高度最大值/mm	10	15
	翘曲高度最大值/mm	6	8
	缺棱掉角在长、宽、高三个方向上的投影最大值/mm	30	50

续表

项目		指标	
		一等品	合格品
高低差	长度方向/mm	6	8
	宽度方向/mm	4	6
尺寸允许偏差	长度/mm	+4，−6	+5，−10
	宽度/mm	+4，−6	+5，−10
	高度/mm	±3	±6

2.1.3 填充墙的砌筑砂浆

砌筑砂浆是砌体的重要组成部分。它由水泥、砂、掺加料或外加剂和水按一定比例配制而成。砂浆的作用是把块体黏结成整体，并抹平块体表面使其均匀受力，起承载和传力作用，另外，还可以填实缝隙，起到保温、隔热、密封作用。

1. 砌体砂浆的分类

砂浆按组成材料不同可分为水泥砂浆、混合砂浆和非水泥砂浆三类。

1）水泥砂浆

水泥砂浆是由水泥、细骨料和水配制的砂浆，水泥砂浆中水泥用量不应小于200kg/m³。水泥砂浆具有较高的强度和耐久性，但保水性差，多用于高强度和潮湿环境的砌体中。

2）混合砂浆

混合砂浆是由水泥、细骨料、掺加料（石灰膏、粉煤灰、黏土等）和水配制的砂浆，混合砂浆中水泥和掺加料总量宜为300～500kg/m³。混合砂浆如水泥石灰砂浆、水泥黏土砂浆等，它们具有一定的强度和耐久性，由于加入了石灰膏，改善了混合砂浆的和易性，且它的保水性好，一般用于地面以上的砌体，多用于一般墙体中。

3）石灰砂浆

石灰砂浆是由石灰膏和砂子按一定比例搅拌而成的砂浆，完全靠石灰的气硬性而获得强度。

4）其他砂浆

其他砂浆包括防水砂浆、嵌缝砂浆、聚合物砂浆等。

2. 砌筑砂浆的组成材料

1）水泥

一般根据砂浆用途、所处环境条件选择水泥的品种。砌筑砂浆宜采用砌筑水泥、普通水泥、矿渣水泥、火山灰水泥和粉煤灰水泥。不宜选用强度等级较高的水泥，水泥砂浆不宜选用水泥强度大于32.5级的水泥，混合砂浆选用水泥强度不大于42.5级的水泥，如果水泥强度等级过高，则应加入掺和材料，以改善水泥砂浆的和易性。对用于混凝土小型空心砌块的砌筑砂浆，一般宜采用普通水泥或矿渣水泥。

对进厂的水泥质量应按有关规定进行复检，经试验鉴定合格后方可使用，出场日期超90d的水泥（快硬硅酸盐水泥超过30d）应进行复检，复检达不到质量标准不得使用。严禁使用安定性不合格的水泥。

2）砂

砖砌体、砌块砌体及料石砌体用砂宜选中砂，砌毛石用砂宜选粗砂，并要过筛，不得含有草根、土块、石块等杂物。对于纯水泥砂浆和强度等级不小于M5的水泥混合砂浆，砂中的含泥量不超过5%；对于强度等级小于M5的水泥混合砂浆，砂中的含泥量不应超过10%。

3）掺加料与外加剂

为改善砂浆的和易性，减少水泥用量，砂浆中可加入无机材料（如石灰膏、黏土膏等）或外加剂。所用的石灰膏应充分熟化，熟化时间不得少于7d；磨细生石灰粉的熟化时间不得少于2d。沉淀池中贮存的石灰膏，应采取措施防止干燥、冻结和污染。严禁使用脱水硬化的石灰膏，所用的石灰膏稠度应控制在120mm左右。采用黏土或亚黏土制备黏土膏时，宜用搅拌机加水搅拌，通过孔径不大于3mm×3mm的网过筛。用比色法鉴定黏土中的有机物含量时应浅于标准色。为节省水泥、石灰用量，还可在砂浆中掺入粉煤灰来改善砂浆的和易性，粉煤灰品质等级用3级即可。砂浆中的粉煤灰取代水泥率不宜超过40%，砂浆中的粉煤灰取代石灰膏率不宜超过50%。

砌筑砂浆中掺入砂浆外加剂是发展方向。外加剂包括微沫剂、减水剂、早强剂、促凝剂、缓凝剂、防冻剂等，外加剂的掺量应严格按照使用说明书掺放。

4）水

宜采用饮用水。当采用其他水时，水质必须符合《混凝土用水标准》（JGJ 63—2006）的规定。

3. 砌筑砂浆的性质

砌筑砂浆应具有良好的和易性、足够的抗压强度、黏结强度和耐久性。

1）和易性

和易性良好的砂浆便于操作，能在砖、石表面上铺成均匀的薄层，并能很好地与底层黏结，和易性良好的砂浆，既便于施工操作，提高劳动生产率，又能保证工程质量。砂浆和易性包括流动性和保水性两个方面。

(1) 流动性

砂浆的流动性也称稠度，是指在自重或外力作用下流动的性能，用“沉入度”表示。沉入度大，砂浆流动性大，但流动性过大，硬化后强度将会降低；若流动性过小，则不便于施工操作。

砂浆流动性的大小与砌体材料种类、施工条件及气候条件等因素有关。对于多孔吸水的砌体材料和干热的天气，则要求砂浆的流动性大些；相反，对于密实不吸水的材料和湿冷的天气，则要求流动性小些。用于砌体的砂浆的稠度应按表 2.6 选用。

表 2.6　砌筑砂浆的稠度

项 次	砌 体 种 类	砂浆稠度
1	烧结普通砖砌体	70～90
2	轻骨料混凝土小型砌体砌块	60～90
3	烧结多孔砖、空心砖砌体	60～80
4	烧结普通砖平拱式过梁、空斗砖、筒拱、普通混凝土小型空心砖砌块砌体、加气混凝土砌块砌体	50～70
5	石砌体	30～50

(2) 保水性

新拌砂浆能够保持水分的能力称为保水性，用“分层度”表示；砂浆的分层度在 10～20mm 之间为宜，不得大于 30mm，分层度大于 30mm 的砂浆，容易产生离析，不便于施工；分层度接近于零的砂浆，容易发生干缩裂缝。

2) *砂浆的强度*

砂浆在砌体中主要起传递荷载的作用，并经受周围环境介质的作用，因此砂浆应具有一定的抗压强度。砌筑砂浆的强度等级宜采用 M20、M15、M10、M7.5、M5、M2.5。

砂浆的强度等级是以边长为 70.7mm 的立方体试块，在标准养护条件下，用标准试验方法测得 28d 龄期的抗压强度来确定的。

3) *砂浆的黏结强度*

砌筑砂浆必须有足够的黏结强度，以便将砖、石、砌块黏结成坚固的砌体。根据试验结果，凡保水性能优良的砂浆，黏结强度一般较好。砂浆强度等级愈高，其黏结强度也愈大，砂浆黏结强度与砖石表面清洁度、润湿情况及养护条件有关。砌砖前砖要浇水湿润，其含水率控制在 10%～15%为宜。

4) *砂浆的耐久性*

对有耐久性要求的砌筑砂浆，经数次冻融循环后，其质量损失率不得大于 5%，抗压强度损失率不得大于 25%。

试验证明：砂浆的黏结强度、耐久性均随抗压强度的增大而提高，即它们之间有一定的相关性，而且抗压强度的试验方法较为成熟，测试较为简单且准确，所以工程上常以抗压强度作为砂浆的主要技术指标。

4. 砂浆的制备

砂浆应按试配调整后确定的配合比进行计量配料。砂浆应采用机械拌和，其拌和时间自投料完算起，水泥砂浆和水泥混合砂浆不得少于 2min；水泥粉煤灰砂浆和掺用外加剂的砂浆不得少于 3min；掺用有机塑化剂的砂浆为 3～5min。拌制水泥砂浆应先将砂与水泥干拌均匀，然后加水拌和均匀。拌制水泥混合砂浆，应先将砂与水泥干拌均匀，再加掺加料（石灰膏、黏土膏）和水拌和均匀。拌成后的砂浆，其稠度应符合表 2.6 的规定，分层度不应大于 30mm 颜色一致。砂浆拌成后应盛入贮灰器中，如砂浆出现泌水现象，应在砌筑前再次拌和。砂浆应随拌随用。水泥砂浆和水泥混合砂浆必须分别在拌成后3h和4h内使用完毕；如施工期间最高气温超过30℃时，必须分别在拌成后2h和3h内使用完毕。

2.2　填充墙的构造要求

2.2.1　砌块砌体的一般构造要求

砌块砌体的一般构造要求如下：

① 砌块砌体应分皮错缝搭砌，上下皮搭砌长度不小于90mm。当搭砌长度不满足要求时，应在水平灰缝内设置不少于2ϕ4的焊接钢筋网片，横向钢筋间距不宜大于200mm，网片每端均应超过该垂直缝，其长度不得小于300mm。

② 砌块墙与后砌隔墙交接处，应沿墙高每400mm在水平灰缝内设置不少于2ϕ4、横筋间距不大于200mm的焊接钢筋网片。

③ 混凝土砌块墙体的灌孔要求：在表2.7所列部位，应采用不低于C20灌孔混凝土将孔灌实。

表2.7　砌块墙体灌孔要求

灌孔位置	灌孔长度	灌孔高度	灌孔位置	灌孔长度	灌孔高度
纵横墙交接处	墙中心线每边各≥300mm	墙身全高	屋架、梁支撑面下	≥600mm	≥600mm
格栅、檩条、楼板	支撑面下	≥200mm	挑梁支撑面下	墙中心每边≥300mm	≥600mm

④ 在砌体中留槽洞及埋设管道时，应遵守下列规定：

不应在截面长边小于500mm的承重墙体、独立柱内埋设管线；

不宜在墙体中穿行暗线或预留、开凿沟槽，无法避免时应采取必要的措施或按削弱后的截面验算墙体的承载力，但允许在受力较小或未灌孔的砌块砌体和墙体的竖向孔洞中设置管线。

⑤ 夹心墙应符合下列规定：

混凝土砌块的强度等级不应低于MU10；

夹心墙的夹层厚度不宜大于100mm；

夹心墙外叶墙的最大横向支撑间距不宜大于9m。

⑥ 跨度大于6m的屋架及跨度大于4.8m或4.2m（对砌块砌体）的梁，其支撑面下的砌体应设置钢筋混凝土垫块，当与圈梁相遇时，应与圈梁绕成整体。当240mm厚砖墙承受6m大梁、砌块墙和180m厚砖墙承受4.8m大梁时，则应加设壁柱。跨度大于9m的屋架、预制梁，其端部与砌体应采用锚固措施。

⑦ 预制钢筋混凝土板的支撑长度，在墙上不宜小于100mm；在圈梁上不宜小于80mm。预制钢筋混凝土梁在墙上的支撑长度不宜小于240mm。

⑧ 填充墙、隔墙应分别采取措施与周边构件可靠连接。

⑨ 山墙处的壁柱宜砌至山墙顶部，屋面构件应与山墙可靠连接。

2.2.2 砌块墙的构造

1. 砌块墙的拼接

由于砌块的体积比普通砖的体积大，所以墙体接缝更显得重要。在砌筑时，必须保证灰缝横平竖直、砂浆饱满，使砌块能更好地连接。一般砌块墙采用 M5 砂浆砌筑，水平缝为 10～15mm，竖向缝为 15～20mm。当竖向缝大于 40mm 时，须用 C15 细石混凝土灌实。当砌块排列出现局部不齐或缺少某些特殊规格时，为减少砌块类型，常以普通黏土砖填充。

砌块墙上下错缝应大于 150mm，当错缝不足 150mm 时，应于灰缝中配置钢筋网片一道，砌块与砌块在转角、内外墙拼接处应以钢筋网片加固（图 2.6）。

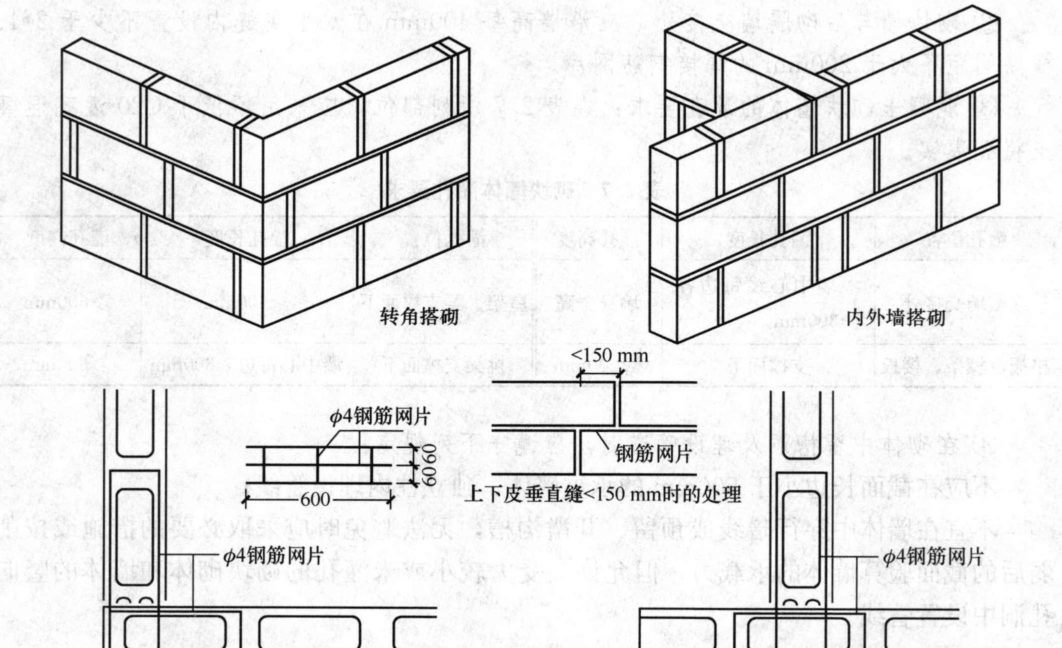

图 2.6 砌块墙的拼接

2. 构造柱的设置

为了加强砌体房屋的整体性，空心砌体常于房屋的转角处，内、外墙交接处设置构造柱或芯柱。芯柱利用空心砌块的孔洞做成，砌筑时将砌块孔洞上下对齐，孔中插入 2ϕ10 或 2ϕ12 的钢筋，采用 C20 细石混凝土分层捣实（图 2.7）。为了增强房屋的抗震能力，构造应与圈梁连接。

当填充墙长度超 5m 时，也应设置构造柱。设置构造柱的多层砖房，所用普通砖的强度等级不应低于 MU7.5；砌筑砂浆强度等级不应低于 M2.5；当配置水平钢筋时砂浆强度等级不应低于 M5。

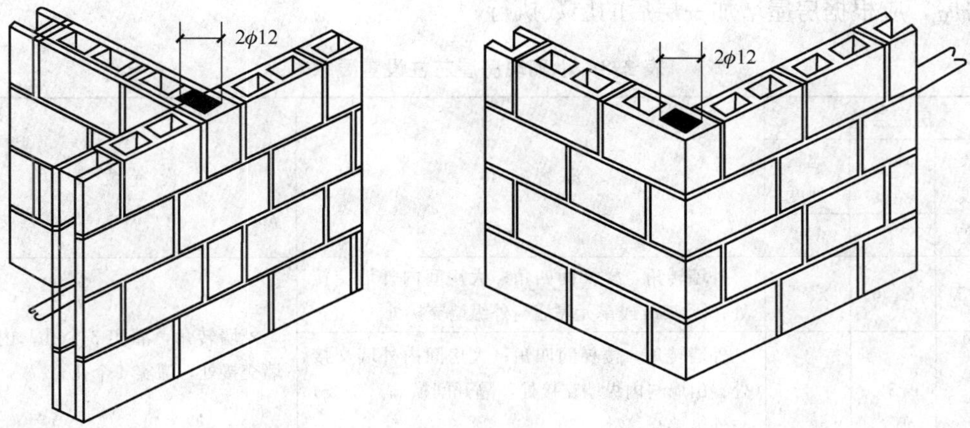

图 2.7 砌块墙芯柱

3. 过梁与圈梁

过梁是砌块墙的重要构件之一。当砌块墙中遇门窗洞口时，应设置过梁。它既起连系梁的作用，又是一种调节砌块。当层高与砌块高出现差异时，可利用过梁尺寸的变化进行调节，从而使其他砌块的通用性更大。

多层砌体建筑应设置圈梁，以增强房屋的整体性。砌块墙的圈梁常和过梁统一考虑，有现浇和预制两种。现浇圈梁整体性强，对加固墙身较为有利，但施工支模复杂。实际工程中可采用U形预制砌块来代替模板，在槽内配置钢筋后浇筑混凝土而成(图 2.8)。预制圈梁则是将圈梁分段预制，现场拼接。预制时，梁端伸出钢筋，拼接时将两端钢筋扎结后在结点现浇混凝土。

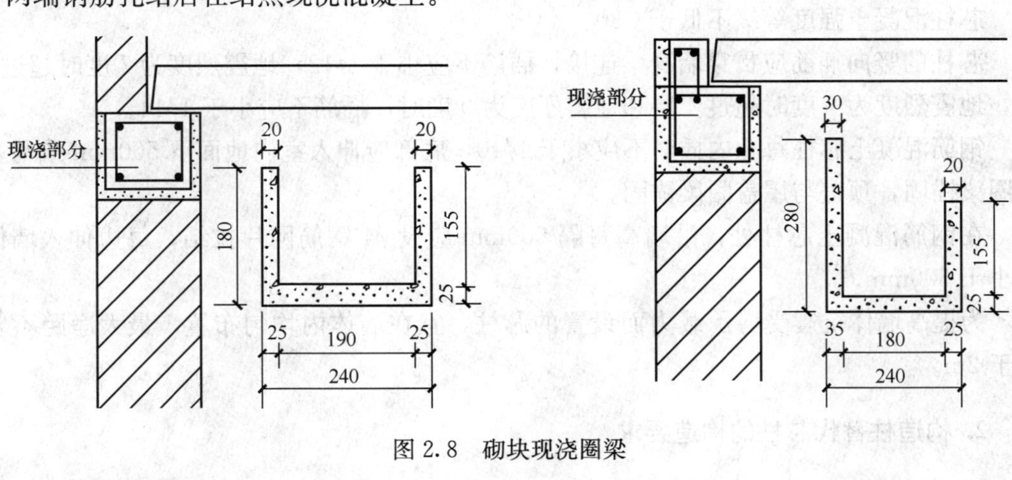

图 2.8 砌块现浇圈梁

2.2.3 砌块房屋的抗震构造措施

1. 芯柱的设置和构造要求

小砌块房屋应按表 2.8 的要求设置钢筋混凝土芯柱，对医院、教学楼等横墙较少的房屋，应根据房屋增加一层后的层数执行。

表 2.8 小砌块房屋芯柱设置要求

<table>
<tr><th colspan="3">房屋层数</th><th rowspan="3">设置部位</th><th rowspan="3">设置数量</th></tr>
<tr><th>地震烈度</th><th>地震烈度</th><th>地震烈度</th></tr>
<tr><th>6度</th><th>7度</th><th>8度</th></tr>
<tr><td>4、5</td><td>3、4</td><td>2、3</td><td>外墙转角，楼梯间四角；大房间内外墙交接处；隔15m或单元隔墙与外纵墙交接处</td><td rowspan="2">外墙转角，灌实3个孔；内外墙交接处，灌实4个孔</td></tr>
<tr><td>6</td><td>5</td><td>4</td><td>外墙转角，楼梯间四角；大房间内外墙交接处；山墙与内纵墙交接处，隔开间横墙（轴线）与外纵墙交接处</td></tr>
<tr><td>7</td><td>6</td><td>5</td><td>外墙转角，楼梯间四角；各内墙（轴线）与外纵墙交接处；地震烈度为8、9度时，内纵墙与横墙（轴线）交接处和洞口两侧</td><td>外墙转角，灌实5个孔；内外墙交接处，灌实4个孔；内墙交接处，灌实4～5个孔；洞口两侧各灌实1个孔</td></tr>
<tr><td></td><td>7</td><td>6</td><td>外墙转角，楼梯间四角；各内墙（轴线）与外纵墙交接处；地震烈度为8、9度时，内纵墙与横墙（轴线）交接处和洞口两侧；横墙内芯柱间距不宜大于2m</td><td>外墙转角，灌实7个孔；内外墙交接处，灌实5个孔；内墙交接处，灌实4～5个孔；洞口两侧各灌实1个孔</td></tr>
</table>

小砌块房屋的芯柱，应符合下列构造要求：

小砌块房屋的芯柱截面尺寸不宜小于120mm×120mm。

芯柱混凝土强度等级不低于C20。

芯柱的竖向插筋应贯穿墙身梁连接，插筋不应小于1ϕ12，地震烈度为7度时超过5层，地震烈度为8度时超过4层和地震烈度为9度时，插筋不应小于1ϕ14。

钢筋混凝土芯柱每孔内插筋不应小于1ϕ10，底部应伸入室内地面下500mm或与基础圈梁锚固，顶盖与屋盖圈梁锚固。

在钢筋混凝土芯柱处，沿墙高每隔600mm应设ϕ4钢筋网片拉结，每边伸入墙体不小于600mm。

为提高墙体抗震受剪承载力而设置的芯柱，宜在墙体内均匀布置，最大净距不宜大于2m。

2. 构造柱替代芯柱的构造要求

① 构造柱最小截面可采用190mm×190mm，纵向钢筋宜采用4ϕ12，箍筋采用ϕ4～ϕ6，箍筋间距不宜大于250mm，且在柱上、下端宜适当加密；地震烈度为7度时超过5层，地震烈度为8度时超过4层和地震烈度为9度时，构造柱纵向钢筋宜采用4ϕ14，箍筋间距不宜大于200mm；外墙转角的构造可适当加大截面及配筋。

② 构造柱与砌块连接处应砌成马牙槎，每一马牙槎高度不宜超过300mm，与构造

柱相邻的砌块孔洞，地震烈度为6度、7度时宜填实，地震烈度为8度时应填实并插筋；沿墙高每隔600mm，应设置2ϕ6水平拉结钢筋，钢筋每边伸入墙内不宜小于1m。

③ 构造柱必须与圈梁连接。在构造柱与圈梁相交的节点处应适当加密构造柱的箍筋，加密范围在圈梁上、下均不应小于450mm或1/6层高，箍筋间距不宜大于100mm。

④ 构造柱不可单独设置基础，但应伸入室外地面下500mm，或与埋深小于500mm的基础圈梁相连。

⑤ 构造柱的混凝土强度等级不应低于C15，钢筋宜用HPB235级钢筋。

3. 圈梁的设置和构造要求

① 小砌块房屋的现浇钢筋混凝土圈梁应按表2.9的要求设置，圈梁宽度不应小于190mm，配筋不应少于4ϕ12，箍筋间距不宜大于200mm。钢筋砖圈梁的高度为4～6皮砖，宽度等于墙厚。纵向钢筋不宜少于6根直径6mm的钢筋，水平间距不宜大于120mm，分上下两层设在圈梁顶部和底部的水平灰缝内。

表2.9　小砌块房屋现浇钢筋混凝土圈梁的设置要求

墙　类	地震烈度	
	6、7	8
外墙和内纵墙	屋盖处及每层楼盖处	屋盖处及每层楼盖处
内纵墙	屋盖处及每层楼盖处；屋盖处沿所有横墙屋盖处间距不应大于7m；构造柱对应部位	屋盖处及每层楼盖处；各层所有横墙

② 钢筋砖圈梁应采用不低于MU10的砖及不低于M5的砂浆砌筑，钢筋砖圈梁宜连续地设在同一水平面上，并形成封闭状；当圈梁被门窗洞口截断时，应在洞口上部增设相同截面的附加圈梁。附加圈梁与圈梁的搭接长度不应小于其垂直间距的2倍，且不小于1m。

③ 小砌块房屋墙体交接处或芯柱与墙体连接处应设置拉结钢筋网片，网片可采用直径4mm的钢筋点焊而成，沿墙高每隔600mm设置，每边伸入墙内不宜小于1m。

④ 小砌块房屋的层数：地震烈度为6度时7层、地震烈度为7度时超过5层、地震烈度为8度时超过4层。底层和顶层的窗台标高处，沿纵横墙应设置通长的水平现浇钢筋混凝土带；其截面高度不小于60mm，纵筋不少于2ϕ10，并应设置拉结钢筋；其混凝土强度等级不应低于C20。

2.3　填充墙的砌筑工具与机具

2.3.1　填充墙的主要砌筑机具

填充墙的主要砌筑机具有瓦刀、斗车、砖笼、料斗、灰斗、灰桶、大铲、灰板、摊灰尺、溜子、抿子、刨锛、钢凿、手锤；备料工具有砖夹、筛子、锹（铲）等工具。

2.3.2 检测工具

1. 钢卷尺

钢卷尺有2m、3m、5m、30m、50m等规格，用于量测轴线、墙体和其他构件尺寸(图2.9)。

2. 靠尺

靠尺的长度为2～4m，由平直的铝合金或木枋制成，用于检查墙体、构件的平整度（图2.10）。

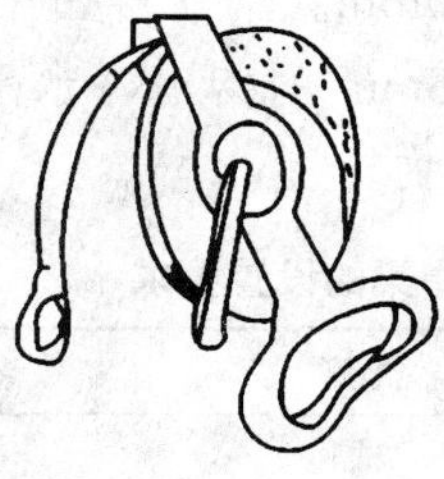

图2.9 钢卷尺

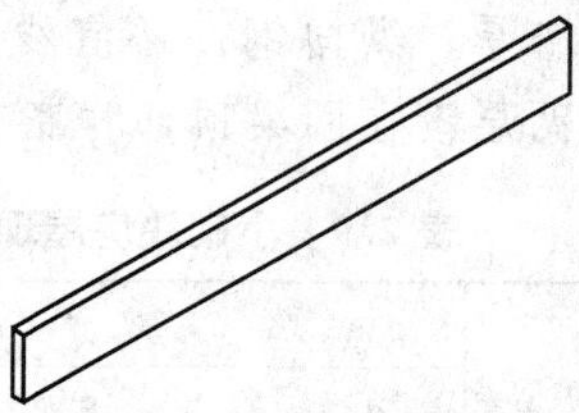

图2.10 靠尺

3. 托线板

托线板又称靠尺板，用铝合金或木材制成，长度为1.2～1.5m，用于检查墙面垂直度和平整度（图2.11）。

4. 水平尺

水平尺用铁或铝合金制作，中间镶嵌玻璃水准管，用于检测砌体水平偏差（图2.12）。

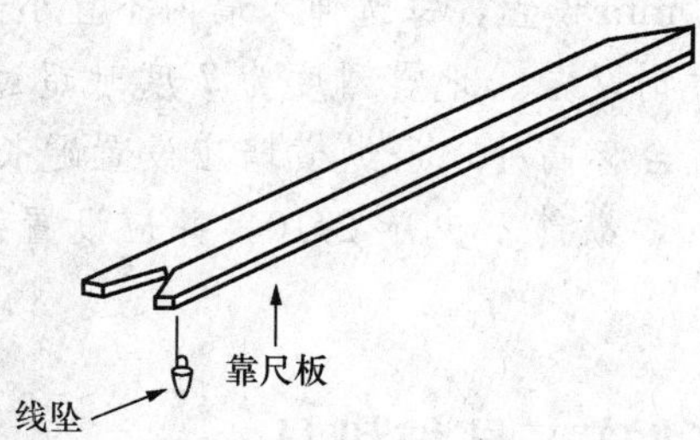

图2.11 托线板

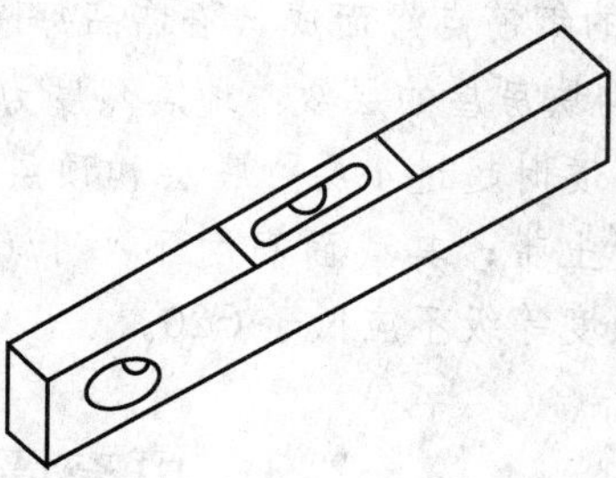

图2.12 水平尺

5. 塞尺

塞尺与靠尺或托线板配合使用，用于测定墙、柱平整度的数值偏差。塞尺上每格表示1mm（图2.13）。

6. 线锤

线锤又称垂球，与托线板配合使用，用于吊挂墙体、构件垂直度（图 2.14）。

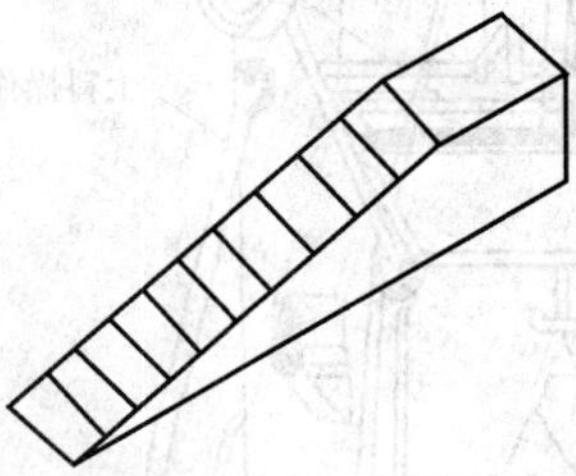

图 2.13　塞尺

图 2.14　线锤

7. 百格网

百格网用铁丝编制锡焊而成，也可在有机玻璃上划格而成，用于检测墙体水平灰缝砂浆饱满度。

8. 方尺

方尺是用铝合金或木材制成的直角尺，边长为200mm，分阴角尺和阳角尺两种。铝合金方尺将阴角尺与阳角尺合为一体，使用更为方便。方尺用于检测墙体转角及柱的方正度。

9. 皮数杆

皮数杆用于控制墙体砌筑时的竖向尺寸，分基础皮数杆和墙身皮数杆两种。

墙身皮数杆一般用 5cm×7cm 的木枋制作，长 3.2～3.6m，上面划有砖的层数、灰缝厚度和门窗、过梁、圈梁、楼板的安装高度以及楼层的高度（图 2.15）。

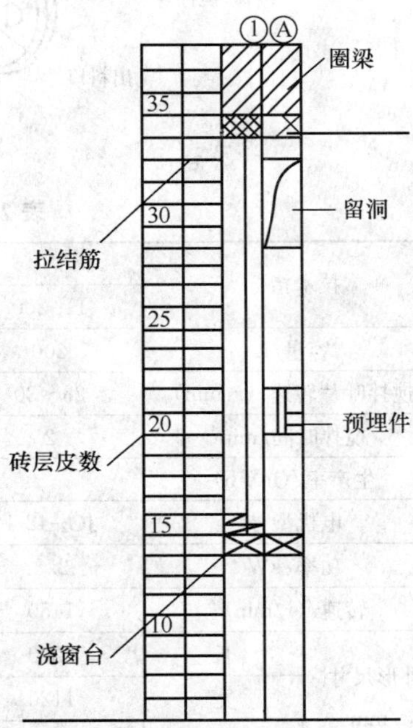

图 2.15　皮数杆

2.3.3　砂浆搅拌机

砂浆搅拌机是砌筑工程中的常用机械，用来制作砌筑和抹灰用砂浆，常用规格有 0.2m² 和 0.325m² 两种，台班产量为 18～26m³，按生产状态可分为周期作用和连续作用两种基本类型；按安装方式可分为固定式和移动式两种；按出料方式有倾翻出料式和活门出料式（图 2.16）两类。

目前常用的砂浆搅拌机有倾翻出料式（HJ-200 型、HJ-200A 型、HJ-200B 型）和活门出料式（HJ-325 型）两种。

砂浆搅拌机是由动力装置带动搅拌筒内的叶片翻动砂浆而进行工作的。一般由操作人员在进料口通过计量加料，经搅拌 1～2min 后成为使用的砂浆。砂浆搅拌机的技术性能见表 2.10。

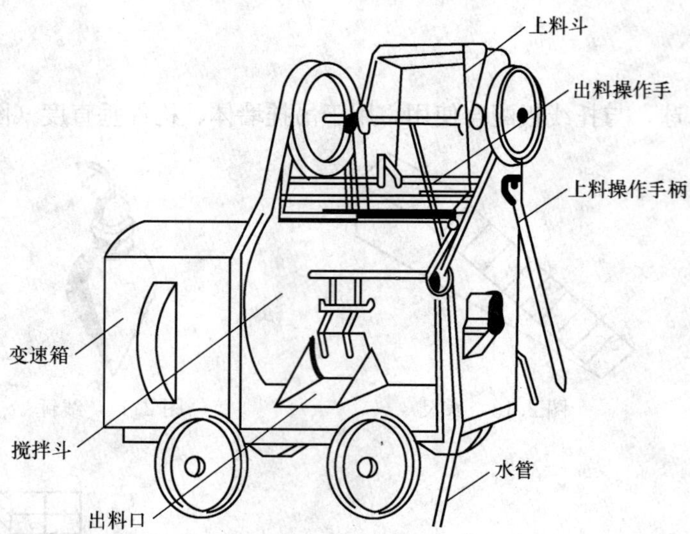

图 2.16　砂浆搅拌机

表 2.10　砂浆搅拌机主要技术参数

技术指标		型号				
		HJ-200	HJ-200A	HJ-200B	HJ-325	连续式
容量/L		200	200	200	325	—
搅拌叶片转速/(r/min)		28～30	28～30	34	30	383
搅拌时间/min		2	—	2	—	—
生产率/(m^3/h)		—	—	3	6	16
电机型号		JO_2-42-4	JO_2-41-6	JO_2-32-4	JO_2-32-4	JO_2-32-4
功率/kW		2.8	3	3	3	3
转速/(r/min)		1450	950	1430	1430	1430
外形尺寸/mm	长	2200	2000	1630	2700	610
	宽	1120	1100	850	1700	415
	高	1430	1100	1060	1350	760
自重/kg		500	680	560	760	180

2.3.4　垂直运输设施的类型及设置要求

垂直运输设施指在建筑施工中担负垂直输送材料和人员上下的机械设备和设施。砌筑工程中的垂直运输量很大，不仅要运输大量的砖（或砌块）、砂浆，而且还要运输脚手架、脚手板和各种预制构件，因而合理安排垂直运输直接影响到砌筑工程的施工速度和工程成本。

1. 垂直运输设施的类型

目前，砌筑工程中常用的垂直运输设施有塔式起重机、井架、龙门架、施工电梯、灰浆泵等。

1）塔式起重机

塔式起重机俗称塔吊。塔式起重机有固定式和行走式两种，具有提升、回转、水平运输等功能，不仅是重要的吊装设备，也是重要的垂直运输设备，尤其在吊运长、大、重的物料时有明显的优势，故在可能条件下宜优先选用。

2）井架、龙门架

（1）井架

井架（图2.17）是施工中较常用的垂直运输设施。它的稳定性好、运输量大，除用型钢或钢管加工的定型井架之外，还可用脚手架材料搭设。井架多为单孔井架，但也可构成两孔或多孔井架。井架通常带一个起重臂和吊盘，起重臂起重能力为5～10kN，在其外伸工作范围内也可作小距离的水平运输。吊盘起重量为10～15kN，其中可放置运料的手推车或其他散装材料。需设缆风绳保持井架的稳定。

（2）龙门架

龙门架是由两根三角形截而或矩形截面的立柱及横梁组成的门式架（图2.18）。在龙门架上设滑轮、导轨、吊盘、缆风绳等，进行材料、机具和小型预制构件的垂直运输。龙门架构造简单，制作容易，用材少，装、拆方便，但刚度和稳定性较差，一般适用于中小型工程。需设缆风绳保持龙门架的稳定。

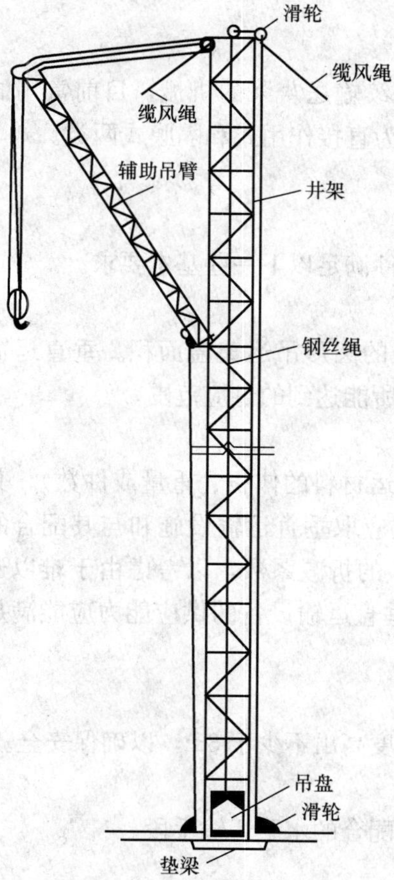

图2.17 钢井架

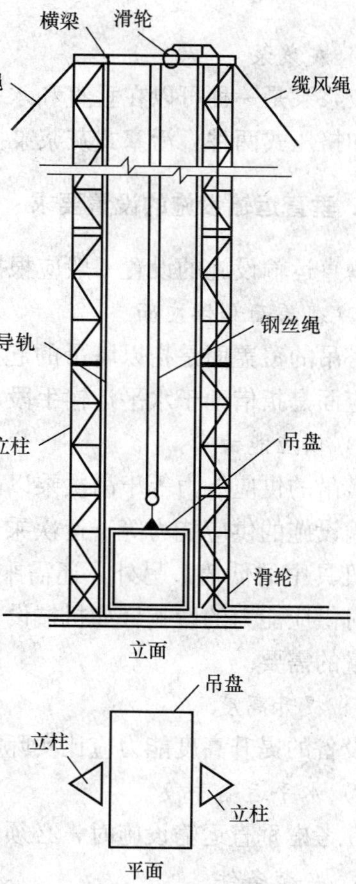

图2.18 龙门架

3）砌块安装施工机械

砌块墙的施工特点是砌块数量多，吊次相应也多，但砌块的重量不很大，通常采用的吊装方案有两种：一是塔式起重机进行砌块、砂浆的运输以及楼板等构件的吊装，由龙门架吊装砌块，龙门架在楼层上的转移由塔吊来完成；二是以井架进行材料的垂直运输，杠杆车进行楼板吊装，所有预制构件及材料的水平运输则用砌块车和手推车完成，龙门架负责砌块的吊装（图 2.19）。

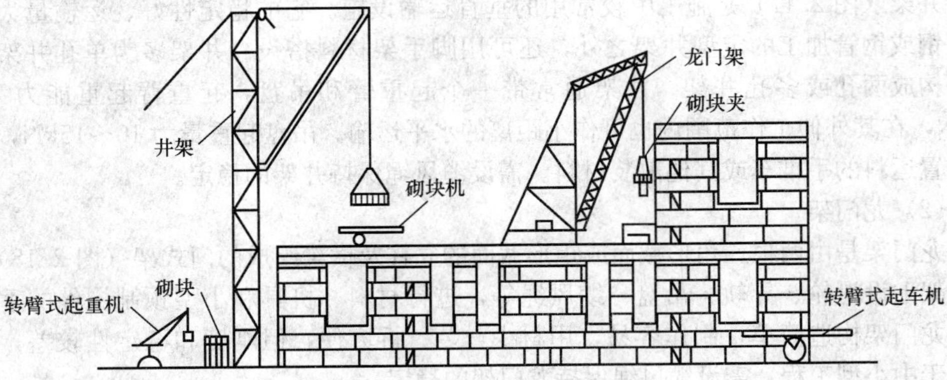

图 2.19　砌块吊装示意图

4）灰浆泵

灰浆泵是一种可以在垂直和水平两个方向连续输送灰浆的机械，目前常用的有活塞式和挤压式两种。活塞式灰浆泵按其结构又分为直接作用式和隔膜式两类。

2. 垂直运输设施的设置要求

垂直运输设施的设置一般应根据现场施工条件满足以下一些基本要求。

1）覆盖面和供应面

塔吊的覆盖面是指以塔吊的起重幅度为半径的圆形吊运覆盖面积。垂直运输设施的供应面是指借助于水平运输手段（手推车等）所能达到的供应范围。

2）供应能力

塔吊的供应能力等于吊次乘以吊量（每次吊运材料的体积、重量或件数），其他垂直运输设施的供应能力等于运次乘以运量，运次应取垂直运输设施和与其配合的水平运输机具中的低值。另外，还需乘以 0.5～0.75 的折减系数，以考虑由于难以避免的因素对供应能力的影响（如机械设备故障等）。垂直运输设备的供应能力应能满足高峰工作量的需要。

3）提升高度

设备的提升高度能力应比实际需要的提升高度高出不少于 3m，以确保安全。

4）水平运输手段

在考虑垂直运输设施时，必须同时考虑与其配合的水平运输手段。

5）安装条件

垂直运输设施安装的位置具有相适应的安装条件，如具有可靠的基础，与结构拉结可靠，水平运输通道畅通等。

6）设备效能的发挥

必须同时考虑满足施工需要和充分发挥设备效能的问题。当各施工阶段的垂直运输量相差悬殊时，应分阶段设置和调整垂直运输设备，及时拆除已不需要的设备。

7）设备拥有的条件和今后的利用问题

充分利用现有设备，必要时添置或加上新的设备。在添置或加上新的设备时应考虑今后利用的前景。

8）安全保障

安全保障是使用垂直运输设施中的首要问题，必须引起高度重视，所有垂直运输设备都要严格按有关规定操作使用。

2.3.5 填充墙砌筑用脚手架

填充墙砌筑用脚手架可以用扣件式钢管脚手架，也可以用碗扣式脚手架、门形脚手架等。

2.4 填充墙砌筑注意事项

2.4.1 窗台砌筑

当墙砌到接近窗洞口标高时，如果窗台是用顶砖挑出，则在窗洞口下皮开始砌窗台；如果窗口是用侧砖挑出，则在窗洞口下两皮开始砌窗台，砌之前按图样把窗洞口位置在砖墙面上划出分口线，砌砖时砖应砌过分口线 60～120mm，挑出墙面 60mm，出檐砖的立缝要打碰头灰。

窗台砌虎头砖时，先把窗台两边的两块虎头砖砌上，用一根小线挂在它的下皮砖外角上，线的两端固定，作为砌虎头砖的准线，挂线后把窗台的宽度量好，算出需要的砖数和灰缝的大小。虎头砖向外砌成斜坡，在窗口处的墙上砂浆应铺得厚一些，一般里面比外面高出 20～30mm，以利泄水。操作方法是把灰打在砖中间，四边留 10mm 左右，一块块地砌。砖要充分润湿，灰浆要饱满。如为清水窗台时，砖要认真进行挑选。

砌窗间墙时，应拉通线同时砌筑。门窗两边的墙宜对称砌筑，靠窗框两边的墙砌砖时要注意丁顺咬合，避免通缝。并应检查门窗口里角和外角是否垂直。

当门窗立上时，砌窗间墙不要把砖紧贴着门窗口，应留出 3mm 的缝隙，免得门窗框受挤变形。在砌墙时，应将门窗框上下走头砌入卡紧，将门窗框固定。

当塞口时，按要求位置在两边墙上砌入防腐木桩，一般窗高不超过 1.2m 的，每边放两块，各距上下边 3～4 皮砖。木桩应事先做防腐处理。木桩埋砌时，应小头在外，这样不易拉脱。如果采用钢窗，则按要求位置预先留好洞口，以备镶固铁件。

当窗间墙砌到门窗上口时，应超出窗框上皮 10mm 左右，以防止安装过梁后下沉压框。如果几个窗口连在一起通长砌，其操作方法与上述单窗台砌法相同。

2.4.2 梁底和板底砖的处理

砖墙砌到楼板底时应砌成丁砖层，如果楼板是现浇的，并直接支撑在砖墙上，则应砌低一皮砖，使楼板的支撑处混凝土加厚，支撑点得到加强。

填充墙砌到框架梁底时，墙与梁底的缝隙要用铁楔子或小楔子打紧，然后用 1∶2 水泥砂浆嵌填密实。如果是混水墙，可以用与平面交角呈 45°～60°的斜砌砖顶紧。假如填充墙是外墙，应等砌体沉降结束，砂浆达到强度后再用楔子揳紧，然后用 1∶2 水泥砂浆嵌填密实，因为这一部分是薄弱点，最容易造成外墙渗漏，施工时要特别注意。梁板底的处理如图 2.20 所示。

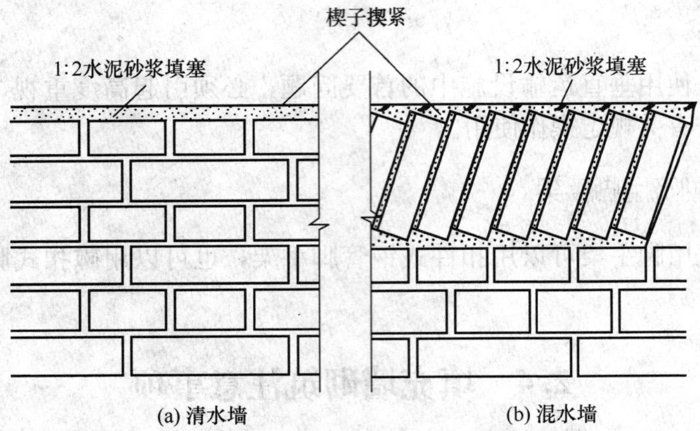

图 2.20　填充墙砌到框架梁底时的处理

2.4.3　变形缝的砌筑与处理

当砌筑变形缝两侧的砖墙时，要找好垂直，缝的大小应上下一致，不能中间接触或有支撑物。砌筑时要特别注意，不要把砂浆、碎砖、钢筋头等掉入变形缝内，以免影响建筑物的自由伸缩、沉降和晃动。

变形缝口部位的处理必须按设计要求，不能随便更改，缝口的处理要满足此缝功能上的要求。如伸缩缝一般用麻丝沥青填缝，而沉降缝则不允许填缝。墙面变形缝的处理形式如图 2.21（a）所示；屋面变形缝的处理如图 2.21（b）所示。

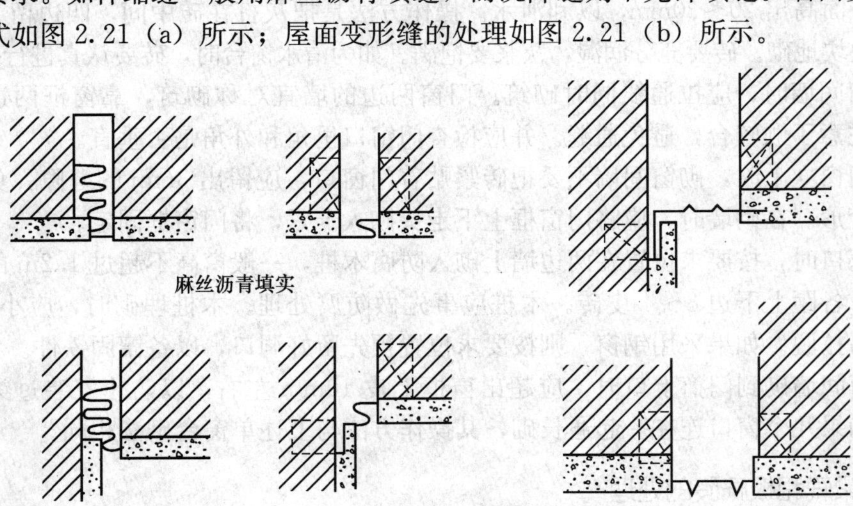

图 2.21　墙面变形缝处理形式

2.5　填充墙的施工质量控制与验收评价

2.5.1　砌体施工质量的控制等级

建筑工程的砖、石、混凝土小型空心砌块、蒸压加气混凝土砌块等砌体的施工质量控制和验收应严格按照《砌体工程施工质量验收规范》（GB 50203—2002）的要求执行。

由于砌体的施工主要依靠人工操作，所以，砌体结构的质量在很大程度上取决于人的因素。施工过程对砌体结构质量的影响直接表现在砌体的强度上。在验收规范中，按质量监督人员、砂浆强度试验及搅拌、砌筑工人技术熟练程度等情况，将砌体施工质量控制等级分为三级（表2.11）。

表2.11　砌体施工质量控制等级

项　目	施工质量控制等级		
	A	B	C
现场质量管理	制度健全，并严格执行；非施工方质量监督人员经常到现场，或现场设有常驻代表；施工方有在岗专业技术管理人员，人员齐全，并持证上岗	制度基本健全，并能执行；非施工方质量监督人员间断到现场进行质量控制；施工方有在岗专业技术管理人员，并持证上岗	有制度；非施工方质量监督人员很少做现场质量控制；施工方有在岗专业技术管理人员
砂浆强度	试块按规定制作，强度满足验收规定，离散性小	试块按规定制作，强度满足验收规定，离散性较小	试块强度满足验收规定，离散性大
砂浆拌和方式	机械拌和；配合比计量控制严格	机械拌和；配合比计量控制一般	机械或人工拌和；配合比计量控制较差
砌筑工人	中级工以上，其中，高级工不少于20%	高、中级工不少于70%	初级工以上

2.5.2　砌体施工质量的基本规定

砌体施工质量的控制，主要从施工工艺和砌筑材料两方面提出要求。

1. 施工工艺的基本要求

1）基础砌筑

基础高低台的合理搭接，对保证基础砌体的整体性至关重要。从受力角度考虑，基础扩大部分的高度与荷载、地耐力等有关。对有高低台的基础，应从低处砌起，在设计无要求时，高低台的搭接长度不应小于基础扩大部分的高度。

2）墙体砌筑

为了保证墙体的整体性，提高砌体结构的抗震能力，砌体的转角处和交接处应同时砌筑，如不能同时砌筑，应留斜槎；砌体的交接处如不能同时砌筑，可留直槎，均应做好接槎处理。

在墙上留置临时施工洞口，其侧边离交接处墙面不应小于500mm，洞口净宽度小应超过1m。抗震设防烈度为9度的地区，建筑物的临时施工洞口位置，应会同设计单位确定。临时施工洞口应做好补砌。

脚手眼不仅破坏了砌体结构的整体性，而且还影响建筑物的使用功能，施工脚手眼补砌时，灰缝应填满砂浆，不得用干砖填塞。

尚未施工楼板或屋面的墙或柱，当可能遇到大风时，其允许自由高度不得超过表2.12的规定。如超过表中限值时，必须采用临时支撑等有效措施。

表2.12　墙和柱的允许自由高度

墙（柱）厚/mm	砌体密度＞1600kg/m³			砌体密度1300～1600kg/m³		
	风载/(kN/m³)			风载/(kN/m³)		
	0.3（约7级风）	0.4（约8级风）	0.5（约9级风）	0.3（约7级风）	0.4（约8级风）	0.5（约9级风）
190	—	—	—	1.4	1.1	0.7
240	2.8	2.1	1.4	2.2	1.7	1.1
370	5.2	3.9	2.6	4.2	3.2	2.1
490	8.6	6.5	4.3	7	5.2	3.3
620	14	10.5	7	11.4	8.6	5.7

2. 砌筑材料的要求及检验

1）对砂浆的要求

在砌体工程施工时，应用合格的材料才可能砌筑出符合质量要求的工程，使用的材料必须具有产品合格证书和产品性能检测报告。对砌体质量有显著影响的块材、水泥、钢筋、外加剂等主要材料在进入施工现场后应进行主要性能的复检，合格后方可使用。严禁使用国家明令淘汰的材料。

砌筑砂浆所用水泥进场使用前，应分批对其强度、安定性进行复验。检验批应以同一生产厂家、同一编号为一批。当在使用中对水泥质量有怀疑或水泥出厂超过三个月（快硬硅酸盐水泥超过一个月）时，应复查试验，并按其结果使用。不同品种的水泥不得混合使用。不同品种的水泥由于成分不一，混合使用后往往会发生材性变化或强度降低而引起工程质量问题。砌筑砂浆的分层度不得大于30mm。

砂浆用砂不得含有有害杂物。砂浆用砂的含泥量应满足以下要求：水泥砂浆和强度等级不小于M5的水泥混合砂浆，不应超过5%；强度等级小于M5的水泥混合砂浆，不应超过10%。M5以上的水泥混合砂浆，如砂子含泥量过大，有可能导致塑化剂掺量过多，造成砂浆强度降低。

配制水泥石灰砂浆时，不得采用脱水硬化的石灰膏，脱水硬化的石灰膏和消石灰粉不能起塑化作用，影响砂浆强度。消石灰粉需充分熟化后方能使用于砌筑砂浆中。

拌制砂浆用水的水质应符合国家现行标准《混凝土拌和用水标准》(JCJ 63—1989)

的规定，当水中含有有害物质时，将会影响水泥的正常凝结，并可能对钢筋产生锈蚀作用。

砌筑砂浆应通过试配确定配合比，其组成材料配合比应采用重量计量。当砌筑砂浆的组成材料有变更时，其配合比应重新确定。施工中当采用水泥砂浆代替水泥混合砂浆时，应重新确定砂浆强度等级。凡在砂浆中掺入有机塑化剂、早强剂、缓凝制、防冻剂等，应经检验和试配符合要求后，方可使用。有机塑化剂应有砌体强度的形式检验报告，并根据其形式检验报告结果确定砌体强度。例如，用微沫剂替代石灰膏制作水泥混合砂浆，砌体抗压强度较同强度等级的混合砂浆砌筑的砌体的抗压强度降低10%；而砌体的抗剪强度无不良影响。

为了降低劳动强度和克服人工拌制砂浆不易搅拌均匀的缺点，砌筑砂浆应采用机械搅拌；砂浆的搅拌时间自投料完算起应符合下列规定：水泥砂和水泥混合砂浆小得少于2min；水泥粉煤灰砂浆和掺用外加剂的砂浆不得少于3min，掺用有机塑化剂的砂浆，应为3～5min。砂浆应随拌随用，水泥砂浆和水泥混合砂浆应分别在3h和4h内使用完毕；当施工期间最高气温超过30℃时，应分别在拌成后2h和3h内使用完毕。

2）*砌筑材料的检验*

同一验收批砌筑砂浆试块的抗压强度平均值必须大于或等于设计强度等级所对应的立方体抗压强度；同一验收批砌筑砂浆试块抗压强度的最小一组平均值必须大于或等于设计强度等级所对应的立方体抗压强度的0.75倍。砌筑砂浆的验收批，同一类型、强度等级的砂浆试块应不少于3组。当同一验收批只有一组试块时，该组试块抗压强度的平均值必须大于或等于设计强度等级所对应的立方体抗压强度。

抽检数量：每一检验批不超过250m^3砌体的各种类型及强度等级的砌筑砂浆，每台搅拌机应至少抽检一次。

检验方法：在砂浆搅拌机出料口随机取样制作砂浆试块（同盘砂浆只应制作一组试块），最后检查试块强度试验报告单。

当施工中或验收时出现砂浆试块缺乏代表性或试块数量不足，或对砂浆试块的试验结果有怀疑或有争议，或砂浆试块的试验结果不能满足设计要求时，可采用现场检验方法对砂浆和砌体强度进行原位检测或取样检测，并判定其强度。

2.5.3 砌块砌体的质量标准及检验方法

为有效控制砌体收缩裂缝和保证砌体强度，施工时所用的小砌块的产品龄期不应小于28d。砌筑时，应清除表面污物和芯柱用小砌块孔洞底部的毛边，剔除外观质量不合格的小砌块。砌筑所用的砂浆，宜选用专用的小砌块砌筑砂浆，底层室内地面以下或防潮层以下的砌体，为了提高砌体的耐久性，预防或延缓冻害，减轻地下水中有害物质对砌体的侵蚀，应采用强度等级不低于C20的混凝土灌实小砌块的孔洞。小砌块砌筑时，在天气干燥炎热的情况下，可提前洒水湿润小砌块；小砌块表面有浮水时，不得施工。承重墙体严禁使用断裂小砌块；小砌块墙体应对孔错缝搭砌，搭接长度不应小于90mm。墙体的个别部位不能满足上述要求时，应在灰缝中设置拉结钢筋或钢筋网片，但竖向通缝仍不得超过两皮小砌块。小砌块应底面朝上反砌于墙上。

浇灌芯柱的混凝土，宜选用专用的小砌块灌孔混凝土，当采用普通混凝土时，其坍落度不应小于 90mm。浇灌芯柱混凝土，应清除孔洞内的砂浆等杂物，并用水冲洗；为了避免振捣混凝土芯柱时的震动力和施工过程中难以避免的冲撞对墙体的整体性带来不利影响，应待砌体砂浆强度大于 1MPa 时，方可浇灌芯柱混凝土；在浇灌芯柱混凝土前应先注入适量与芯柱混凝土相同强度的水泥砂浆，再浇灌混凝土。

1. 主控项目

① 小砌块和砂浆的强度等级必须符合设计要求。

抽检数量：每一生产厂家，每 1 万块小砌块至少应抽检一组。用于多层以上建筑基础和底层的小砌块抽检数目不能少于 2 组。砂浆试块的抽检数量为每一检验批且不超过 $250m^3$ 砌体的各种类型及强度等级的砌筑砂浆，每台搅拌机应至少抽检一次。

检验方法：检查小砌块和砂浆试块试验报告。

② 砌体水平灰缝的砂浆饱满度应按净面积计算，不得低于 90%；竖向灰缝饱满度不得小于 80%，竖缝凹槽部位应用砌筑砂浆填实，不得出现瞎缝、透明缝。

抽检数量：每检验批不应少于 3 处。

检验方法：用专用百格网检测小砌块与砂浆黏结痕迹，每处检测 1 块小砌块，取其平均值。

③ 墙体转角处和纵横墙交接处应同时砌筑。临时间断处应砌成斜槎，斜槎水平投影长度不应小于高度的 2/3。

抽检数量：每检验批抽 20%接槎，且不应少于 5 处。

检验方法：观察检查。

2. 一般项目

① 墙体的水平灰缝厚度和竖向灰缝宽度宜为 10mm，但不应大于 12mm、小于 8mm。

抽检数量：每层楼的检测点不应小于 3 处。

抽检方法：用尺量 5 皮小砌块的高度和 2m 的砌体长度折算。

② 小砌块体的一般尺寸允许偏差应符合表 1.4 中的规定。

2.5.4 填充墙砌体工程的质量标准及检验方法

采用空心砖、蒸压加气混凝土砌块、轻骨料混凝土小型空心砌块等砌筑填充墙时，为了有效控制砌体收缩裂缝和保证砌体强度，蒸压加气混凝土砌块、轻骨料混凝土小型空心砌块的产品龄期应超过 28d。空心砖、蒸压加气混凝土砌块、轻骨料混凝土小型空心砌块等在运输、装卸过程中，严禁抛掷和倾倒。进场后应按品种、规格分别堆放整齐，堆置高度不宜超过 2m。蒸压加气混凝土砌块应防止雨淋。

填充墙砌体砌筑前块材应提前 2d 浇水湿润，蒸压加压混凝土砌块砌筑时，应向砌筑面适量浇水。用轻骨料混凝土或蒸压加气混凝土砌块砌筑墙体时，墙底部应砌烧结普通砖或多孔砖或普通混凝土小型砌块或现浇混凝土坎台等，其高度不宜小于200mm。

1. 主控项目

砖、砌块和砌筑砂浆的强度等级应符合设计要求。

检验方法：检查砖或砌块的产品合格证书、产品性能检测报告和砂浆试块试验报告。

2. 一般项目

① 填充墙砌体一般尺寸的允许偏差应符合表2.13的规定。

抽检数量：对表中1、2项，在检验批的标准间中随机抽查10%，但不应少于3间；大面积房间和楼道按两个轴线或每10延米按标准间计数，每间检验不应少于3处；对表中3、4项，在检验批中抽检10%，且不应少于5处。

表2.13　填充墙砌体一般尺寸的允许偏差

项次	项　目		允许偏差/mm	检 验 方 法
1	轴线位移		10	用尺检查
	垂直度	≤3m	5	用2m托线板或吊线、塞尺检查
		>3m	10	
2	表面平直度		8	用2m靠尺和楔形塞尺检查
3	门窗洞口高、宽（后塞口）		±5	用尺检查
4	外墙上、下窗口平移		20	用经纬仪或吊线检查

② 蒸压加气混凝土砌块砌体和轻骨料混凝土小型空心砌块砌体不应与其他块材混砌。

抽检数量：在检验批中抽检20%，且不应少于5处。

检验方法：外观检查。

③ 填充墙砌体的砂浆饱满度及检验方法应符合表2.14的规定。

抽检数量：每步架子不少于3处，且每处不应少于3块。

表2.14　填充墙砌体的砂浆饱满度及检验方法

砌 体 分 类	灰缝	饱满度及要求	检验方法
空心砖砌体	水平	≥80%	采用百格网检查块材底面砂浆的黏结痕迹面积
	垂直	填满砂浆，不得有透明缝、瞎缝、假缝	
蒸压加气混凝土砌块砌体和轻骨料混凝土小型空心砌块砌体	水平	≥80%	
	垂直	≥80%	

④ 填充墙砌体留置的拉结钢筋或网片的位置应与块体皮数相符合。拉结钢筋或网片应置于灰缝中，埋置长度应符合设计要求，竖向位置偏差不应超过1皮高度。

抽检数量：在检验批中抽检20%，且不应少于5处。

检验方法：观察和用尺量检查。

⑤ 填充墙砌筑时应错缝搭砌，蒸压加气混凝土砌块搭砌长度不应小于砌块长度的1/3；轻骨料混凝土小型空心砌块搭砌长度不应小于90mm；竖向通缝不应大于2皮。

抽检数量：在检验批的标准间中抽查10%，且不应少于3间。

检查方法：观察和用尺检查。

⑥ 填充墙砌体的灰缝厚度和宽度应正确。空心砖、轻骨料混凝土小型空心砌块的砌体灰缝应为8～12mm；蒸压加气混凝土砌块砌体的水平灰缝厚度及竖向灰缝宽度分别宜为15mm和20mm。

抽检数量：在检验批的标准间中抽查10%，且不应少于3间。

检查方法：用尺量5皮空心砖或小砌块的高度和2m砌体长度折算。

⑦ 填充墙砌至接近梁、板底时，应留一定空隙，待填充墙砌筑完并应至少间隔7d后，再将其补砌挤紧。

抽检数量：每验收批抽10%填充墙片（每两柱间的填充为1墙片），且不应少于3片。

检验方法：观察检查。

2.5.5 砌体施工的质量保证措施

砌体施工时，应建立健全项目现场质量管理制度并严格执行；业主或业主委托的质量监督人员应经常到现场，或在现场设有常驻代表；施工方在岗专业技术管理人员应齐全，并持证上岗。

1. 进场材料质量的控制措施

① 砖的品种、强度等级必须符合设计要求，并应规格一致，有出厂合格证及试验单，严格检验手续，不合格品要坚决退场。

混凝土小型空心砌块的强度等级必须符合设计要求及规范规定；砌块的截面尺寸及外观质量应符合国家技术标准要求；砌块应保持完整无破损、无裂缝。

施工时所用的小砌块的产品龄期不应小于28d，承重墙不得使用断裂小砌块。

② 水泥进场使用前，应分批对其强度、安定性进行复验。检验批应以同一生产厂家、同一编号为一批。当在使用中对水泥质量有怀疑或水泥出厂超过三个月（快硬硅酸盐水泥超过1个月）时，应复查试验，并按其结果使用，不同品种的水泥，不得混合使用。

③ 砂浆用砂不得含有有害物质及草根等杂物。砂的含泥量不应超过表2.15的规定，并应通过5mm筛孔进行筛选。

表 2.15 砂的含泥量

砂浆强度等级	水泥砂浆、水泥混合砂浆≥M5	水泥混合砂浆<5
含泥量按重量计不大于/%	5	10

④ 塑化材料　砌体混合砂浆常用的塑化材料有石灰膏、磨细石灰粉、石膏和粉煤灰等，石灰膏的熟化时间不少于7d，严禁使用冻结和脱水硬化的石灰膏。

⑤ 砂浆拌和用水的水质必须符合现行国家标准《混凝土拌和用水标准》(JCJ 63—1989) 的要求。

⑥ 构造柱混凝土中所用石子（碎石、卵石）含泥量不超过1%；混凝土中选用外加剂应通过试验室试配，外加剂应有出厂合格证及试验报告。钢筋应根据设计要求的品种、强度等级进行采购，钢筋应有出厂合格证及试验报告，进场后应进行见证取样、复检。

⑦ 预埋木砖及金属件必须进行防腐处理。

2. 施工过程质量控制措施

① 原材料必须逐车过磅，计量准确，搅拌时间应达到规定的要求，砂浆试块应有专人负责制作与养护。

② 基础大放脚两侧收退应均匀，砌到基础墙身时，应按所弹轴线和边线拉线砌筑，砌筑时应随时用线锤检查基础墙身的垂直度。

③ 盘角时灰缝应控制均匀，每层砖都应与皮数杆对齐，钉皮数杆的木桩要牢同，防止撞松动。皮数杆立完后，应复验，确保皮数杆高度一致。

④ 准线应绷紧拉平，砌筑时应左右照顾，避免接槎处高低不平。1砖半墙及以上墙体必须双面拉线，1砖墙反手挂线，舌头灰应随砌随刮平，如图2.22所示。

图 2.22 拉准线

⑤ 应随时注意正在砌筑砖的皮数，保证按皮数杆标明的位置埋置埋入件和拉结筋。拉结筋外露部分不得任意弯折，并保证其长度符合设计及规范的要求。

⑥ 内外墙的砖基础应同时砌筑，如因特殊情况不得同时砌筑时，应留置斜槎，斜槎的长度不应小于斜槎高度的2/3。

⑦ 基础底标高不同时，应先从低处砌起，并由高处向低处搭接，如无设计要求，其搭接长度不应小于基础扩大部分的高度。

⑧ 砌筑时，高差不宜过大，一般不得超过步架的高度。

⑨ 防潮层应在基础全部砌到设计标高，房心回填土完成后进行，防潮层施工时，基础墙顶面应清洗干净，使防潮层与基层黏结牢固，防水砂浆收水后要抹压平整、密实。

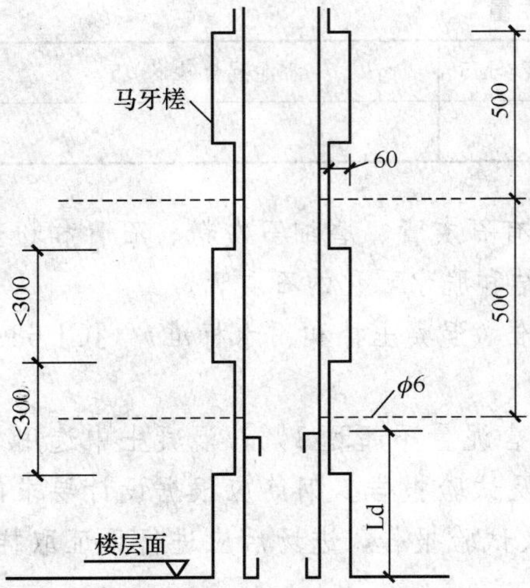

图 2.23　马牙槎

⑩ 构造柱砖墙应砌成大马牙槎，设置好拉结筋（图 2.23），砌筑时应从柱脚开始，且柱两侧都应先退后进，当槎深达到 120mm，宜上口 1 皮进 60mm，再上 1 皮进 120mm，以保证混凝土浇筑时上角密实，构造柱内的落地灰、砖渣杂物必须清理干净，防止混凝土内夹渣。

竖向灰缝不得出现透明缝、瞎缝和假缝。

施工间断处补砌时，必须将接槎处表面清理干净，浇水湿润，并填实砂浆，保持灰缝平直。

砌块墙在施工前，必须进行砌块的排列组合设计。排列组合设计时，应尽量采取主规格的砌块，并对孔错缝搭接，搭接长度不应小于 90mm。纵横端交接处、转角处应交错搭砌。

施工中必须做好砂浆的铺设与竖缝砂浆或混凝土的浇灌工作，砌筑应严格按皮数杆准确控制灰缝厚度和每皮砌块的砌筑高度。

空心砌块填充墙砌体的芯柱应随砌随灌混凝土，并振捣密实；无楼板的芯柱应先清理干净，水冲洗后分层浇筑混凝土，每层厚度 400～500mm。芯柱钢筋严格按设计要求及规范规定施工，保证钢筋间距和下料尺寸准确。

填充墙及砌体验收记录见表 2.16～表 2.18。

表 2.16　填充墙砌体工程检验批质量验收记录表

（摘自：GB 50203—2002，020304）

<table>
<tr><td colspan="4">单位（子单位）工程名称</td><td colspan="3"></td></tr>
<tr><td colspan="4">分部（子分部）工程名称</td><td>砌体结构子分部</td><td>验收部位</td><td></td></tr>
<tr><td>施工单位</td><td colspan="4"></td><td>项目经理</td><td></td></tr>
<tr><td colspan="3">施工执行标准名称及编号</td><td colspan="4">XDQB2002—10 墙砌体施工工艺标准</td></tr>
<tr><td colspan="4">施工质量验收规范的规定</td><td colspan="2">施工单位检查评定记录</td><td>监理（建设）单位验收记录</td></tr>
<tr><td rowspan="2">主控项目</td><td>1</td><td>块材强度等级</td><td>设计要求 MU10</td><td colspan="2"></td><td rowspan="2"></td></tr>
<tr><td>2</td><td>砂浆强度等级</td><td>设计要求 MU10</td><td colspan="2">两份实验报告 MU10</td></tr>
</table>

续表

一般项目	1	无混砌现象	第 9.3.2 条	试块编号：0610-M10、0611-M10，共两组										
	2	拉结钢筋网片位置	第 9.3.2 条	√										
	3	错缝搭砌	第 9.3.2 条	√										
	4	灰缝厚、宽度	第 9.3.2 条	√										
	5	梁顶砌法	第 9.3.2 条	√										
	6	水平灰缝砂浆饱满度	≥80%											
	7	轴线位移	≤10mm											
	8	垂直度	≤3m，≤5mm											
			>3m，≤0mm											
	9	表面平整度	≤8mm											
	10	门窗洞口高、宽度	±5mm											
	11	外窗上下窗口偏移	20mm											
施工单位检查评定结果	专业工长（施工员）									施工班组长				
	主控项目全部合格，一般项目满足施工规范规定要求 项目专业质量检查员：　　2009 年 2 月 20 日													
监理（建设）单位验收结论	同意验收 专业监理工程师： （建设单位项目专业技术负责人）：　　2009 年 2 月 20 日													

注：1）定性项目符合要求打“√”，反之打“×”。

2）定量项目加“○”表示超出企业标准，加“△”表示超出国家标准。

表 2.17　混凝土小型空心砌块砌体分项工程质量验收记录

工程名称		结构类型	框架 7 层	检验批数	7
施工单位		项目经理		项目技术负责人	
分包单位		分包单位负责人		分包项目经理	
序号	检测批部位、区段	施工单位检查评定结果	监理（建设）单位验收结论		
1	1 层砌体				
2	2 层砌体				
3	3 层砌体				
4	4 层砌体				
5	5 层砌体				
6	6 层砌体				
7	7 层砌体				
检查结论	合格 项目专业技术负责人： 年　月　日	验收结论	同意验收 监理工程师： （建设单位项目专业技术负责人） 年　月　日		

表 2.18 混凝土小型空心砌块砌体工程检验批质量验收记录表

（摘自：GB 50203—2002，020302）

<table>
<tr><td colspan="4">单位（子单位）工程名称</td><td colspan="3"></td></tr>
<tr><td colspan="4">分部（子分部）工程名称</td><td>砌体子分部</td><td>验收部位</td><td>①～⑤轴</td></tr>
<tr><td>施工单位</td><td colspan="4"></td><td>项目经理</td><td></td></tr>
<tr><td colspan="3">施工执行标准名称及编号</td><td colspan="4">墙砌体施工工艺标准 XDQB 2002—TJ012</td></tr>
<tr><td colspan="4">施工质量验收规范的规定</td><td colspan="2">施工执行标准名称及编号</td><td>监理（建设）单位验收记录</td></tr>
<tr><td rowspan="7">主控项目</td><td>1</td><td>小砌块强度等级</td><td>设计要求 MU10</td><td colspan="2"></td><td rowspan="14"></td></tr>
<tr><td>2</td><td>砂浆强度等级</td><td>设计要求 M5</td><td colspan="2"></td></tr>
<tr><td>3</td><td>砌筑留槎</td><td>第 6.2.3 条</td><td colspan="2"></td></tr>
<tr><td>4</td><td>水平灰缝饱满度</td><td>≥90%</td><td colspan="2"></td></tr>
<tr><td>5</td><td>竖向灰饱满度缝</td><td>≥80%</td><td colspan="2"></td></tr>
<tr><td>6</td><td>轴线位移</td><td>≤10mm</td><td colspan="2"></td></tr>
<tr><td>7</td><td>垂直度（每层）</td><td>≤5mm</td><td colspan="2"></td></tr>
<tr><td rowspan="7">一般项目</td><td>1</td><td>水平灰缝厚度竖向宽度</td><td>8～12mm</td><td colspan="2"></td></tr>
<tr><td>2</td><td>基础顶面和楼面标高</td><td>±15</td><td colspan="2"></td></tr>
<tr><td rowspan="2">3</td><td rowspan="2">表面平整度</td><td>清水 5mm</td><td colspan="2"></td></tr>
<tr><td>混水 8mm</td><td colspan="2"></td></tr>
<tr><td>4</td><td>门窗洞口</td><td>±5mm</td><td colspan="2"></td></tr>
<tr><td>5</td><td>窗口偏移</td><td>20mm</td><td colspan="2"></td></tr>
<tr><td>6</td><td>水平灰缝平整度</td><td>10mm</td><td colspan="2"></td></tr>
<tr><td rowspan="2">施工单位检查评定结果</td><td colspan="3">专业工长（施工员）</td><td></td><td>施工班组长</td><td></td></tr>
<tr><td colspan="6">主控项目全部合格，一般项目满足施工规范规定要求
项目专业质量检查员： 年 月 日</td></tr>
<tr><td>监理（建设）单位验收结论</td><td colspan="6">合格
专业监理工程师：
（建设单位项目专业技术负责人）： 年 月 日</td></tr>
</table>

注：1）定性项目符合要求打“√”，反之打“×”。

2）定量项目加“○”表示超出企业标准，加“△”表示超出国家标准。

2.6 填充墙的施工安全

在房屋建筑施工过程中因脚手架出现事故的概率相当高，所以在脚手架的设计、架设、使用和拆卸中均需十分重视安全防护问题。

2.6.1　脚手架的安全要求

1. 金属扣件双排脚手架搭设要求

① 搭设金属扣件双排脚手架，用于高层建筑的，应严格按照《建筑施工扣件式钢管脚手架安全技术规范》(JGJI 30—2001)、《建筑施工安全检查标准》(JCJ 59—2003)的规定执行，验收合格后方可使用。

② 搭设前应严格进行钢管的筛选，凡严重锈蚀、薄壁、严重弯曲裂变的杆件不宜采用。

③ 严重锈蚀、变形、裂缝、螺栓螺纹已损坏的扣件不准采用。

④ 脚手架的基础除按规定设置外，必须有扫地杆连接保护，普通脚手架立杆必须设底座保护。

⑤ 高层钢管脚手架座立于槽钢上的，必须有扫地杆连接保护，普通脚手架立杆必须设底座保护。

⑥ 不宜采用承插式钢管做底部立杆交错之用。

⑦ 所有扣件紧固力矩，应达到45～55N·m。

⑧ 同一立面的小横杆，应对等交错设置，同时立杆上下对直。

⑨ 斜杆接长，不宜采用对接扣件。应采用叠交方式，搭接长度不小于50cm，用三只回转扣件均匀分布扣紧，两端余头小于10cm。

⑩ 高层建筑金属脚架的拉杆，不宜采用铅丝攀拉，必须使用埋件形式的刚性材料。

2. 金属扣件式双排钢管脚手架拆除要求

① 拆除现场必须设警戒区域，张挂醒目的警戒标志。警戒区域内严禁非操作人员通行或在脚手架下方继续组织施工。地面监护人员必须履行职责，高层建筑脚手架拆除时，应配备良好的通信装置。

② 仔细检查吊运机械，包括索具是否安全可靠。吊运机械不允许搭设在脚手架上，应另行设置。

③ 如遇强风、雨、雪等特殊气候，不应进行脚手架的拆除。夜间实施拆除作业，应具备良好的照明设备。

④ 建筑物的所有窗户必须关闭锁好，不允许向外开启或向外伸挑物件。

⑤ 拆除人员进入岗位以后，先进行检查，加固松动部位，所有清理物应安全输送至地面，严禁从高处抛掷。

⑥ 按搭设的反程序进行拆除，即安全网—竖篱笆—防护栏杆—搁棚斗斜拉杆—连墙杆—大横杆—小横杆—立杆。

⑦ 不允许分立面拆除或上、下两步同时拆除（踏步式）。认真做到一步一清，一杆一清。

⑧ 所有连墙杆、斜拉杆、隔排措施、登高措施必须随脚手架拆除，同步进行下降，不准先行拆除。

⑨ 所有杆件与扣件，在拆除时应分离，不允许杆件上附着扣件输送地面，或两杆

同时拆下输送至地面。

⑩ 所有篱笆拆除，应自外向里竖立搬运，防止自里向外翻起后，篱笆面垃圾物件直接从高处坠落伤人。

⑪ 脚手架内必须使用电焊气割工艺时，应严格按照国家特殊工种的要求和消防规定执行。应增派专职人员，配备料斗（桶），防止火星和切割物溅落。严禁无证动用焊割工具。

当日完工后，应仔细检查岗位周围情况，如发现留有隐患的部位，应及时进行修复或继续完成至一个程序、一个部位的结束，方可撤离岗位。

输送至地面的所有杆件、扣件等物件，应按类堆放。

3. 室内满堂脚手架搭设要求

① 室内满堂脚手架搭设应严格按施工组织设计要求搭设。

② 满堂脚手架的纵、横间距不应大于 2m。

③ 满堂脚手架应设登高措施，保证操作人员上下安全。

④ 操作层应满铺竹篱笆，不得留有空洞。必须留空洞者，应设围栏。

⑤ 大型条形内脚手架操作层两侧，应设防护栏杆保护。

⑥ 满堂脚手架的稳固，应控制在 2m 内，必须高于 2m 者，应有技术措施保护。

⑦ 满堂脚手架的稳固，应采用斜杆（剪刀撑）保护。

⑧ 满堂脚手架不准采用钢、竹混搭。

2.6.2 砌筑工程的安全技术及防护措施

在砌筑操作前，必须检查施工现场各项准备工作是否符合安全要求，如道路是否畅通，机具是否完好牢固，安全设施和防护用品是否齐全，经检查符合要求后方可施工。

1. 砌体施工的施工人员安全防护及要求

① 进场的施工人员，必须经过安全培训教育，考核合格，持证上岗。

② 现场悬挂安全标语，无关人员不准进场，进场人员需遵守“十不准规定”。施工人员必须正确佩戴安全帽，管理人员、安全员要佩戴标志，危险处要设警戒标语及措施。进入 2m 以上架体或施工层作业必须佩挂安全带。

③ 施工人员高空作业禁止打赤脚、穿拖鞋、硬底鞋和打赤膊施工。

④ 施工人员工作前不许饮酒，进入施工现场不准嬉笑打闹。

⑤ 施工人员不得随意拆除现场一切安全防护设施，如机械护栏、安全网、安全围栏、外墙拉结点、警示信号等，如因工作需要必须经项目负责人同意方可进行。

2. 墙体砌筑施工的安全技术及防护措施

① 在操作之前必须检查操作环境是否符合安全要求，道路是否畅通，机具是否完好、牢固，安全设施和防护用品是否齐全，经验查符合要求后才可施工。

② 墙身砌体高度超过地坪 1.2m 以上时，应搭设脚手架，在一层以上或高度超过 4m

时，采用里脚手架必须支搭安全网，采用外脚手架应设护身栏杆和挡脚板后方可砌筑。

③ 脚手架上堆料量不得超过规定荷载，堆砖高度不得超过3皮侧砖，同一块脚手板上的操作人员不应超过2人。

④ 在楼层施工时，堆放机械、砖块等物品不得超过3皮侧砖，同一块脚手板上的操作人员不应超过2人。

⑤ 不准站在墙顶上进行画线、刮缝、清扫墙面或检查大角垂直等工作。

⑥ 不准用不稳定的工具或物体在脚手板垫高操作，更不准在未经过加固的情况下，在一层脚手架上随意再加上一层，脚手板不允许有空头现象，不准用50mm×100mm木料或钢模作立人板。

⑦ 砍砖时应面向内打，以免碎砖跳出伤人。

⑧ 用于垂直运输的吊笼、绳索具等，必须满足负荷要求，牢固无损，吊运时不得超载，并须经常检查，发现问题及时修理。

⑨ 用起重机吊砖应用砖笼，吊砂浆的料斗不能装得过满，吊件回转范围内不得有人停留。

⑩ 砖料运输车辆的车前后距离在平道上不小于2m，在坡道上不小于10m，装砖时要先取高处后取低处，防止倒塌伤人。

⑪ 砌好山墙，应临时将联系杆（如檩条等）放置在各跨山墙上，使其联系稳定，或采取其他有效的加固措施。

⑫ 如遇雨天及每天下班时，要做好防雨措施，以防雨水冲走砂浆，使砌体倒塌。

⑬ 在同一垂直面内上下交叉作业时，必须设置可靠的安全隔离措施，下方操作人员必须戴好安全帽。

⑭ 人工垂直向上或向下（深坑）传递砖块，架子上的站人板宽度应不小于60cm。

⑮ 砖墙主体砌筑时，应做好洞口、临边的防护。

- 对1.5m×1.5m以下的孔洞应预埋通长钢筋网或加固定盖板。1.5m×1.5m以上的孔洞，四周必须设两道护身栏杆，中间支挂水平安全网。
- 电梯井口必须设高度不低于1.2m的金属防护门。电梯井内首层和首层以上每隔四层设一道水平安全网，安全网应封闭严密，做法如图2.24所示。
- 楼梯踏步及休息平台处必须设两道牢固防护栏杆或用立挂安全网做防护，做法如图2.25所示。回转式楼梯间应支挂首层水平安全网。
- 阳台栏板应随层安装，不能随层安装的，必须设两道防护栏杆或立挂安全网封闭，做法如

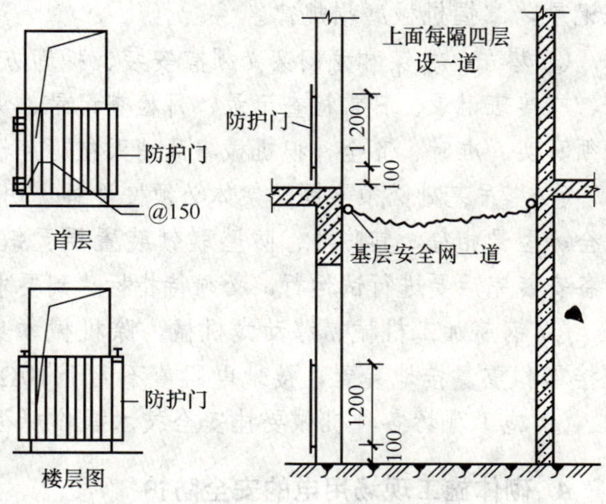

图2.24　电梯井口的安全防护

图 2.26 所示。

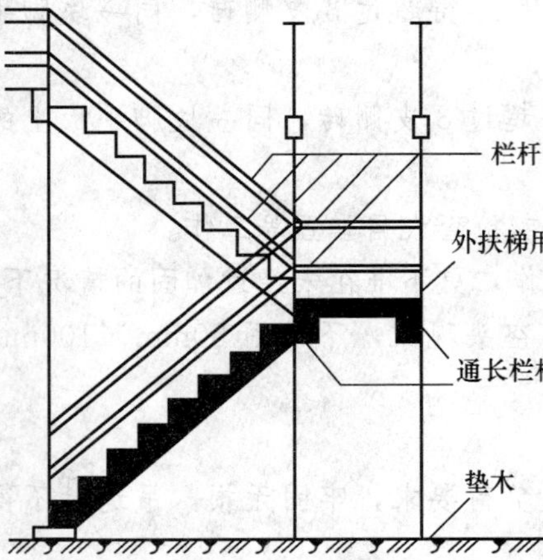

图 2.25 楼梯间的安全防护

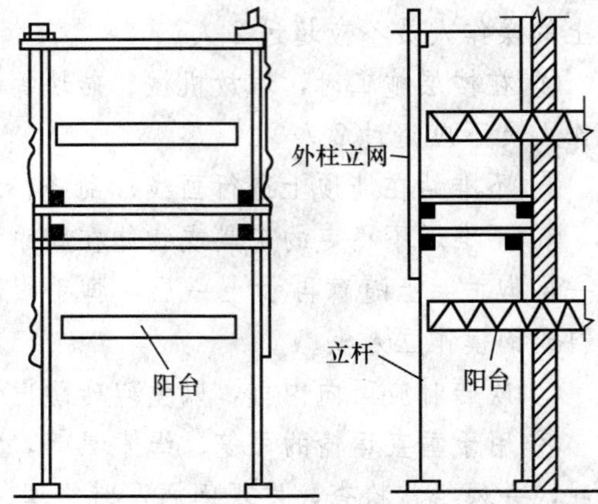

图 2.26 阳台边的防护

• 建筑物楼层四周无维护结构时，必须设两道防护栏杆，或立挂安全网加一道防护栏杆。

• 建筑物的出入口应搭设长 3～6m，宽于出入通道两侧各 1m 的防护棚，棚顶应铺满不小于 5cm 厚的脚手板，非出入口和通道两侧必须封严。临近施工区域，对人或物构成威胁的地方，必须支搭防护棚，确保人、物的安全。

3. 砌体施工机械设备的安全防护

① 所有机械操作人员必须持证上岗，坚持班前班后检查机械设备，并经常进行维修保养。

② 工程设置专职机械管理员对机械设备坚持三定制度，定期维护保养。安全装置应齐全有效，杜绝安全事故的发生。一经发现机械故障应及时更换零配件，保持机械的正常运转。操作人员必须持证上岗，按时准确填写台班记录、维修保养记录、交接班记录，掌握机械磨损规律。

③ 塔吊、井架和龙门架必须有安装、拆卸方案，验收合格证书。软件资料（运行记录、交接班记录、日常检查记录、月检查记录、保养记录、维修记录、油料领取记录等）必须真实、准时、齐全，把机械事故消灭在萌芽状态。所有机械设备都不许带病作业。

④ 塔吊基础必须牢固，架体必须按设备说明预埋拉结件，设防雷装置。设备应配件齐全、型号相符，其防冲、防坠联锁装置要灵敏可靠，钢丝绳、制动设备要完整无缺，设备安装完后要进行试运行，必须待指标达到要求后才能进行验收签证，挂合格牌使用。

⑤ 钢筋加工机械、移动式机械，除机械本身护罩完好、电机无病外，还要求机械有接零和重复接地装置，接地电阻值不大于 10Ω。

⑥ 施工现场各种机械要挂安全技术操作规程牌，操作人员持证上岗。

4. 砌体施工现场用电的安全防护

① 施工临时用电必须严格遵照建设环保部门颁发的《施工现场临时用电安全技术

规范》JGJ 46—2005和《现场临时用电管理办法》的规定执行。

② 现场各用电安装及维修必须由专业电气人员操作，非专业人员不得擅自从事有关操作。

③ 现场用电应按各用电器实行分级配电，各种电气设备必须实行“一机、一闸、一漏电”，严禁一闸供两台及两台以上设备使用。漏电开关必须定期检查，试验其动作可靠性。配电箱应设门、上锁、编号，注明责任人。

④ 在总配电箱、分配电箱及塔吊处均作重复接地，且接地电阻小于10Ω。采用焊接或压接的方式连接；在所有电路末端均采用重复接地。

⑤ 电箱内所配置的电闸、漏电、熔丝荷载必须与设备额定电流相等。不使用偏大或偏小额定电流的电熔丝，严禁使用金属丝代替电熔丝。

⑥ 配电房、重要电气设备及库房等均应配备灭火器及砂箱等，配电房房门向外开启，户外开关箱及设置要有防雨措施。

5. 砌体施工的安全保证措施

① 在操作之前必须检查操作环境是否符合安全要求，道路是否畅通，机具是否完好无损，安全设施和防护用品是否齐全，经检查符合要求后方可施工。

② 基础砌筑前必须仔细检查基坑（槽）是否稳定，如有塌方危险或支撑不牢固，必须采取可靠措施。

③ 基础砌筑过程中要随时观察周围土层情况，发现裂缝和其他不正常情况时，应立即离开危险地点，采取必要措施后方能继续施工。

④ 基槽外侧1m以内严禁堆物，施工人员进入坑内应有踏步或梯子。

⑤ 当采用架空运输道运进材料时，应随时观察基坑内操作人员，以防砖块等跌落伤人。

⑥ 基槽深度超过1.5m时，运输材料应使用机具或溜槽，运料不得碰撞支撑，基坑上方周边应设高度为1.2m的安全防护栏杆。

⑦ 吊砖笼和砂浆料斗时，砖和砂浆不应过满。吊臂工作作范围内不得有人停留。

⑧ 在架子上砍砖时，操作人员应向里把碎砖打在架板上，严禁把砖头打向架外。挂线用的坠砖，应绑扎牢固，以免坠落伤人。

⑨ 脚手架应经安全人员检查合格后方能使用。砌筑时不得随意拆除和改动脚手架，楼层屋盖的盖板、防护栏杆不得随意挪动拆除。

⑩ 脚手架上的荷载不得超过2700N/m³，堆砖不得超过3层（侧放）。采用砖笼吊砖时，砖在架子或楼板上应均匀分布，不应集中堆放。灰桶、灰斗应放置有序，使架子上保持畅通。

⑪ 采用内脚手架砌墙时，不得站在墙上勾缝或在墙顶上行走。

⑫ 一层楼以上或高度超过4m时，采用脚手架砌墙必须按规定挂好安全网，设护身栏杆和挡脚板。

⑬ 进入施工现场的人员应戴好安全帽。

单元 3 砖混结构砌筑施工

☞ **学习目标**

能组织砖混结构房屋施工

技能点

（1）专业能力：砖混结构房屋施工组织与管理

（2）社会能力：与社会有关方面的沟通联系

知识点

（1）砖混结构房屋的构造

（2）施工准备知识

（3）砖混结构房屋施工组织与管理知识

（4）工程管理验收资料的填写

（5）工程收尾交工知识

学习内容

（1）砖混结构墙体的作用及要求

（2）砖混结构房屋构造

（3）砖混结构房屋的主要建筑材料与施工机具

（4）施工准备

（5）工程开工

（6）施工过程

（7）施工过程控制

（8）竣工验收

砖混结构又称为砌体结构，砌体结构是由砌体砌筑而成的结构。砌体是指由砖、石或砌块组成，并用砂浆粘结而成的材料。

3.1 砖混结构墙体的作用及要求

3.1.1 墙体的作用

砖混结构房屋的墙体具有承重、围护和分隔的作用。墙体承受楼（屋面）板传来的荷载、自重荷载和风荷载的作用，要求其具有足够的承载力和稳定性；外墙起着抵御自然界各种因素对室内侵袭的作用，要求其具有保温、隔热、防风、挡雨等方面的能力；内墙把房屋内部划分为若干房间和使用空间，起着分隔的作用。

3.1.2　墙体的类型

由于墙所在的位置、作用和采用的材料不同，墙体具有不同的类型。

1. 按平面上所处位置不同分

按平面上所处位置的不同，墙体有内墙和外墙之分。具体又可细分为外横墙（又称山墙）、内横墙、外纵墙（又称檐墙）、内纵墙等。

2. 按结构受力情况不同分

按结构受力情况的不同，墙体有承重墙和非承重墙之分。

1）承重墙

直接承受上部传来荷载的墙称为承重墙。

2）非承重墙

凡不承受外来荷载的墙称为非承重墙。

3. 按墙体所用的材料和制品不同分

按所用材料和制品的不同墙体分为砖墙、石墙、砌块墙、板材墙等。

3.1.3　墙体的功能要求

根据功能要求，经济合理地选择墙体材料，确定其厚度和构造措施，保证墙体合理使用，是墙体设计的基本任务。

1. 满足承载力和稳定性要求

① 在设计墙体时，首先应确定墙体的厚度。

② 当设计的墙厚不能满足要求时，常采用提高材料强度，增设墙垛、壁柱、圈梁等措施来增加墙体的稳定性。

③ 墙体的稳定性与墙的高度、长度、厚度有关。

④ 墙体的承载力取决于墙体所用的材料。

2. 满足保温、隔热、隔声、防火等要求

1）保温要求

墙体应具有足够的保温能力，以减少室内热量损失，避免室温过低，防止空气中的水蒸气在墙的内表面或内部凝结，出现凝结水。通常可采取以下构造措施来满足保温要求。

(1) 增加墙体的厚度

墙的保温能力与墙的厚度成正比，室内外温差越大，墙就要越厚。增加墙的厚度能提高墙的内表温度，减少墙内表面与室内空气的温差，减少水蒸气在墙的内部及内

表面凝结的可能性。

(2) 选择导热系数小的材料砌墙

要增加墙体的保温性能，通常选用导热系数小的材料，如用泡沫混凝土、加气混凝土、陶粒混凝土、膨胀珍珠岩混凝土、浮石混凝土等材料砌墙。

(3) 设置隔气层等构造措施

冬季，由于外墙两侧存在温差，高温一侧的水蒸气随着空气一同向外渗透，遇到低温界面时则会凝结，从而使墙的内部产生凝结水，大大降低了墙体的保温效果。为了防止墙体内部产生凝结水，常在墙体高温一侧设置一道隔气层。

2) 隔热要求

墙体应具有隔热能力，以减少太阳辐射热传入室内，避免夏季室内过热。常用构造措施有采用导热系数小的材料砌墙、在墙中设置空气间层、墙表面刷浅色涂料等。

3) 隔声要求

墙体应具有隔声的能力，以保证安静的工作和休息环境。常用构造措施有采用面密度大的材料砌筑、加大墙体的厚度、在墙中设置空气间层等。对一般无特殊隔声要求的建筑，双面抹灰的半砖墙已基本满足分隔墙的隔声要求。

4) 防火要求

墙体应具有防火的能力，墙体材料及墙的厚度应符合防火规范规定的燃烧性能和耐火极限的要求。在较大的建筑和重要的建筑中，还应按规定设置防火墙，将房屋分成若干段，以防止火灾蔓延。

3. 减轻自重、降低造价

发展轻质高强的墙体材料是建筑材料发展的总体趋势。在进行墙的构造设计时，应力求选用密度小、强度较大的材料。

4. 适应建筑工业化的生产要求

要逐步改革以普通黏土砖为主的砌块材料，发展预制装配式墙体材料，为生产工厂化、施工机械化创造条件。

3.1.4 墙体的力学性能

1. 抗压强度

砌体每单位面积上能抵抗压力的能力称为抗压强度。砌体的抗压强度是由标准试件经一定条件的养护后，在大型压力机上试压，通过试件破坏时所进行的系列强度的统计平均值而确定的。

抗压强度值就是砌体水平截面单位面积所能承受的最大压力值，抗压强度单位为兆帕（MPa）。

砌体的抗压强度与砖的强度和砂浆的强度有直接关系。砖和砂浆的强度越高，砌体的强度也就越高；反之，砖和砂浆的强度越低，砌体的强度也就越低。

2. 抗拉强度

当某一段砌体的两端各受到一个相同的拉力，使砌体受拉破坏时，砌体受拉截面单位面积上所承受的拉力称为砌体的抗拉强度。

砌体轴心受拉时，一般沿竖向和水平灰缝成锯齿形或阶梯形拉断破坏，如图 3.1 所示。这种形式的破坏，是由于砖与砂浆之间黏结强度及砂浆层本身的强度不足所造成，称为砌体沿齿缝截面破坏。

另一种轴心受拉破坏是沿竖向灰缝和砖块一起断裂，如图 3.2 所示。这种沿砖截面破坏的主要原因是由于砖的抗拉强度较弱。

图 3.1　砌体轴心受拉沿齿缝破坏

图 3.2　砌体轴心受拉沿通缝破坏

3. 弯曲抗拉强度

如图 3.3 所示为受弯的墙体，在墙体的一侧断面内产生拉应力，另一侧断面内产生压应力。产生拉应力的这部分墙体所能承受的最大拉应力，称为砌体的弯曲抗拉强度。

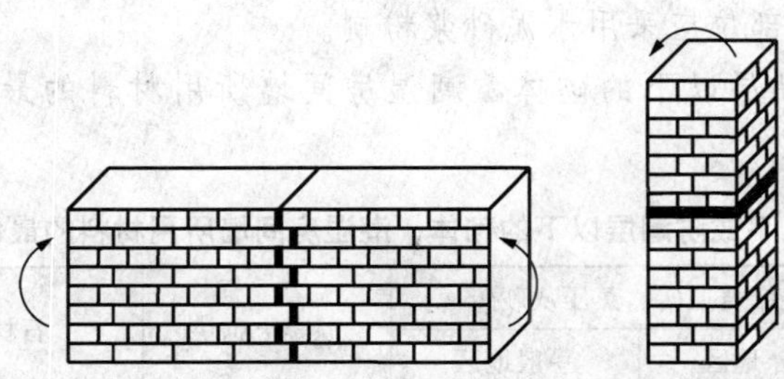

(a) 沿齿缝拉裂破坏　(b) 沿通缝拉裂破坏

图 3.3　受弯的墙体

4. 抗剪强度

如一个砖柱受到水平方向的外力 N，如图 3.4（a）、（b）所示，在受力点以下的砌体受到水平的剪力。这时下部可能有两种破坏形式，一种是沿水平灰缝破坏，另一种是沿竖直灰缝和水平灰缝成阶梯形破坏。还有一种砌体在弯曲时发生剪切破坏，如钢筋砖过梁由于上部荷载的作用，在过梁的两端产生竖向剪力，这个剪力由砖砌体来承担，当荷载过大或砌体强度不足，则会造成过梁受剪破坏。它的破坏，一般沿灰缝成阶梯形，如图 3.4（c）所示。

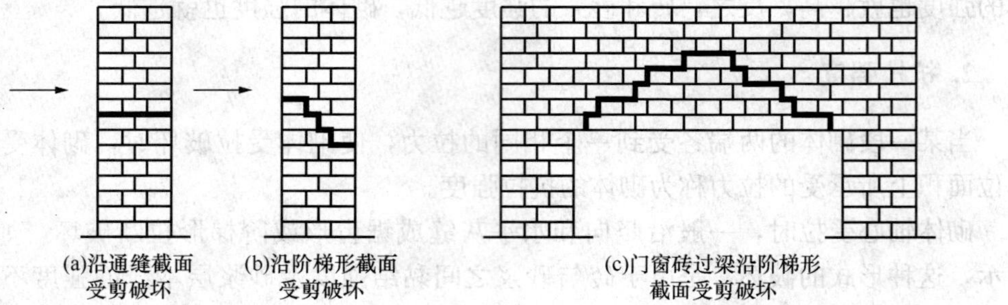

图 3.4　砖砌体的受剪破坏

总之，砌体的剪切破坏，主要与砂浆强度和饱满度有直接关系。

3.1.5　墙体结构的一般构造要求

除对砌体结构房屋进行承载力和高厚比验算外，尚应满足砌体结构的一般构造要求，如采取防止墙体开裂的措施，保证房屋的整体性、耐久性和空间刚度。

1. 材料强度等级要求

五层及以上房屋的墙，受振动或层高大于 6m 的墙、柱等所用材料的最低强度等级要求如下：

① 砖采用 MU10（砌块采用 MU7.5、石材采用 MU30），砂浆采用 M5。对于安全等级为一级或设计使用年限大于 50 年的房屋，材料强度等级应至少提高一级。

② 在室内地面以下、室外散水坡顶面以上的砌体内应铺设防潮层。防潮层一般采用防水水泥砂浆；勒脚部位应采用水泥砂浆粉刷。

③ 地面以下或防潮层以下的砌体，潮湿房间墙所用材料的最低强度等级应符合表 3.1的要求。

表 3.1　地面以下或防潮层以下的砌体，潮湿房间墙所用材料的最低强度等级

地基土的潮湿程度	烧结普通砖、蒸压灰砂砖		混凝土砌块	石材	水泥砂浆
	严寒地区	一般地区			
稍潮湿的	MU10	MU10	MU7.5	MU30	M5
很潮湿的	MU15	MU10	MU7.5	MU30	M7.5
含饱和水的	MU20	MU15	MU10	MU40	M10

2. 构件及墙体的一般要求

① 承重的独立砖柱，截面尺寸不应小于 240mm×370mm。毛石墙厚度不宜小于 350mm，毛料石柱较小边长不宜小于 400mm，当有振动荷载时，墙、柱不宜采用毛石砌体。

② 跨度大于 6m 的屋架及大于 4.8m 或 4.2m（对砌块砌体）的梁，其支撑面下的

砌体应设置钢筋混凝土垫块，当与圈梁相遇时，应与圈梁浇成整体，当240mm厚砖墙承受6m大梁、砌块墙和180mm厚砖墙承受4.8m大梁时，则应加设壁柱。跨度大于9m的屋架、预制梁，其端部与砌体应采用锚固措施。

③ 预制钢筋混凝土板的支撑长度，在墙上不宜小于100mm；在圈梁上不宜小于80mm。预制钢筋混凝土梁在墙上的支撑长度不宜小于240mm。

④ 填充墙、隔墙应分别采取措施与周边构件可靠连接。

⑤ 山墙处的壁柱宜砌至山墙顶部，屋面构件应与山墙可靠拉结。

3.1.6 墙体结构的抗震构造要求

抗震地区的砌体结构房屋，除满足强度、高厚比等要求外，还应采取《建筑抗震设计规范》(GB 50011—2008) 规定的一系列提高砌体房屋结构延性和抗震性能的构造措施，使砌体结构具备必要的抗震性能。如使用圈梁和构造柱提高其延性，合理布置墙体，限制房屋高度（或层数），加强整体构造措施；再如使用砖的强度应不小于MU10，砂浆的强度应不小于M5；混凝土小型砌块的强度等级不小于MU7.5，使用砌筑砂浆的强度应不小于M7.5。

1. 砌体结构抗震设计的一般规定

① 一般情况下，多层砌体房屋的总高度和层数、房屋最大高宽比不应超过表3.2的要求。对医院、教学楼等横墙较少（指同一楼层内开间大于4.2m的房间占该层总面积的40%以上）的砖房，总高度应比表3.2中规定的相应降低3m，层数相应减少一层。

表3.2 房屋的层数和总高度限值

房屋类别		最小抗震墙厚度/mm	烈度和设计基本地震加速度											
			6		7				8				9	
			0.05g		0.10g		0.15g		0.20g		0.30g		0.40g	
			高度/m	层数	高度/m	层数	高度/m	层数	高度/m	层数	高度/m	层数	高度/m	层数
多层砌体房屋	普通砖	240	21	7	21	7	21	7	18	6	15	5	12	4
	多孔砖	240	21	7	21	7	18	6	18	6	15	5	9	3
	多孔砖	190	21	7	18	6	15	5	15	5	12	4	—	—
	小砌块	190	21	7	21	7	18	6	18	6	15	5	9	3

② 多层房屋的总高度与总宽度的最大比值应符合表3.3的要求。

表3.3 多层房屋的最大高宽比

地震烈度	6	7	8	9
最大高宽比	2.5	2.5	2.0	1.5

③ 房屋抗震横墙的间距不应超过表3.4的要求。

表 3.4　房屋抗震横墙的最大间距

房屋类别		地震烈度			
		6	7	8	9
多层砌体	现浇或整体装配式钢筋混凝土楼、屋盖	18	18	15	11
	装配式钢筋混凝土楼、屋盖	15	15	11	7
	木楼、屋盖	11	11	7	4
底部框架-抗震墙	上部各层	同多层砌体房屋			—
	底层或底部两层	21	18	15	—
多排柱内框架		25	21	18	—

④ 房屋中砌体墙段的局部尺寸限值应符合表 3.5 的要求。

表 3.5　房屋的局部尺寸限值

部位	地震烈度			
	6	7	8	9
承重窗间墙最小宽度	1.0	1.0	1.2	1.5
承重外墙尽端至门窗洞边的最小距离	1.0	1.0	1.2	1.5
非承重外墙尽端至门窗洞边的最小距离	1.0	1.0	1.0	1.0
内墙阳角至门窗洞边的最小距离	1.0	1.0	1.5	2.0
无锚固女儿墙（非出入口）的最大高度	0.5	0.5	0.5	0.0

⑤ 多层砌体房屋的结构体系应优先采用横墙承重或纵、横墙共同承重的结构体系。纵、横墙的布置宜均匀对称，沿平面宜对齐，沿竖向应上下连续；同一轴线上的窗间墙宽度宜均匀。楼梯不宜设在房屋的尽端和转角处。

⑥ 地震烈度为 8 度和 9 度且有下列情况之一时，宜设置防震缝，缝两侧均应设置墙体，缝宽 50～100mm：

房屋立面高差在 6m 以上；

房屋楼面有错层或楼板标高差在 0.6m 及其以上；

房屋各部分结构刚度、质量差异较大。

2. 砖砌体房屋抗震构造措施

1）圈梁、构造柱的设置和构造要求

在砖混结构的房屋中，应按要求设置钢筋混凝土圈梁和构造柱，其设置和构造要求，在砌体墙的构造中已讲述。

2）楼、屋盖的构造要求

① 现浇钢筋混凝土楼板或屋面板伸进纵、横墙内的长度，均不应小于 120mm。

② 当板的跨度大于 4.8m 并与外墙平行时，靠外墙的预制板侧边应与墙或圈梁拉结。

③ 在房屋端部大房间的楼盖处，地震烈度为 8 度时房屋的屋盖和地震烈度为 9 度

时房屋的楼盖、屋盖处，当圈梁设在板底时，钢筋混凝土预制板应相互拉结，并应与梁、墙或圈梁拉结。

3）墙体的构造要求

地震烈度为7度时长度大于7.2m的大房间，及地震烈度为8度和9度时外墙转角及内外墙交接处，应沿墙高每隔500mm配置2ϕ6拉结钢筋，且每边伸入墙内不宜小于1m（图3.5）。后砌的非承重砖墙应沿墙高每隔500mm配置2ϕ6钢筋与承重墙拉结，每边伸入墙内不宜小于0.5m。地震烈度为8度和9度时长度大于5.1m的后砌非承重隔墙的墙顶，应与楼板或梁拉结。

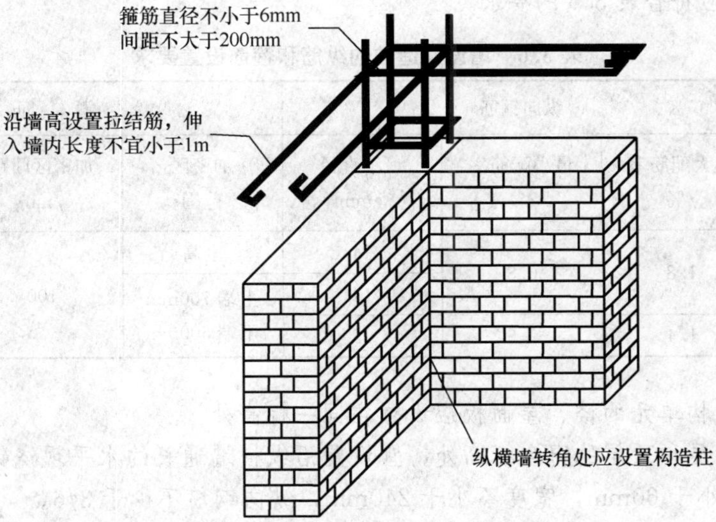

图3.5　外墙转角处的构造柱与墙的拉结

4）楼梯间的构造要求

① 地震烈度为8度和9度时，顶层楼梯间横墙和外墙应沿墙高每隔500mm配置2ϕ6通长钢筋；地震烈度为9度时其他各层楼梯间墙体应在休息平台或楼层半高处设置60mm厚的钢筋混凝土带或配筋砖带，其砂浆强度等级不应低于M7.5，纵向钢筋不应少于2ϕ10。

② 地震烈度为8度和9度时，楼梯间及门厅内墙阳角处的大梁支撑长度不应小于500mm，并应与圈梁连接。

③ 装配式楼梯段应与平台板的梁可靠连接；不应采用墙中悬挑式踏步或踏步竖肋插入墙体的楼梯，不应采用无筋砖砌栏板。

④ 突出屋顶的楼、电梯间，构造柱应伸到顶部，并与顶部圈梁连接，内外墙交接处应沿墙高每隔500mm配置2ϕ6拉结钢筋，且每边伸入墙内不应小于1m。

下列情况下，横墙较少的砖混结构中，房屋总高度和层数接近或达到表3.2的规定限值，应采取加强措施。

① 房屋的最大开间尺寸不宜大于6.6m。

② 同一结构单元内横墙错位数量不宜超过横墙总数的1/3，且连续错位不宜多于

两道；错位的墙体交接处均应增设构造柱，且楼、屋面板应采用现浇钢筋混凝土板。

③ 横墙和内纵墙上洞口的宽度不宜大于1.5m；外纵墙上洞口的宽度不宜大于2.1m或开间尺寸的一半；且内外墙上洞口位置不应影响内外纵墙与横墙的整体连接。

④ 所有纵横墙均应在楼、屋盖标高处设置加强的现浇钢筋混凝土圈梁；圈梁的截面高度不宜小于150mm，上下纵筋各不应少于3ϕ10，箍筋不小于ϕ6，间距不大于300mm。

⑤ 所有纵横墙交接处及横墙的中部，均应增设满足下列要求的构造柱：在横墙内的柱距不宜大于层高，在纵墙内的柱距不宜大于4.2m，最小截面尺寸不宜小于240mm×240mm，配筋应符合表3.6的要求。

表3.6 增设构造柱的纵筋和箍筋设置要求

位置	纵向钢筋			箍筋		
	最大配筋率/%	最小配筋率/%	最小直径/mm	加密区范围	加密区间距/mm	最小直径/mm
角柱	1.8	0.8	14	全高	100	6
边柱			14	上端700mm 下端500mm		
中柱	1.4	0.6	12			

⑥ 同一结构单元的楼、屋面板应设置在同一标高处。

⑦ 房屋底层和顶层的窗台标高处，宜设置沿纵横墙通长的水平现浇钢筋混凝土带；其截面高度不小于60mm，宽度不小于240mm，纵向钢筋不少于3ϕ6。

5）**其他构造要求**

① 门窗洞口处不应采用无筋砖过梁；地震烈度为6～8度时过梁支撑长度不应小于240mm，9度时不应小于360mm。

② 预制阳台应与圈梁和楼板的现浇板带可靠连接。

③ 后砌的非承重砌体隔墙应符合轻质、均匀对称布置和主体结构有可靠的柔性连接等要求，不得采用嵌砌砌体墙。

④ 同一结构单元的基础（或桩承台），宜采用同一类型的基础，底面宜埋置在同一标高上，否则应增设基础圈梁并应按1∶2的台阶逐步放坡。

3.2 砖混结构房屋的构造

砖混结构一般只适合于8层及以下的房屋结构。

3.2.1 砖混结构房屋的主要组成

砖混结构房屋一般由基础、砖混结构墙体、混凝土梁板楼面、混凝土梁板屋面、楼梯、门窗、阳台等主要部分组成。

1. 基础

砖混结构房屋基础一般为条形基础。2～3层砖混结构房屋可以用毛石基础，也可以用砖基础；4层及以上的房屋一般用钢筋混凝土条形基础。

2. 砖混结构墙体

砖混结构房屋的墙体一般用普通砖砌筑，大多为24墙，也有37墙，北方地区因保温要求甚至有49墙。

为增加房屋的整体稳定，一般在房屋的转角处、纵横墙相交处、楼梯间等部位设置构造柱，当单面墙体长度达到5m时，一般也加设构造柱。

在每层房屋的楼板处往往设置圈梁。

3. 混凝土梁板楼面

砖混结构房屋的荷载传递系统是：作用在楼面上的荷载通过梁板传递到墙上，通过房屋基础传递到地基上。墙体、梁板在荷载传递过程中都起着重要作用。

砖混结构房屋的梁板大多为现浇钢筋混凝土结构，在农房建设中也有采用预制钢筋混凝土结构的。现浇钢筋混凝土结构砖混结构房屋整体性好，有利于抗震设防。

4. 混凝土梁板屋面

不管是坡屋面还是平屋面，无论是抗震设防还是屋面防水，现浇钢筋混凝土屋面都值得提倡。

5. 楼梯

砖混结构房屋一般都采用现浇钢筋混凝土结构板式楼梯。

6. 门窗

砖混结构房屋的门窗有木制门窗、金属制门窗、塑料制门窗等多种。

7. 阳台

阳台都是采用现浇钢筋混凝土结构的，一般和楼层梁板浇筑成整体。

3.2.2 砖混结构房屋的细部构造

墙体的细部构造包括勒脚、防潮层、散水、明沟、门窗过梁、窗台、圈梁和构造柱等。

1. 勒脚

外墙与室外地面结合部位的构造做法称为勒脚。

1）勒脚的作用

一是保护墙脚不受外界雨、雪的侵蚀；二是加固墙身，防止各种机械碰撞；三是对建筑物的立面处理产生一定的效果。

2）勒脚的高度

勒脚的高度主要取决于防止地面水上溅和室内地潮的影响，并适当考虑立面造型的要求，常与室内地面齐平。有时，为了考虑立面处理的需要，也可将勒脚做到与第一层窗台齐平。

3）勒脚的构造做法

勒脚的构造做法常有以下几种（图 3.6）：

① 抹 20～30mm 厚水泥砂浆或做水刷石。

② 选用既防水又坚实的天然石材砌筑。

③ 镶贴天然石材等防水和耐久材料。

④ 将墙体加厚 60～120mm，再抹水泥砂浆或做水刷石。

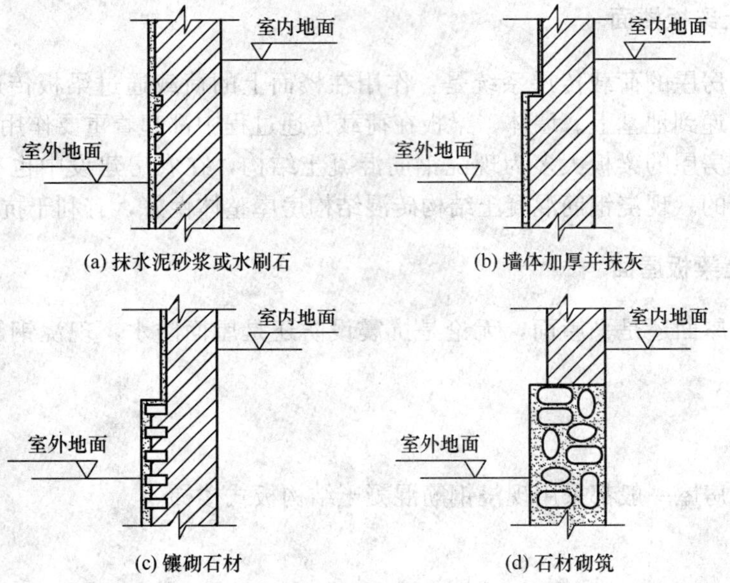

图 3.6 勒脚构造

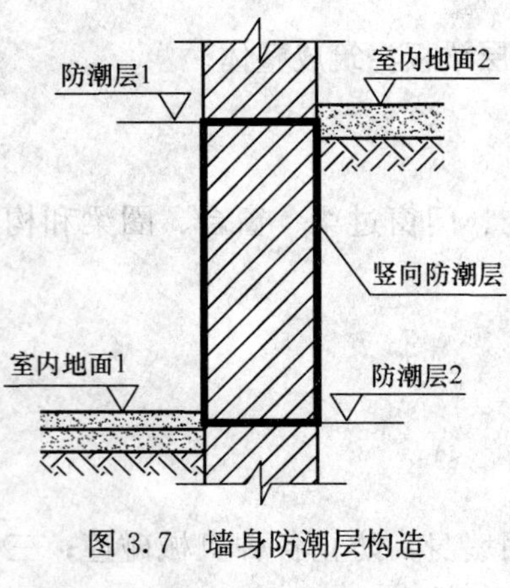

图 3.7 墙身防潮层构造

2. 墙身防潮层

墙身水平防潮层应设置在室外地面以上，底层室内地面以下 60mm 处；当底层内墙两侧房间室内地面有高差时，水平防潮层应设置两道，分别为两侧地面以下 60mm，并在两道防潮层之间较高地面一侧加设一道竖向防潮层（图 3.7）。防潮层应连续设置，不得间断。

1）墙身防潮层的作用

墙身防潮层用于防止地下潮气及地表积水对墙体的侵蚀。

2）墙身防潮层的构造做法

水平防潮层的构造做法常有以下几种。

（1）油毡防潮层

在防潮层部位抹 20mm 厚水泥砂浆找平层，找平层上干铺一层油毡或实铺油毡（一毡二油）。由于破坏了墙的整体性，故不能用于地震区。

（2）砂浆防潮层

在防潮层部位抹 25mm 厚 1：2 或 1：2.5 水泥砂浆，加入水泥用量为 3%～5%的防水剂。

（3）细石混凝土防潮层

在防潮层部位设 60mm 厚与墙等宽的细石混凝土带，内配 3ϕ6 或 3ϕ8 钢筋。

3. 散水

外墙四周的排水坡称为散水。

1）作用

散水的作用是把由屋面下泻的无组织雨水排至墙脚以外，使墙基不受雨水的侵蚀。

2）宽度和坡度

散水坡度一般为 3%～5%，宽一般不小于 600mm，当屋顶有出檐时，其宽度较出檐宽 150～200mm。

3）构造做法

散水可用混凝土、砖、块石等材料做成。当散水材料采用混凝土时，散水每隔 6～12m 应设伸缩缝，伸缩缝及散水与外墙接缝处，均应用热沥青填充，其构造做法如图 3.8 所示。

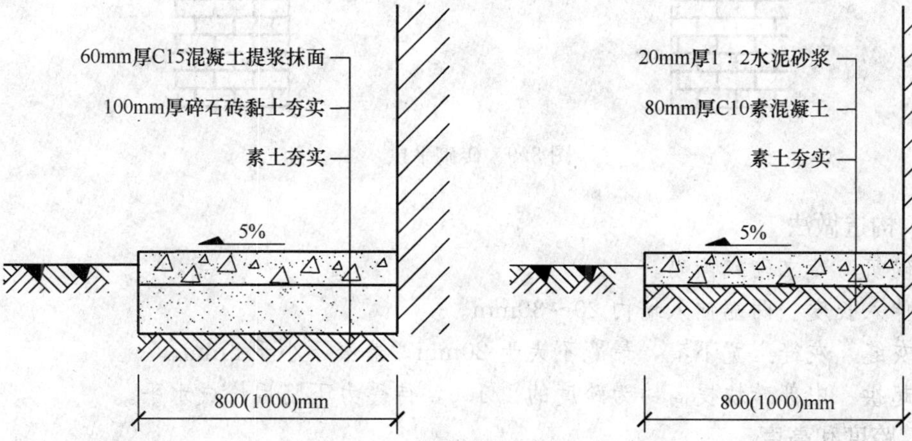

图 3.8　散水构造

4. 明沟

外墙四周或散水四周的排水沟称为明沟（或阳沟）。

1）作用

明沟可将屋面雨水有组织地导向集水井，排入地下排水道。

2）坡度

明沟纵向坡度不小于1%。

3）构造做法

明沟可用混凝土、砖、块石等材料砌筑，通常用混凝土浇筑成宽 180mm、深 150mm的沟槽，外抹水泥砂浆。

5. 门窗过梁

门窗过梁是指门窗洞口上的横梁，其作用是支撑洞口上砌体的重量和搁置在洞口砌体上的梁、板传来的荷载，并将这些荷载传递给墙体。

过梁的种类较多，目前常用的有砖砌平拱过梁、钢筋砖过梁和钢筋混凝土过梁三类。

1）砖砌平拱过梁

砖砌平拱过梁又称平碹，是我国砖石工程中的一种传统做法，它是用砖立砌或侧砌成对称于中心而倾向两边的拱（图 3.9）。

图 3.9　砖砌平拱

（1）构造做法

① 砌筑　砖立砌或侧砌。

② 伸入长度　两端伸入墙内 20～30mm。

③ 灰缝　灰缝上宽下窄，最宽不大于 20mm，最窄不小于 5mm。

④ 起拱　中部砖块提高约为跨度的 1/100，待受力下陷后恰成水平。

（2）跨度和高度

砖砌平拱过梁的跨度一般为 1.5m 以下，过梁的高度不应小于 240mm。

（3）注意事项

① 砖砌平拱过梁的洞口两侧均应有一定宽度的砌体，以承受拱传来的水平推力。

② 砖砌平拱过梁不得用于有较大振动荷载或地基可能产生不均匀沉陷的房屋。

2）钢筋砖过梁

钢筋砖过梁是在砖缝内配置钢筋的砖平砌过梁（图 3.10）。

（1）构造做法

① 砌筑　过梁底的第一皮砖以丁砌为宜，用不低于 M5 的砂浆砌筑。

② 钢筋　每 120mm 墙厚不少于 1ϕ5 的钢筋常放在第一皮砖下的砂浆层内，砂浆厚 30mm；钢筋伸入墙内至少 240mm，并加弯钩。

（2）跨度和高度

钢筋砖过梁的跨度一般为 2m 以下，过梁的高度不应小于 5 皮砖，同时不小于洞口跨度的 1/5。

3）钢筋混凝土过梁

当门窗洞口的宽度较大或洞口上出现集中荷载时，常采用钢筋混凝土过梁（图 3.11）。

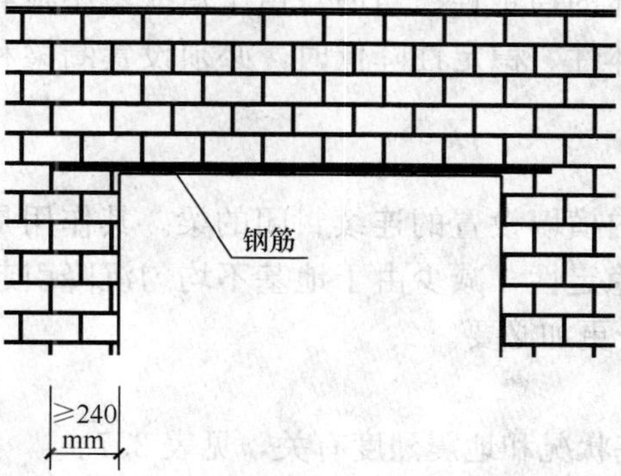

图 3.10　钢筋砖过梁

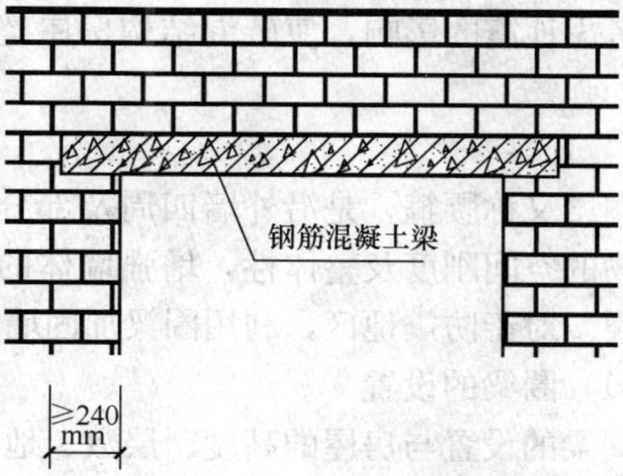

图 3.11　钢筋混凝土过梁

（1）种类

钢筋混凝土过梁根据施工方法的不同可分为现浇和预制两种，截面常见的形式有矩形和 L 形。

（2）高度和宽度

梁宽应与墙厚相适应，梁高与砖的皮数相配合，常采用 60mm、120mm、180mm、240mm等。

（3）支撑长度

过梁两端伸入墙内的长度不应小于 240mm。

6. 窗台

1）作用

窗台的作用是防止雨水沿窗台下的砖缝侵入墙身或透进室内。

2）类型

窗台按材料的不同有砖砌窗台和预制混凝土窗台之分；按所处的位置不同有外窗台和内窗台之别；按砖砌窗台施工方法不同有平砌和侧砌两种。

3）构造做法

① 窗台宜挑出墙面 60mm 左右；

② 窗台应形成一定的坡度，窗台坡度可用斜砌的砖形成或用抹灰形成；

③ 混水窗台须抹出滴水槽或滴水斜面。

4）窗台的立面处理

（1）腰线

将几扇窗或所有的窗台线联系在一起处理形成腰线。

（2）窗套

将窗台沿窗扇四周挑出形成窗套。

7. 圈梁和构造柱

在多层砖混结构房屋中，墙体常常不是孤立的，它的四周一般均与左右垂直墙体及上下楼板层或屋顶相互联系，以增加墙体的稳定性。当墙身由于承受集中荷载、开洞和考虑地震的影响，使砖混结构房屋整体性、稳定性降低时，必须设置圈梁和构造柱来加强。

1）圈梁

圈梁又称腰箍，是沿外墙四周及部分内横墙设置的连续封闭的梁。其作用是提高建筑物的空间刚度及整体性，增强墙体的稳定性，减少由于地基不均匀沉降引起的墙身开裂。对于防震地区，利用圈梁加固墙身更加必要。

（1）圈梁的设置

圈梁的设置与房屋的高度、层数、地基状况和地震烈度有关，见表 3.7。

表 3.7 砖房现浇钢筋混凝土圈梁设置要求

墙　类	烈　度		
	6、7	8	9
外墙和内纵墙	屋盖处及每层楼盖处	屋盖处及每层楼盖处	屋盖处及每层楼盖处
内横墙	屋盖处及每层楼盖处；屋盖处间距不应大于 7m；楼盖处间距不应大于 15m；构造柱对应部位	屋盖处及每层楼盖处；屋盖处沿所有横墙，且间距不应大于 7m；楼盖处间距不应大于 7m；构造柱对应部位	屋盖处及每层楼盖处；各层所有横墙

圈梁的位置与数量有关。当只设一道时应在屋盖附近；增设时应与预制板设在同一标高处或紧靠板底，必要时圈梁可兼作过梁。

（2）附加圈梁的设置

圈梁连续地设在同一水平面上，并形成封闭状。当圈梁被门窗过梁截断时，应在洞口上面增设相同截面的附加圈梁。附加圈梁与圈梁的搭接长度不应小于其垂直间距的 2 倍，且不得小于 1m（图 3.12）。

（3）圈梁的尺寸

圈梁的宽度宜与墙厚相同，圈梁的截面高度不应小于 120mm。

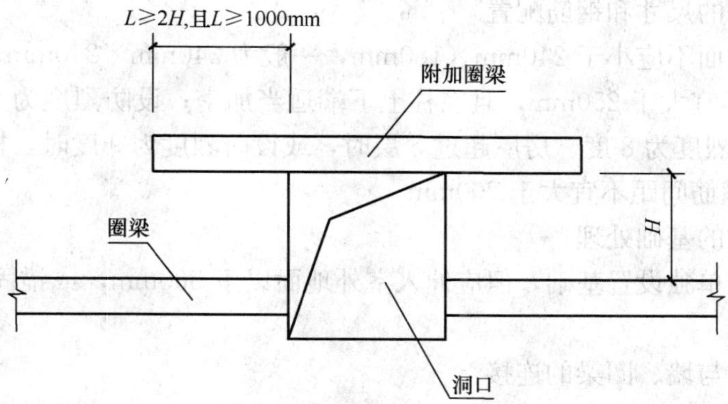

图 3.12　附加圈梁的设置

(4) 圈梁的配筋要求

圈梁的配筋要求见表 3.8。

表 3.8　圈梁的配筋要求

配　筋	地　震　烈　度		
	6、7	8	9
最小纵筋	4ϕ10	4ϕ12	4ϕ14
最大箍筋间距/mm	250	200	150

2) 构造柱

圈梁是在水平方向将楼板和墙体箍住，构造柱则是从竖向加强层与层间墙体的连接。构造柱和圈梁共同形成空间骨架，以增强房屋的整体刚度，提高墙体抵抗变形的能力，做到裂而不倒。

(1) 构造柱的设置

在砖混结构的房屋中，应按表 3.9 的要求设置钢筋混凝土构造柱。对医院、教学楼等横墙较少的房屋，外廊式和单面走廊式的多层房屋，应根据房屋增加一层后的层数执行。

表 3.9　砖墙构造柱的设置部位

不同的地震烈度对应的房屋层数				设　置　部　位	
6	7	8	9		
4、5	3、4	2、3		外墙四角，错层部位横墙与外纵墙交接处，大房间内外墙交接处，较大洞口两侧	地震烈度为 7、8 度时，楼、电梯间的四角 隔 15m 或单元横墙与外纵墙交接处
6、7	5	4	2		隔开间横墙（轴线）与外墙交接处，山墙与内纵墙交接处 地震烈度为 7～9 度时，楼、电梯间的四角
8	6、7	5、6	3、4		内墙（轴线）与外墙交接处，内墙的局部较小墙垛处 地震烈度为 7～9 度时，楼、电梯间的四角 地震烈度为 9 度时内纵墙与横墙（轴线）交接处

(2) 构造柱的尺寸和钢筋配置

构造柱的截面不应小于 240mm×180mm，一般为 240mm×240mm。纵向钢筋宜采用 4ϕ12，间距不宜大于 250mm，且在柱上下端适当加密；设防烈度为 7 度、房屋超过 6 层时，或设防烈度为 8 度、房屋超过 5 层时，或设防烈度为 9 度时，构造柱纵向钢筋宜采用 4ϕ12，箍筋间距不宜大于 200mm。

(3) 构造柱的基础处理

构造柱可不单独设置基础，但应伸入室外地面以下 500mm，或锚固于浅于 500mm 的基础圈梁之内。

(4) 构造柱与墙、圈梁的连接

构造柱与墙连接处应砌成马牙槎，并应沿墙高每隔 500mm 设 2ϕ6 拉结筋，且每边伸入墙内不宜小于 1m。

构造柱与圈梁连接处，构造柱的纵筋应穿过圈梁，保证构造柱纵筋上下贯通。

(5) 构造柱的施工要求

构造柱施工时必须先砌墙，随着墙体的上升而逐段现浇钢筋混凝土构造柱。

3.3 砖混结构房屋的主要建筑材料与施工机具

砖墙是用砂浆把砖按一定规律砌筑而成的砌体。因此，砖和砂浆是砖砌体的主要材料。

砖是砌筑用的小型块材，按生产工艺可分为烧结砖和非烧结砖；按砖的孔洞率、孔的尺寸大小和数量可分为普通砖、多孔砖和空心砖。

砖的强度等级是根据其抗压强度和抗折强度测定的，共分为 MU30、MU25、MU20、MU15、MU10 五个强度等级。

3.3.1 普通砖

1. 普通砖材料（略）

2. 墙厚名称

墙厚的名称习惯以砖长的倍数来称呼，根据砖块的尺寸和数量可组合成不同厚度的墙体，见表 3.10。

表 3.10 墙厚名称

墙厚名称	习惯称呼	标志尺寸/mm	构造尺寸/mm	墙厚名称	习惯称呼	标志尺寸/mm	构造尺寸/mm
半砖墙	12 墙	120	115	一砖半墙	37 墙	370	365
3/4 砖墙	18 墙	180	178	二砖墙	49 墙	490	490
一砖墙	24 墙	240	240	二砖半墙	62 墙	620	615

3. 砖墙的承载力

砖墙的承载力取决于砖和砂浆的强度。砖的强度在砖墙承载力中的作用比砂浆的作用大，在工程实践中易优先采用提高砖的强度的办法来提高砌体的强度。

4. 砖墙的材料选用

砖墙所用的砖和砂浆，主要应根据承载能力、耐久性以及保温、隔热等要求选择。要根据各地可能提供的砖和砂浆材料，按技术经济指标较好、符合施工条件的原则确定。

对于一般房屋，承重墙用的砖，强度等级常采用MU10、MU7.5；砂浆一般采用M5、M7.5；受力较大的部位可采用M10。

3.3.2 砌筑砂浆

1. 砂浆的分类

砂浆是由胶凝材料（水泥、石灰、石膏等）、填充材料（砂、矿渣等）和水所组成的混合物。与混凝土相比，砂浆又称为无粗骨料混凝土。

砌筑砂浆的作用是将分散的砖块胶结为整体，使砖块垫平，将砖块间的空隙填塞密实，便于上层砖块所承受的荷载能传递至下层砖块，以保证砌体的强度，同时也能提高砖墙砌体的稳定性和抗震性。

根据用途，砂浆分为砌筑砂浆、抹面砂浆、装饰砂浆及特种砂浆。

根据胶结材料的不同可分为水泥砂浆、石灰砂浆、混合砂浆和聚合物水泥砂浆等。

2. 砂浆的强度等级

砂浆的强度等级是根据砂浆立方体抗压强度测定的，共分为M15、M10、M7.5、M5、M2.5五个等级。

3. 砂浆的配合比计算

砂浆初步配合比可通过查有关资料或手册来选取，或通过计算来获得，然后再进行试拌调整。砂浆的配合比以质量比表示。

砌筑砂浆配合比设计应满足以下基本要求：

① 砂浆拌和物的和易性应满足施工要求，且拌和物的体积密度应满足：水泥砂浆不小于1900kg/m^3；水泥混合砂浆不小于1800kg/m^3。

② 砌筑砂浆的强度、耐久性应满足设计要求。

③ 水泥砂浆的最小水泥用量不宜小于200kg/m^3。

④ 应经济、合理，水泥及掺和料的用量应较少。

3.3.3 主要施工工具和机具

1. 砌体砌筑主要工机具

1）主要砌筑工具

砖混结构墙体的砌筑工具主要有瓦刀、斗车、砖笼、料斗、灰斗、灰桶、大铲、灰板、摊灰尺、溜子、抿子、刨锛、钢凿、手锤等。

2）砌筑时的备料工具

砌筑时的备料工具主要有砖夹、筛子、锹（铲）等。

3）砌筑时的检测工具

砌筑时的检测工具主要有钢卷尺、靠尺、托线板、水平尺、塞尺、线锤、百格网、方尺、皮数杆。

2. 混凝土施工工机具

有关混凝土施工需要的工具、机具详见混凝土工程结构施工，这里不再赘述。

3.3.4 砖混结构施工用脚手架

砖混结构房屋施工用脚手架主要是扣件式钢管脚手架，也可以采用碗扣式脚手架、门型脚手架等。

1. 扣件式钢管脚手架

1）扣件式钢管脚手架的一般构造要求

① 施工中不允许超过设计荷载。

② 小横杆、大横杆和立杆是传递垂直荷载的主要构件。而剪力撑、斜撑和连墙件主要保证脚手架的整体刚度和稳定性，并且加强抵抗垂直和水平作用的能力。连墙件承受全部的风荷载。扣件则是架子组成整体的连接件和传力件。

③ 立杆采用 4m、6m 两种长度错开搭接。

2）扣件式钢管脚手架使用材料

① 钢管宜采用力学性能适中的 Q235A（3 号）钢，其力学性能应符合国家现行标准《碳素结构钢》（GB 700—1989）中 Q235A 钢的规定。所有现场脚手架的搭设材料进场后都进行材料复试，合格后方可使用，并应有材质检验合格证。

② 钢管选用外径 48mm，壁厚 3.5mm 的焊接钢管。立杆、大横杆和斜杆的最大长度为 6m，小横杆长度为 1.5m。

③ 根据《可铸铁分类及技术条件》（GB 978—1967）的规定，扣件采用机械性能不低于 KTH330-08 的可锻铸铁制造。铸件不得有裂纹、气孔，不宜有缩松、砂眼、浇冒口残余、披缝，毛刺、氧化皮等应清除干净。

④ 扣件与钢管的贴合面必须严格整形，应保证与钢管扣紧时接触良好，当扣件夹紧钢管时，开口处的最小距离应不小于 5mm。

⑤ 扣件活动部位应能灵活转动，旋转扣件的两旋转面间隙应小于1mm。

⑥ 扣件表面应进行防锈处理。

⑦ 脚手板采用松木板制作，厚度不小于50mm，宽度不大于200mm，长度为4～6m，脚手板不得有开裂、腐朽。脚手板的两端应采用直径为4mm的镀锌钢丝各设两道箍。

⑧ 钢管及扣件报废标准：钢管弯曲、压扁、有裂纹或严重锈蚀；扣件有脆裂、变形、滑扣应报废和禁止使用。

⑨ 外架钢管采用金黄色，栏杆采用红白相间色，扣件刷暗红色防锈漆。

2. 碗扣式钢管脚手架

① 碗扣节点构成　碗扣式脚手架由上碗扣、下碗扣、立杆、横杆接头和上碗扣限位销组成。

② 脚手架立杆碗扣节点应按0.6m模数设置。

③ 立杆上应设有接长用套管及连接销孔。

④ 构、配件种类、规格及用途见表3.11。

表3.11　碗扣式脚手架主要构、配件种类、规格及用途

名称	型号	规格	市场重量/kg	设计重量/kg
立杆	LG-120	ϕ48×3.5×1200	7.41	7.05
	LG-180	ϕ48×3.5×1800	10.67	10.19
	LG-240	ϕ48×3.5×2400	14.02	13.34
	LG-300	ϕ48×3.5×3000	17.31	16.48
横杆	LG-30	ϕ48×3.5×300	1.67	1.32
	LG-60	ϕ48×3.5×600	2.82	2.47
	LG-90	ϕ48×3.5×900	3.97	3.63
	LG-120	ϕ48×3.5×1200	5.12	4.78
	LG-150	ϕ48×3.5×1500	6.28	5.93
	LG-180	ϕ48×3.5×1800	7.43	7.08
间横杆	JHG-90	ϕ48×3.5×900	5.28	4.37
	JHG-120	ϕ48×3.5×1200	6.43	5.52
	JHG-120＋30	ϕ48×3.5×(1200＋300)	7.74	6.85
	JHG-120＋60	ϕ48×3.5×(1200＋600)	9.69	8.16
专用斜杆	XG-0912	ϕ48×3.5×150	7.11	6.33
	XG-1212	ϕ48×3.5×170	7.87	7.03
	XG-1218	ϕ48×3.5×2160	9.66	8.66
	XG-1518	ϕ48×3.5×2340	10.34	9.30
	XG-1818	ϕ48×3.5×2550	11.13	10.04

续表

名称	型号	规格	市场重量/kg	设计重量/kg
专用斜杆	ZXG-0912	ϕ48×3.5×1270		5.89
	ZXG-1212	ϕ48×3.5×1500		6.76
	ZXG-1218	ϕ48×3.5×1920		8.73
十字撑	XZC-0912	ϕ48×2.5×1390		4.72
	XZC-1212	ϕ48×2.5×1560		5.31
	XZC-1218	ϕ48×2.5×2060		7
	TL-30	宽度 300	1.68	1.53
	TL-60	宽度 600	9.30	5.60
	LLX	ϕ12		0.18
	KTZ-45	可调范围≤300		5.82
	KTZ-60	可调范围≤450		7.12
	KTZ-75	可调范围≤600		8.5
	KTC-45	可调范围≤300		7.01
	KTC-60	可调范围≤450		8.31
	KTC-75	可调范围≤600		9.69
	JB-120	1200×270		12.8
	JB-150	1500×270		15
	JB-180	1800×270		17.9
	JT-225	2546×530		34.7

⑤ 构、配件材料及制作要求如下：

- 碗扣式脚手架用钢管应采用符合现行国家标准《直缝电焊钢管》(GB/T 13793—92)或《低压流体输送用焊接钢管》(GB/T 3092)中的Q235A级普通钢管，其材质性能应符合现行国家标准《碳素结构钢》(GB/T 700)的规定。
- 碗扣架用钢管规格为ϕ48×3.5mm，钢管壁厚不得小于3.5～0.025mm。
- 上碗扣、可调底座及可调托撑螺母应采用可锻铸铁或铸钢制造，其材料机械性能应符合GB 9440中KTH 330-08及GB 11352中ZG 270—500的规定。
- 下碗扣、横杆接头、斜杆接头应采用碳素铸钢制造，其材料机械性能应符合GB 11352中ZG 230—450的规定。
- 采用钢板热冲压整体成形的下碗扣，钢板应符合GB700标准中Q235A级钢的要求，板材厚度不得小于6mm，并经600～650℃的时效处理。严禁利用废旧锈蚀钢板改制。
- 立杆连接外套管壁厚不得小于3.5～0.025mm，内径不大于50mm，外套管长度不得小于160mm，外伸长度不小于110mm。
- 杆件的焊接应在专用工装上进行，各焊接部位应牢固可靠，焊缝高度不小于3.5mm，其组焊的形位公差应符合表3.12的要求。

• 立杆上的上碗扣应能上下串动和灵活转动，不得有卡滞现象；杆件最上端应有防止上碗扣脱落的措施。

• 立杆与立杆连接的连接孔处应能插入 ϕ12mm 连接销。

• 在碗扣节点上同时安装 1～4 个横杆，上碗扣均应能锁紧。

表 3.12 杆件组焊形位公差要求

序 号	项 目	允许偏差/mm
1	杆件管口平面与钢管轴线垂直度	0.5
2	立杆下碗扣间距	±1
3	下碗扣碗口平面与钢管轴线垂直度	≤1
4	接头的接触弧面与横杆轴心垂直度	≤1
5	横杆两接头接触弧面的轴心线平行度	≤1

• 构配件外观质量要求：

钢管应无裂纹、凹陷、锈蚀，不得采用接长钢管；

铸造件表面应光整，不得有砂眼、缩孔、裂纹、浇冒口残余等缺陷，表面黏砂应清除干净；

冲压件不得有毛刺、裂纹、氧化皮等缺陷；

各焊缝应饱满，焊药清除干净，不得有未焊透、夹砂、咬肉、裂纹等缺陷；

构配件防锈漆涂层应均匀、牢固；

主要构、配件上的生产厂标识应清晰。

可调底座及可调托撑丝杆与螺母捏合长度不得少于 4～5 扣，插入立杆内的长度不得小于 150mm。

3. 竹、木脚手架

1）杉篙

以扒皮杉篙和其他坚韧的圆木为标准。标准的立杆、顺水杆、斜撑杆、剪刀撑杆的杆长为 4～10m，小头有效直径不得小于 8cm。不得使用杨木、柳木、桦木、椴木、油松和有腐朽、枯节、劈裂缺陷的木杆。

2）绑扎材料

木脚手架节点处绑扎应采用 8 号镀锌铁丝，某些受力不大的脚手架，也可用 10 号镀锌铁丝。无镀锌铁丝时，也可用直径 4mm 的钢丝代替，但使用前应进行回火处理。铁丝不得作为钢管脚手架的绑扎材料。

3）木质排木

长度以 2～3m 为标准，其小头有效直径不得小于 9cm。

4）木质脚手板

脚手板可采用钢、木材料两种，每块重量不宜大于 30kg。木脚手板应采用杉木或松木制作，长度为 2～6m，厚 5cm，宽 23～25cm。不得使用腐朽、有裂缝、有斜纹及大横透节的板材。两端应设直径为 4mm 的镀锌钢丝箍两道。

4. 脚手架荷载

作用于脚手架和模板支架上的荷载，可分为永久荷载（恒荷载）和可变荷载（活荷载）两类。

脚手架的永久荷载，一般包括：

① 组成脚手架结构的杆系自重，包括立杆，纵向横杆、横向横杆、斜杆、水平斜杆、八字斜杆、十字撑等的自重。

② 配件重量，包括脚手板、栏杆、挡脚板、安全网等防护设施及附加构件的自重，设计脚手架时，其荷载应根据脚手架实际架设情况进行计算。

脚手架的可变荷载，包括下列荷载：

① 脚手架的施工荷载，脚手架作业层上的操作人员、器具及材料等的重量。

② 风荷载。

模板支架的永久荷载，一般包括：

① 作用在模板支架上的结构荷载，包括新浇筑混凝土、钢筋、模板、支撑梁（楞）等的自重。

② 组成模板支架结构的杆系自重，包括立杆、纵向及横向水平杆、水平及垂直斜撑等的自重。

③ 配件自重，根据工程情况确定，包括脚手板、栏杆、挡脚板、安全网等防护设施及附加构件的自重。

模板支架的可变荷载，包括：

① 施工人员及施工设备荷载。

② 振捣混凝土时产生的荷载。

5. 结构设计计算

1）基本设计规定

① 结构设计依据《建筑结构设计统一标准》（GBJ 68—1984）、《建筑结构荷载规范》（GB 5009—2001）和《钢结构设计规范》（GB 50017—2003）及《冷弯薄壁型钢结构技术规范》（GB 50018—2002）等标准的规定。采用概率理论为基础的极限状态设计法，以分项系数的设计表达式进行设计。

② 脚手架的结构设计应保证整体结构形成几何不变体系，以“结构计算简图”为依据进行结构计算。脚手架立、横、斜杆组成的节点视为“铰接”。

③ 脚手架立、横杆构成网格体系几何不变条件应保证（满足）网格的每层有一根斜杆（图 3.13）。

④ 模板支撑架（满堂架）几何不变条件应保证（是）沿立杆轴线（包括平面 x、y 两个方向）的每行每列网格结构竖向每层有一根斜杆（图 3.14），也可采用侧面增加链杆与结构柱、墙相连（图 3.15）或采用格构柱法（图 3.16）。

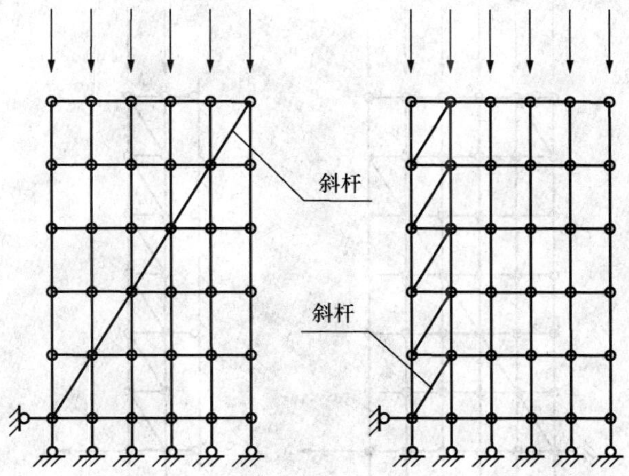

图 3.13　网络结构几何不变条件

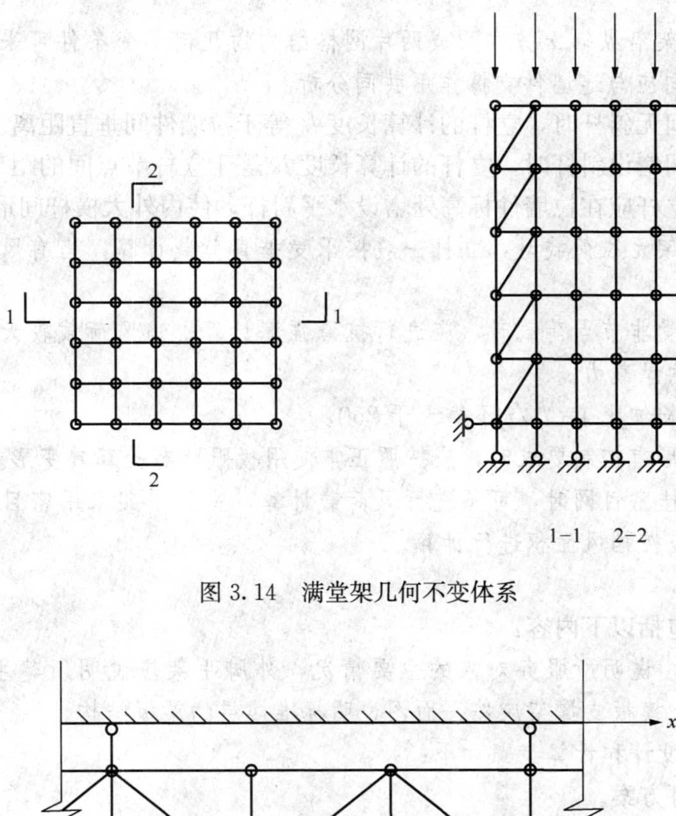

图 3.14　满堂架几何不变体系

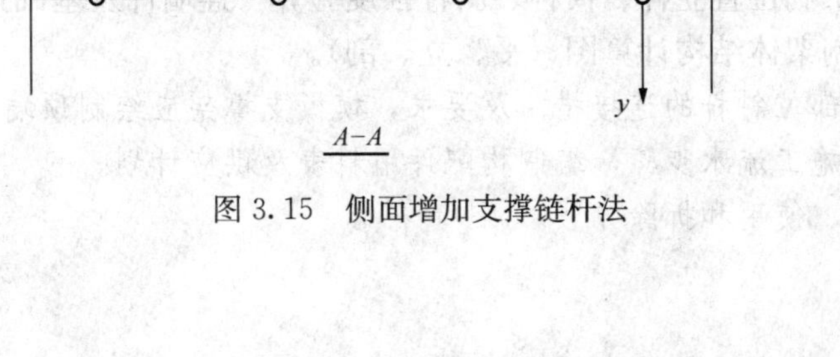

图 3.15　侧面增加支撑链杆法

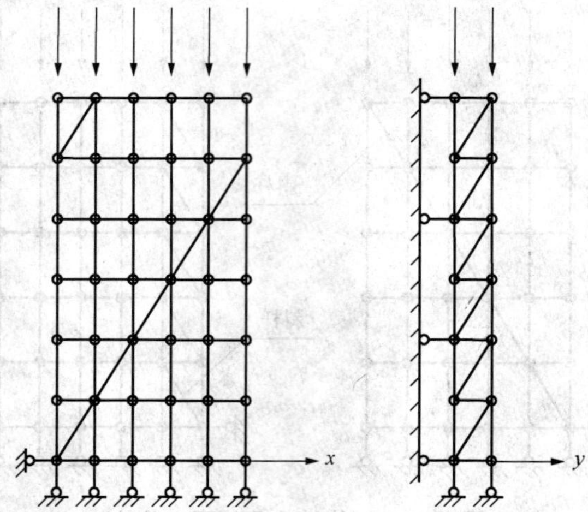

图 3.16　格构柱法

⑤ 双排脚手架沿纵轴 x 方向形成两片网格结构的几何不变条件可采用每层设一根斜杆，在 y 轴方向应与连墙件支撑作用共同分析。

- 当两立杆间无斜杆时，立杆的计算长度 l_0 等于拉墙件间垂直距离。
- 当两立杆间增设斜杆时，立杆的计算长度 l_0 等于立杆节点间的距离。
- 无拉墙件立杆应在拉墙件标高处增设水平斜杆，使内外大横杆间形成水平桁架。

⑥ 双排脚手架无风荷载时，立杆一般按承受垂直荷载计算，当有风荷载时按压弯构件计算。

⑦ 当横杆承受非节点荷载时，应进行抗弯强度计算；当风荷载较大时，应验算连接斜杆两端扣件的承载力。

⑧ 所有杆件长细比 $\lambda = l_0/i$ 不得大于 250。

⑨ 当杆件变形有控制要求时，应按照正常使用极限状态验算其变形。

⑩ 脚手架不挂密目网时，可不进行风荷载计算；当脚手架采用密目安全网或其他方法封闭时，则应按挡风面积进行计算。

2）施工设计

施工设计应包括以下内容：

① 工程概况，说明所服务对象的主要情况，外脚手架应说明所建主体结构高度、平面形状及尺寸；模板支撑架应按平面图说明标准楼层的梁板结构。

② 架体结构设计和计算步骤如下：

第一步：制订方案。

第二步：荷载计算。

第三步：最不利位置立杆、横杆、斜杆强度验算，连墙件及基础强度验算。

第四步：绘制架体结构计算图（平、立、剖）。

③ 确定各个部位斜杆的连接措施及要求，模板支撑架应绘制顶端节点构造图。

④ 说明结构施工流水步骤，编制构配件用料表及供应计划。

⑤ 架体搭设、使用和拆除方法。

⑥ 保证质量安全的技术措施。

架体的构造设计尚应符合有关规定。

6. 构造要求

1）双排外脚手架

① 双排脚手架应根据使用条件及荷载要求选择结构设计尺寸，横杆步距宜选用1.8m，廊道宽度（横距）宜选用1.2m，立杆纵向间距可选择不同规格的系列尺寸。

② 曲线布置的双排外脚手架组架时，应按曲率要求使用不同长度的内外横杆组架，曲率半径应大于2.4m。

③ 双排外脚手架拐角为直角时，宜采用横杆直接组架［图3.17（a）］；拐角为非直角时，可采用钢管扣件组架［图3.17（b）］。

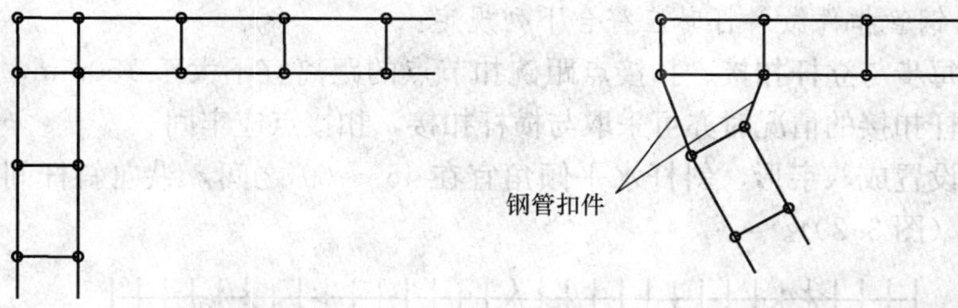

图3.17　拐角组架

④ 脚手架首层立杆应采用不同的长度交错布置，底部横杆（扫地杆）严禁拆除，立杆应配置可调底座（图3.18）。

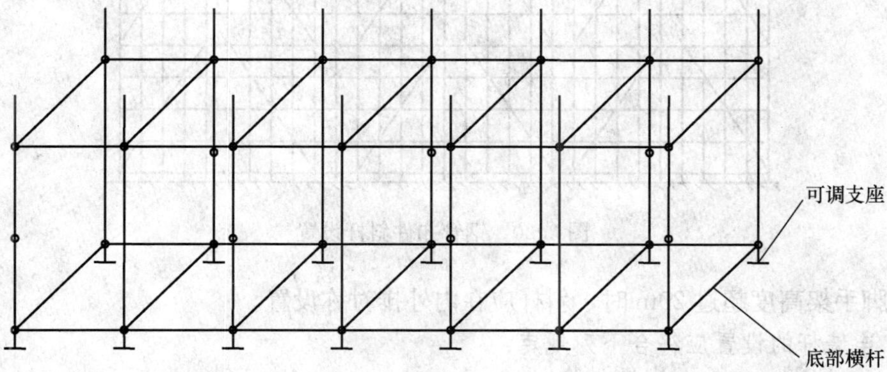

图3.18　首层立杆布置

⑤ 脚手架专用斜杆设置应符合下列规定：

- 斜杆应设置在有纵向及廊道横杆的碗扣节点上。
- 脚手架拐角处及端部必须设置竖向通高斜杆（图3.19）。
- 脚手架高度不大于20m时每隔5跨设置一组竖向通高斜杆，脚手架高度大于20m时每隔3跨设置一组竖向通高斜杆，斜杆必须对称设置（图3.19）。
- 斜杆临时拆除时，应调整斜杆位置，并严格控制同时拆除的根数。

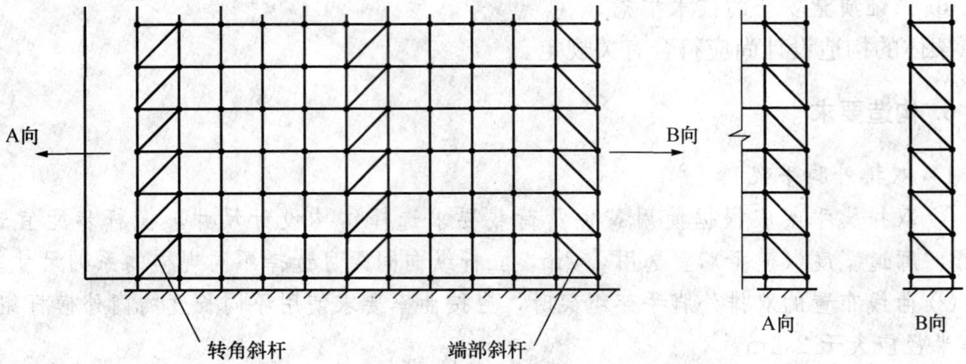

图 3.19　专用斜杆设置

⑥ 当采用钢管扣件做斜杆时应符合下列规定：

• 斜杆应每步与立杆扣接，扣接点距碗扣节点的距离宜不大于 150mm，当出现不能与立杆扣接的情况时亦可采取与横杆扣接，扣接点应牢固。

• 斜杆宜设置成八字形，斜杆水平倾角宜在 45°～60°之间，纵向斜杆间距可间隔 1～2跨（图 3.20）。

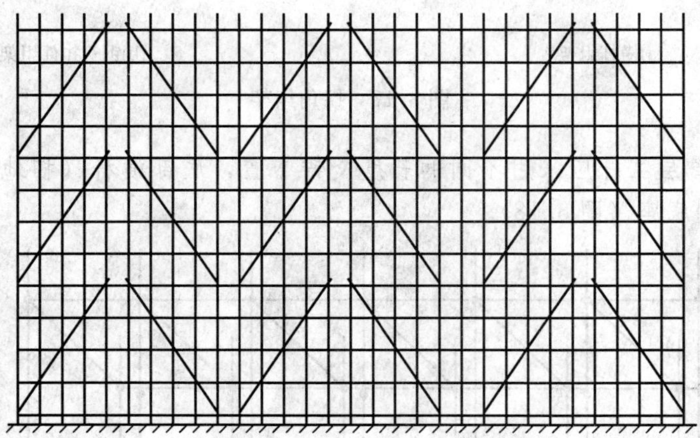

图 3.20　钢管扣件斜杆设置

• 脚手架高度超过 20m 时，斜杆应在内外排对称设置。

⑦ 连墙杆的设置应符合下列规定：

• 连墙杆与脚手架立面及墙体应保持垂直，每层连墙杆应在同一平面，水平间距应不大于 4 跨。

• 连墙杆应设置在有廊道横杆的碗扣节点处，采用钢管扣件做连墙杆时，连墙杆应采用直角扣件与立杆连接，连接点距碗扣节点距离应不大于 150mm。

• 连墙杆必须采用可承受拉、压荷载的刚性结构。

⑧ 当连墙件竖向间距大于 4m 时，连墙件内外立杆之间必须设置廊道斜杆或十字撑（图 3.21）。

⑨ 当脚手架高度超过 20m 时，上部 20m 以下的连墙杆水平处必须设置水平斜杆。

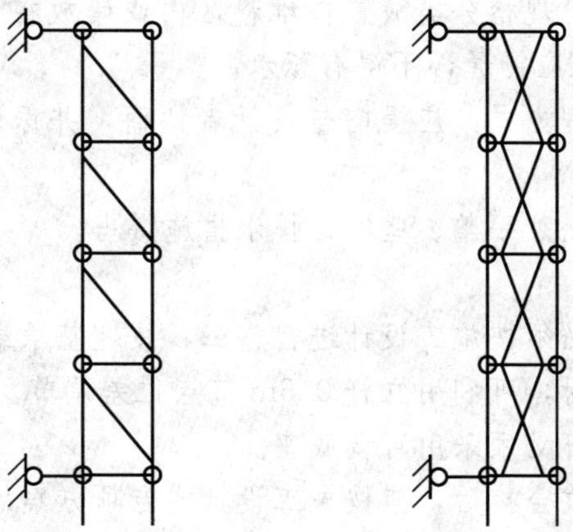

图 3.21 廊道斜杆及十字撑设置示意图

⑩ 脚手板设置应符合下列规定：

- 钢脚手板的挂钩必须完全落在廊道横杆上，并带有自锁装置，严禁浮放。
- 平放在横杆上的脚手板，必须与脚手架连接牢靠，可适当加设中间横杆，脚手板探头长度应小于 150mm。
- 作业层的脚手板框架外侧应设挡脚板及防护栏，护栏应采用二道横杆。

⑪ 人行坡道坡度可为 1∶3，并在坡道脚手板下增设横杆，坡道可折线上升（图 3.22）。

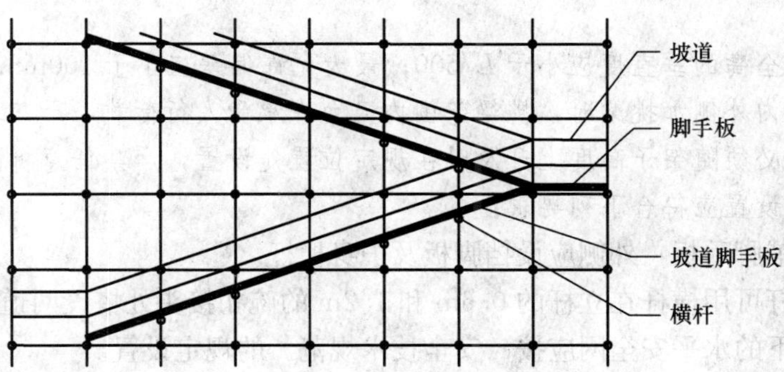

图 3.22 人行坡道设置

⑫ 人行梯架应设置在尺寸为 1.8m×1.8m 的脚手架框架内，梯子宽度为廊道宽度的 1/2，梯架可在一个框架高度内折线上升。梯架拐弯处应设置脚手板及扶手。

7. 搭设与拆除

1）施工准备

① 脚手架施工前必须制订施工设计或专项方案，保证其技术可靠和使用安全。经技术审查批准后方可实施。

② 脚手架搭设前工程技术负责人应按脚手架施工设计或专项方案的要求对搭设和使用人员进行技术交底。

③ 对进入现场的脚手架构配件，使用前应对其质量进行复检。

④ 构配件应按品种、规格分类放置在堆料区内或码放在专用架上，清点好数量备用。脚手架堆放场地排水应畅通，不得有积水。

⑤ 连墙件如采用预埋方式，应提前与设计者协商，并保证预埋件在混凝土浇筑前埋入。

⑥ 脚手架搭设场地必须平整、坚实、排水措施得当。

2）地基与基础处理

① 脚手架地基基础必须按施工设计进行施工，按地基承载力要求进行验收。

② 地基高低差较大时，可利用立杆 0.6m 节点位差调节。

③ 土壤地基上的立杆必须采用可调底座。

④ 脚手架基础经验收合格后，应按施工设计或专项方案的要求放线定位。

3）脚手架搭设

① 底座和垫板应准确地放置在定位线上；垫板宜采用长度不少于 2 跨，厚度不小于 50mm 的木垫板；底座的轴心线应与地面垂直。

② 脚手架搭设应按立杆、横杆、斜杆、连墙件的顺序逐层搭设，每次上升高度不大于 3m。底层水平框架的纵向直线度应不大于 $L/200$；横杆间水平度应不大于 $L/400$。

③ 脚手架的搭设应分阶段进行，第一阶段的撂底高度一般为 6m，搭设后必须经检查验收后方可正式投入使用。

④ 脚手架的搭设应与建筑物的施工同步上升，每次搭设高度必须高于即将施工楼层 1.5m。

⑤ 脚手架全高的垂直度应小于 $L/500$；最大允许偏差应小于 100mm。

⑥ 脚手架内外侧加挑梁时，挑梁范围内只允许承受人行荷载，严禁堆放物料。

⑦ 连墙件必须随架子高度上升及时在规定位置处设置，严禁任意拆除。

⑧ 作业层设置应符合下列要求：

• 必须满铺脚手板，外侧应设挡脚板及护身栏杆。

• 护身栏杆可用横杆在立杆的 0.6m 和 1.2m 的碗扣接头处搭设两道。

• 作业层下的水平安全网应按《安全技术规范》的规定设置。

⑨ 采用钢管扣件做加固件、连墙件、斜撑时，应符合《建筑施工扣件式钢管脚手架安全技术规范》(JGJ 130—2002) 的有关规定。

⑩ 脚手架搭设到顶时，应组织技术、安全、施工人员对整个架体结构进行全面的检查和验收，及时解决存在的结构缺陷。

4）脚手架拆除

① 应全面检查脚手架的连接、支撑体系等是否符合构造要求，经按技术管理程序批准后方可实施拆除作业。

② 脚手架拆除前现场工程技术人员应对在岗操作工人进行有针对性的安全技术交底。

③ 脚手架拆除时必须划出安全区，设置警戒标志，派专人看管。

④ 拆除前应清理脚手架上的器具及多余的材料和杂物。

⑤ 拆除作业应从顶层开始，逐层向下进行，严禁上下层同时拆除。

⑥ 连墙件必须拆到该层时方可拆除，严禁提前拆除。

⑦ 拆除的构配件应成捆用起重设备吊运或人工传递到地面，严禁抛掷。

⑧ 脚手架采取分段、分立面拆除时，必须事先确定分界处的技术处理方案。

⑨ 拆除的构配件应分类堆放，以便于运输、维护和保管。

5）模板支撑架的搭设与拆除

① 模板支撑架搭设应与模板施工相配合，利用可调底座或可调托撑调整底模标高。

② 按施工方案弹线定位，放置可调底座后分别按先立杆后横杆再斜杆的搭设顺序进行。

③ 建筑楼板多层连续施工时，应保证上下层支撑立杆在同一轴线上。

④ 搭设在结构的楼板、挑台上时，应对楼板或挑台等结构承载力进行验算。

⑤ 模板支撑架拆除应符合《混凝土结构工程施工质量验收规范》（GB 50204—2002）中混凝土强度的有关规定。

⑥ 架体拆除时应按施工方案设计的拆除顺序进行。

8. 检查与验收

① 进入现场的碗扣架构配件应具备以下证明资料：

• 主要构配件应有产品标识及产品质量合格证。

• 供应商应配套提供管材、零件、铸件、冲压件等材质、产品性能检验报告。

② 构配件进场质量检查的重点：钢管管壁厚度；焊接质量；外观质量；可调底座和可调托撑丝杆直径、与螺母配合间隙及材质。

③ 脚手架搭设质量应按阶段进行检验。

• 首段以高度为6m进行第一阶段（撂底阶段）的检查与验收。

• 架体应随施工进度定期进行检查，达到设计高度后进行全面的检查与验收。

• 遇6级以上大风、大雨、大雪后特殊情况的检查。

• 停工超过一个月恢复使用前的检查。

④ 对整体脚手架应重点检查以下内容：

• 保证架体几何不变性的斜杆、连墙件、十字撑等设置是否完善。

• 基础是否有不均匀沉降，立杆底座与基础面的接触有无松动或悬空情况。

• 立杆上碗扣是否可靠锁紧。

• 立杆连接销是否安装、斜杆扣接点是否符合要求、扣件拧紧程度是否合适。

⑤ 搭设高度在20m以下（含20m）的脚手架，应由项目负责人组织技术、安全及监理人员进行验收；对于高度超过20m的脚手架，超高、超重、大跨度的模板支撑架，应由其上级安全生产主管部门负责人组织架体设计及监理等人员进行检查验收。

⑥ 脚手架验收时，应具备下列技术文件：

• 施工组织设计及变更文件。

• 高度超过20m的脚手架的专项施工设计方案。

• 周转使用的脚手架构配件使用前的复验合格记录。

• 搭设的施工记录和质量检查记录。

⑦ 高度大于 8m 的模板支撑架的检查与验收要求与脚手架相同。

9. 安全管理与维护

① 作业层上的施工荷载应符合设计要求，不得超载，不得在脚手架上集中堆放模板、钢筋等物料。

② 混凝土输送管、布料杆及塔架拉结缆风绳不得固定在脚手架上。

③ 大模板不得直接堆放在脚手架上。

④ 遇 6 级及以上大风、雨雪、大雾天气时应停止脚手架的搭设与拆除作业。

⑤ 脚手架使用期间，严禁擅自拆除架体结构杆件，如需拆除必须报请技术主管同意，确定补救措施后方可实施。

⑥ 严禁在脚手架基础及邻近处进行挖掘作业。

⑦ 脚手架应与架空输电线路保持安全距离，工地临时用电线路架设及脚手架接地防雷措施等应按现行行业标准《施工现场临时用电安全技术规范》(JGJ 46—2005) 的有关规定执行。

⑧ 使用后的脚手架构配件应清除表面粘的灰渣，校正杆件变形，表面作防锈处理后待用。

3.4 施工准备

俗话说得好，“七分准备，三分施工”，可见施工准备工作在建筑工程施工中的重要性。施工准备工作包括：施工管理层与作业层人员准备、施工现场调查、施工技术准备、施工现场准备、物资准备等。

3.4.1 施工管理层与作业层人员准备

砌体结构的施工需要人来完成，施工必须作业，作业需要作业层人员；施工也必须管理，管理需要管理层人员。

一幢多层砖混结构，可以由一个作业队完成，也可以由一个项目部完成。

如果由项目部完成，管理层应由项目经理、技术负责人、施工员、质检员、安全员、预算员、材料设备员、资料员等组成。一般来说，一幢多层建筑的项目部由于组成人员少，故要求人员的管理技术比较全面。理想的分工应是项目经理兼管施工进度与施工平面；技术负责人兼管质量检查、安全文明施工和图纸、工程文件资料等；预算员兼管财务、后勤、材料送验等工作。

如果由作业队完成，管理层则应有队长、技术员等。

一幢砖混结构的房屋施工作业层应由砌筑班组、钢筋班组、混凝土班组、模板班组、架子班组等组成。当然，作业人员人数的确定，还应考虑业主的工期要求。原则是不窝工，不赶工，科学合理地组织施工。

1. 施工现场人员的准备

一项工程完成得好坏，很大程度上取决于承担这一工程的施工人员素质的高低。

现场施工人员包括施工的组织指挥者和具体操作者两大部分。这些人员的选择和组合将直接关系到工程质量、施工进度及工程成本。因此，施工现场人员的准备是开工前施工准备的一项重要内容。

1）项目部的组建

施工组织机构的建立应遵循以下原则：

① 根据工程规模、结构特点和复杂程度，确定施工组织的领导机构名额和人选。

② 坚持合理分工与密切协作相结合的原则。

③ 把有施工经验、创新精神、工作效率高的人选入领导机构。

④ 认真执行因事设职、因职选人的原则。

对于一般单位工程可设一名工地负责人，再配施工员、质检员、安全员及材料员等即可。对大型的单位工程或群体项目，则需配备一套班子，包括技术、材料、计划等管理人员。

2）基本施工班组的确定

基本施工班组应根据工程的特点、现有的劳动力组织情况及施工组织设计的劳动力需要量计划来确定选择。各有关工种工人的合理组织，以混合施工班组的形式较好。在结构施工阶段，主要是砌筑工程，应以瓦工为主，配备适量的架子工、木工、钢筋工、混凝土工以及小型机械工等。装饰阶段则以抹灰、油漆工为主，配备适当的木工、管道工和电工等。

这些混合施工班组的特点是：人员配备较少、衔接比较紧凑，因而劳动效率较高。

3）外包工的组织

由于建筑市场的开放，用工制度的改革，施工单位仅仅靠自身的基本队伍来完成施工任务已不能满足需要，因而往往要联合其他建筑队伍（一般称外包施工队）共同完成施工任务。组织形式如下。

（1）外包工队独立承担单位工程的施工

对于有一定的技术管理水平、工种配套并拥有常用的中小型机具的外包施工队伍，可独立承担某一单位工程的施工。而企业只需抽调少量的管理人员对工程进行管理，并负责提供大型机械设备、模板和架设工具及供应材料。在经济上，可采用包工、包材料消耗的方法，即按定额包人工费，按材料消耗定额结算材料费，结余有奖，超耗受罚，同时提取一定的管理费。

（2）外包工队承担某个分部（分项）工程的施工

这实质上就是单纯提供劳务，而管理人员以及所有的机械和材料，均由本企业负责提供。

（3）临时施工队伍与本企业队伍混编使用

该组织形式将本身不具备施工管理能力，只拥有简单的手动工具，仅能提供一定数量的个别工种的施工队伍，编排在本企业施工队伍之中，指定一批技术骨干带领他们操作。以保证质量和安全，共同完成施工任务。

使用临时施工队伍时，要进行技术考核，对达不到技术标准、质量没有保证的不得使用。

4）施工队伍的教育

施工前，企业要对施工队伍进行劳动纪律、施工质量和安全教育，要求本企业职工和外包施工队人员必须做到遵守劳动时间，坚守工作岗位，遵守操作规程，保证产品质量，保证施工工期及安全生产，服从调动，爱护公物。同时，企业还应做好职工、技术人员的培训和技术更新工作，只有不断提高职工、技术人员的业务技术水平，才能从根本上保证建筑工程质量，不断提高企业的竞争力。此外，对于某些采用新工艺、新结构、新材料、新技术的工程，应该先将有关的管理人员和操作工人组织起来培训，使之达到标准后再上岗操作。这也是施工队伍准备工作的内容之一。

2. 项目部成员的任职基本条件

1）项目经理任职基本条件

项目经理在项目中的作用往往对项目的成败起决定作用，如果项目经理有良好素质，尤其是有良好的沟通能力，他可以在和项目组成员交流、检查工作、召开会议等沟通过程中获取足够的信息，发现潜在的问题，控制好项目的各个方面，从而使项目顺利完成。项目经理任职基本条件如下：

① 具有大专以上学历，工程师以上专业技术职务任职资格，五年以上基层施工经验，并经过培训考核和注册，取得《建筑施工企业项目经理资质证书》，其资质等级符合所承担工程项目的规模。

② 懂得有关的经济政策和法律、法规。

③ 有较强的组织指挥能力、协调能力和果断处理现场突发情况的应变能力。

④ 具备较高的政治素质，作风正派，办事公道，不牟私利，严于律己，以身作则。

⑤ 具有强烈的事业心和高度的责任感，有吃苦耐劳的精神，有严格认真、实事求是的工作作风。

⑥ 身体健康。

⑦ 项目经理实行资质管理，其资质等级按建设部颁发的《建筑施工企业项目经理资质管理办法》的规定，分为一、二、三 3 个等级。

- 一级项目经理：参加过一个以上一级建筑业企业资质等级标准要求的大型工程项目，或曾为两个二级建筑业企业资质等级标准要求的中型工程项目的施工管理工作的负责人，并已取得一级建造师资质、取得高级或中级专业技术职务。
- 二级项目经理：参加过两个工程项目，其中至少一个为二级建筑业企业资质等级标准要求的中型工程项目施工管理工作的负责人，并已取得二级以上建造师资质及中级专业技术职务。
- 三级项目经理：参加过两个工程项目，其中至少一个为三级建筑业企业资质等级标准要求的工程项目施工管理工作的负责人，并已取得二级建造师资质及中级或初级专业技术职务。

⑧ 项目经理实行持证上岗制度。凡担任工程项目施工管理的项目经理，必须按建设部规定取得建筑施工企业建造师资质证书，经过企业职能部门严格考核招聘，合格后经企业法定代表人聘任才能上岗。项目规格对项目经理的资质要求如下：

• 特大型工程项目，应由具有一级建造师资质的人员出任项目经理。
• 大型工程项目，应由具有一级或二级建造师资质的人员出任项目经理。
• 中型工程项目，应由具有二级建造师资质的人员出任项目经理。
• 小型工程项目，应由具有三级建造师资质的人员出任项目经理。
• 上一级建造师可以担任本级别以下工程项目的项目经理（特殊专业要求除外）。

⑨ 保持相对稳定，并根据实际需要进行调整。

2）技术负责人的基本条件

① 应具备五年施工现场工程实践、施工管理经验。

② 具有工程师及以上的技术职称。

③ 工作责任心强。

④ 质量意识强。

⑤ 熟悉本专业有关技术标准与规程规范。

⑥ 熟悉技术、质量管理业务。

3）施工员的基本条件

① 具有一定的施工经验，或经过职业院校培训毕业，掌握一定管理技能的专业人员。

② 熟悉工程管理业务。

③ 会编制施工进度网络图，并能用于工程控制进度。

④ 能协调处理工程中出现的纠纷。

⑤ 对项目实施过程中出现的进度等问题具有处理协调能力。

4）质检员的基本条件

① 具有助理工程师及以上职称，并具有一定的施工管理经验与能力。

② 熟悉相关施工质量验收标准。

③ 熟悉质量管理业务。

④ 具有对内对外联系的能力。

⑤ 熟悉材料送检业务。

⑥ 熟悉质量检查与评定业务。

5）安全员的基本条件

① 具有很强的工作责任心。

② 熟悉安全管理技术业务。

③ 会编制（审查）安全技术方案。

④ 会进行安全技术交底。

6）预算员的基本条件

① 具有一定的读图能力与计算能力。

② 熟悉施工程序。

③ 熟悉计价规范与计价表。

④ 了解当地主要材料、设备价格。

⑤ 会编制工程预算和结算单。

7）材料设备员的基本条件

① 熟悉工程所需的材料、设备规格、性能。

② 熟悉材料、设备的进出库管理和库存管理业务，能保证库存设备的完整。

③ 熟悉采购程序与业务。

8）资料员的基本条件

① 具有行政管理、档案管理方面的工作经验及责任心。

② 具有信息（含资料、工程档案）收集、整理、归档、借阅等方面的管理工作能力。

3. 主要施工人员登记

主要施工人员必须受控，登记表见表3.13。

表3.13 单位工程主要施工人员登记表

姓名	职务	技术职称（技术等级）	专业（工种）	学历	本专业工龄

续表

姓名	职务	技术职称（技术等级）	专业（工种）	学历	本专业工龄
填报人： 填报日期：　　　　年　月　日			填报单位	签章： 年　月　日	

3.4.2 施工现场调查

1. 调查研究的内容

调查研究、收集有关施工资料，是施工准备工作的重要内容之一。尤其是当施工单位进入一个新的城市或地区，此项工作显得更加重要，它关系到施工单位全局的部署与安排。

原始资料的调查主要是对工程条件、工程环境特点和施工条件等施工技术与组织的基础资料进行调查，以此作为项目准备工作的依据。

1）施工现场的调查

这项调查包括工程的建设规划图、建设地点区域地形图、场地地形图、控制位与水准基点的位置及现场地形、地貌特征等资料。这些资料一般可作为设计施工平面图的依据。

2）工程地质、水文的调查

这项调查包括工程钻孔布置图、地质剖面图、地基各项物理力学指标试验报告、地质稳定性资料、暗河及地下水水位变化、流向、流速及流量和水质等资料。这些资料一般可作为选择基础施工方法的依据。

3）气象资料的调查

这项调查包括全年、各月平均气温，最高与最低气温，5℃以下及0℃以下气温的天数和时间；雨季起止时间，最大及月平均降水量，雷暴时间；主导风向及频率，全年大风的天数及时间等资料。这些资料一般可作为确定冬、雨期季节施工的依据。

4）周围环境及障碍物的调查

这项调查包括施工区域现有建筑物、构筑物、沟渠、水井、古墓、文物、树木、电力架空线路、人防工程、地下管线、枯井等资料。这些资料可作为布置现场施工平面的依据。

2. 收集给排水、供电等资料

1）收集当地给排水资料

调查收集施工现场用水与当地现有水源连接的可能性、供水能力、接管距离、地点、水压、水质及水费等资料。若当地现有水源不能满足施工用水要求，则要调查附近可作施工生产、生活、消防用水的地面水或地下水源的水质、水量、取水方式、距离等条件。还要调查利用当地排水设施排水的可能性、排水距离、去向等资料。这些可作为选择施工给排水方式的依据。

2）收集供电资料

调查收集可供施工使用的电源位置、引入工地的路径和条件、可以满足的容量、电压及电费等资料或建设单位、施工单位自有的发变电设备、供电能力。这些资料可作为选择施工用电方式的依据。

3）收集供热、供气资料

调查收集冬季施工时附近蒸汽的供应量、接管条件和价格；建设单位自有的供热能力以及当地或建设单位提供煤气、压缩空气、氧气的能力和它们至工地的距离等资料。这些资料是确定施工供热、供气的依据。

3. 收集交通运输资料

建筑施工中主要的交通运输方式一般有铁路、公路、水运和航运等。

收集交通运输资料是指调查主要材料及构件运输通道的情况，包括道路、街巷、途经的桥面宽度、高度，允许载重量和转弯半径限制等资料。

有超长、超高、超宽或超重的大型构件、大型起重机械和生产工艺设备需整体运输时，还要调查沿途架空电线、天桥的高度，并与有关部门商议避免大件运输对正常交通产生干扰的路线、时间及解决措施。

4. 收集三材、地方材料及装饰材料等资料

1）“三材”

“三材”即钢材、木材和水泥。一般情况下应摸清三材市场行情。

2）地材

地材，即地方材料。了解地方材料，如砖、瓦、灰、砂、石等材料的供应能力、质量、价格、运费情况。

3）成品与半成品加工、运输能力

了解当地构件制作、木材加工、金属结构、钢木门窗、商品混凝土、建筑机械供应与维修、运输等情况。

4）周转材料

了解脚手架、定型模板和大型工具租赁等能提供的服务项目、能力、价格等条件。

5）装饰材料

收集装饰材料、特殊灯具、防水、防腐材料等市场情况。

这些资料作为确定材料的供应计划、加工方式、储存和堆放场地及建造临时设施的依据。

5. 社会劳动力和生活条件调查

① 建设地区的社会劳动力和生活条件调查主要是了解当地能提供的劳动力人数、技术水平、来源和生活安排。

② 能提供作为施工用的现有房屋情况。

③ 当地主副食产品供应、日用品供应、文化教育、消防治安、医疗单位的基本情况以及能为施工提供的支援能力。

这些资料是拟订劳动力安排计划、建立职工生活基地、确定临时设施的依据。

3.4.3　施工技术准备

施工技术准备即通常所说的室内准备（内业准备），它是施工准备工作的核心。任何技术差错和隐患都可能引起人身安全和质量事故，造成生命财产和经济的巨大损失，因此，必须做好技术准备工作。主要内容包括：熟悉与会审图纸；编制施工组织设计；编制施工图预算和施工预算。

1. 熟悉与会审图纸

1）熟悉与会审图纸的目的

① 保证能够按设计图纸的要求进行施工。

② 使从事施工和管理的工程技术人员充分了解和掌握设计图纸的设计意图、构造特点和技术要求。

③ 通过审查发现图纸中存在的问题和错误，为拟建工程的施工提供一份准确、齐全的设计图纸。

2）熟悉与自审图纸

熟悉及掌握施工图纸应抓住以下几点。

（1）基础及地下室部分

核对建筑、结构、设备工图中关于基础留口、留洞的位置及标高的相互关系是否处理恰当；排水及下水的去向；变形缝及人防出口做法；防水体系的做法要求；特殊基础形式做法以及防雷接地的设计及要求。

（2）主体结构部分

弄清建筑物墙体轴线的布置；主体结构各层的砖、砂浆、混凝土构件的强度标号有无变化；阳台、雨篷、挑檐的细部做法；楼梯间的构造；卫生间的构造；对标准图有无特殊说明和规定等。

（3）装修部分

弄清有几种不同的材料、做法及其标准图说明；地面装修与工程结构施工的关系；

变形缝的做法及防水处理的特殊要求；防火、保温、隔热、防尘、高级装修等的类型和技术要求。

3）图纸自审与图纸会审

（1）图纸自审

在学习和审查图纸过程中，对发现的问题应做出标记，做好记录，以便在图纸会审时提出。图纸自审时必须做好记录，见表3.14。

表3.14 施工图纸自审记录

建设单位		自审时间	
工程名称		自审地点	
自审记录：			

（2）图纸会审

图纸会审由监理单位（或建设单位）组织，设计、施工等单位参加。

设计单位进行图纸技术交底后，各方面提出意见，经充分协商后形成图纸会审纪要，由建设单位正式行文，参加会议各单位加盖公章，作为设计图纸的修改文件。

对施工过程中提出的一般问题，经设计单位同意，即可采用工程联系单的形式办理手续进行修改。涉及技术和经济的较大问题，则必须经建设单位、设计单位和施工单位共同协商，由设计单位修改，向施工单位签发设计变更单，方可有效。图纸会审记录见表3.15。

审查设计图纸及其他技术资料时，应注意以下问题：

① 设计图纸是否符合国家有关的技术规范要求。

② 核对图纸说明是否齐全，有无矛盾，规定是否明确，图纸有无遗漏，图纸之间有无矛盾。

③ 核对主要轴线、尺寸、位置、标高有无错误和遗漏。

④ 总图的建筑物坐标位置与单位工程建筑平面是否一致；基础设计与实际地质是否相符；建筑物与地下构造物及管线之间有无矛盾。

⑤ 设计图本身的建筑构造与结构构造之间、结构与各构件之间以及各种构件、配件之间的联系是否清楚。

⑥ 建筑安装与建筑施工的配合上存在哪些技术问题，能否合理解决。

⑦ 设计中所采用的各种材料、配件、构件等能否满足设计要求。

⑧ 对设计技术资料有什么合理化建议及其他问题。

表 3.15　施工图纸会审记录

建设单位		会审时间	
工程项目		主持人	
参加会审人员	姓名	职务	工作单位
会审记录：			

2. 学习与熟悉技术规范、规程和有关技术规定

技术规范、规程是由国家有关部门制定的实践经验的总结，在技术管理上是具有法令性、政策性和严肃性的建设法规，施工各部门必须按规范与规程施工。建筑施工中常用的技术规范、规程主要有以下几种：

① 建筑施工质量验收规范。

② 建筑安装工程有关标准。

③ 施工操作规程、工法。

④ 设备维护及检修规程。

⑤ 安全技术规程。

⑥ 上级部门所颁发的其他技术规范与规定。

⑦ 企业颁发的技术标准、工作标准、管理标准。

各级工程技术人员在接受任务后，一定要结合本工程实际，认真学习、熟悉有关技术规范、规程，为保证优质、安全、按时完成工程任务打下坚实的技术基础。

3. 编制施工组织设计

施工组织设计是指导拟建工程从施工准备到施工完成的组织、技术、经济的一个综合性技术文件，对施工的全过程起指导作用。它既要体现基本建设计划和设计的要求，又要符合施工活动的客观规律，对建设项目、单项及单位工程的施工全过程起到部署和安排的双重作用。

由于建筑施工的技术经济特点，建筑施工方法、施工机具、施工顺序等因素有不同的安排。所以，每个工程项目都需要分别编制施工组织设计，作为组织和指导施工的重要依据。

4. 编制施工图预算和施工预算

建筑工程预算是反映工程经济效果的技术经济文件，在我国现阶段也是确定建筑工程预算造价的法定形式。

建筑工程预算按照不同的编制阶段和不同的作用，可以分为设计概算、施工图预算和施工预算三种。

1）设计概算

设计概算是按照施工图确定的工程量、施工组织设计所拟定的施工方法、建筑工程预算定额及其取费标准编制的确定建筑安装工程造价和主要物资需要量的经济文件。

2）施工预算

施工预算是根据施工图预算、施工图纸、施工组织设计、施工定额等文件进行编制的。它是企业内部经济核算和班组承包的依据，是企业内部使用的一种预算。

3）施工图预算

施工图预算与施工预算存在很大的区别：施工图预算是甲乙双方确定预算造价、发生经济联系的技术经济文件；而施工预算则是施工企业内部经济核算的依据。施工预算直接受施工图预算的控制。

5. 技术、安全交底

1）交底的目的

交底的目的是把拟建过程的设计内容、施工计划、施工技术要点和安全等级要求，按分项内容或按阶段向施工队、组交代清楚。

2）交底的时间

交底的时间应在拟建过程开工前或某施工阶段开工前。

3）技术交底的层次与内容

技术交底一般分为以下三个层次：

① 由项目技术负责人向项目管理人员及工长进行施工组织设计交底。

② 由施工员或工长向班组长进行施工方案、质量要求、安全注意事项和施工配合交底。

③ 由班组长向工人进行操作工艺、保证质量安全目标实现的方法交底。

6. “四新”试验、试制的技术准备

“四新”是指新技术、新结构、新材料、新工艺。“四新”等项目的试验和试制是保证工程质量和安全的必要条件。

3.4.4 季节性施工准备

1. 砌体结构冬期施工措施

我国地域广阔，东西南北各地的气温相差很大，很多地区受内陆和海上高低压及季风交替影响，气候变化较大。东北、华北、西北、青藏高原地区的许多省份处于亚温带地区，每年冬期持续时间长达 3～6 个月之久，在工程建设中，为加快工程进度，都不可避免地要进行冬期施工。东南、华南沿海一带，受海洋暖湿气流影响，雨水频繁，并伴有台风、暴雨和潮汛。冬期的低温和雨期的降水，给施工带来很大的困难，常规的施工方法已不能适应。在冬期和雨期施工时，除了在施工中要严格执行国家的有关标准、规范、规程外，冬雨期的施工质量绝不可忽视，必须从当地的具体条件出发，选择合理的施工方法，制定具体的措施，确保工程质量，降低工程费用。

1）砌体结构冬期施工的概念

当室外日平均气温连续 5 天稳定低于 5℃时，砌体工程应采取冬期施工措施。气温根据当地气象资料统计确定。冬期施工期限以外，当日最低气温低于 0℃时，也应按冬期施工的有关规定进行。

① 冬期是施工质量事故多发期。在冬期施工中，长时间的持续负低温、大的温差、强风、降雪和反复的冰冻，经常造成建筑施工的质量事故。据资料分析，有 2/3 的工程质量事故发生在冬期。

② 冬期施工质量事故发现的滞后性。冬期发生质量事故往往不易觉察，到春天解冻时，一系列质量问题才暴露出来。这种事故的滞后性给处理解决质量事故带来很大的困难。

③ 冬期施工的计划性和准备工作时间性很强。冬期施工时，常由于时间紧促，仓促施工，发生质量事故。

2）冬期施工的原则

为了保证冬期施工的质量，在选择分项工程具体的施工方法和拟定施工措施时，必须遵循下列原则：确保工程质量；经济合理，使增加的措施费用最少；所需的热源及技术措施材料有可靠的来源，并使消耗的能源最少；工期能满足规定要求。

砌筑工程的冬期施工最突出的一个问题就是砂浆遭受冻结，砂浆遭受冻结后会产生如下一些现象：

① 使砂浆的硬化暂时停止，并且不产生强度，失去了胶结作用。

② 砂浆塑性降低，使水平灰缝和垂直灰缝的紧密度减弱。

③ 解冻的砂浆，在上层砌体的重压下，可能引起不均匀沉降。

因此，在冬期砌筑时，为了保证墙体的质量，必须采取有效措施，控制雨、雪、霜对墙体材料（砖、砂、石灰等）的侵袭，对各种材料集中堆放，并采取保温措施。冬期砌筑时主要就是解决砂浆遭受冻结或者是使砂浆在负温下亦能增长强度问题，满足冬期砌筑施工要求。

3）冬期施工的准备工作

为了保证冬期施工的质量，砌筑工程在冬期施工前应做好以下准备工作：

第一，搜集有关气象资料作为选择冬期施工技术措施的依据。

第二，进入冬期施工前一定要编制好冬期施工技术文件。

第三，凡进行冬期施工的工程项目，必须会同设计单位复核施工图纸，核对其是否能适应冬期施工要求，如有问题应及时提出并修改设计。

第四，根据冬期施工工程量，提前准备好施工的设备、机具、材料及劳动防护用品。

第五，冬期施工前对配制外掺剂的人员、测温保温人员、锅炉工等，应专门组织技术培训，经考试合格后方准上岗。

4）冬期施工方法

砌筑工程的冬期施工方法有外加剂法、冻结法和暖棚法等。

砌筑工程的冬期施工应以外加剂法为主。对保温、绝缘、装饰等方面有特殊要求的工程，可采用冻结法或其他施工方法。

2. 砌体结构雨期施工措施

雨期施工时，气候闷热而潮湿，砖内本身含有大量水分，又兼雨水淋泡，给砌体砌筑带来较大困难。水分过大的砖砌到墙上后，砖体内的水分溢出，使砂浆产生流淌，砌体在自重的影响下容易产生滑动，影响砌体结构质量。所以在雨期施工时，对进场砖块应加遮盖，适当减少砂浆的稠度。施工现场应重点解决好截水和排水问题。截水是在施工现场的上游设截水沟，阻止场外水流入施工现场。排水是在施工现场内合理规划排水系统，并修建排水沟，使雨水按要求排至场外，同时应注意排除场地积水，以免积水浸入砖块内。

1）雨期施工的特点、要求和准备工作

雨期施工以防雨、防台、防汛为对象，做好各项准备工作。

（1）雨期施工特点

① 雨期施工的开始具有突然性。由于暴雨山洪等恶劣天气往往不期而至，这就需要雨期施工的准备和防范措施及早进行。

② 雨期施工带有突击性。因为雨水对建筑结构和地基基础的冲刷或浸泡具有严重的破坏性，必须迅速及时地防护，才能避免给工程造成损失。

③ 雨期往往持续时间很长，阻碍了工程（主要包括土方工程、屋面工程等）顺利进行，拖延工期。对这一点应事先有充分估计并做好合理安排。

（2）雨期施工的要求

① 编制施工组织计划时，要根据雨期施工的特点，将不宜在雨期施工的分项工程提前或拖后安排。对必须在雨期施工的工程应制订有效的措施，进行突击施工。

② 合理进行施工安排。做到晴天抓紧室外工作，雨天安排室内工作，尽量缩小雨天室外作业时间和工作面。

③ 密切注意气象预报，做好抗台风、防汛等准备工作，必要时应及时加固在建的工程。

④ 做好建筑材料的防雨、防潮工作。

(3) 雨期施工准备

① 现场排水。施工现场的道路、设施必须做到排水畅通，尽量做到雨停水干。要防止地面水排入地下室、基础、地沟内。要做好对危石的处理，防止滑坡和塌方。

② 应做好原材料、成品、半成品的防雨工作。水泥应按“先到先用、后到后用”的原则，避免久存受潮而影响水泥的性能。木门窗等易受潮变形的半成品应在室内堆放，其他材料也应注意防雨及材料堆放场地四周排水。

③ 在雨期前应做好施工现场房屋、设备的排水防雨措施。

④ 备足排水需用的水泵及有关器材，准备适量的塑料布、油毡等防雨材料。

⑤ 修建排水沟，水沟的横断面和纵向坡度应按照施工期最大流量确定。一般水沟的横断面不小于0.5m×0.5m，纵向坡度一般不小于0.3%，平坦地区不小于0.2%。

2) 雨期砌体工程施工工艺要求

① 砖在雨期必须集中堆放，不宜浇水。砌墙时要求干湿砖块合理搭配。砖湿度较大时不可上墙。砌筑高度不宜超过1.2m。

② 雨期遇大雨必须停工。砌体停工时应在砖墙顶盖一层干砖，避免大雨冲刷灰浆。大雨过后被雨冲刷过的新砌墙体应翻砌最上面两皮砖。

③ 稳定性较差的窗间墙、独立砖柱，应加设临时支撑或及时浇筑圈梁，以增加墙体稳定性。

④ 砌体施工时，内外墙要尽量同时砌筑，并注意转角及丁字墙间的搭接。遇台风时，应在与风向相反的方向加临时支撑，以保持墙体的稳定。

⑤ 雨后继续施工，须复核已完工砌体的垂直度和标高。

3. 砌体结构夏期施工措施

连续5天日平均气温高于30℃时，为夏期施工。

夏期气温较高，空气相对较干燥，砂浆和砌体中的水分蒸发较快，容易使砌体脱水，使砂浆的黏结强度降低，为此应做到以下几点。

1) 砖要浇水润湿

在平均气温高于5℃时，砖应该浇水润湿，夏期更要注意砖的浇水润湿，使水渗入砖的深度达到20mm。使用前，应对砖的表面再洒一次水，特别是脚手架及楼面上的砖存放过夜后，应在使用前洒水润湿。

2) 砂浆的配制

夏期砌体砌筑时，为了保证砌体的质量，砂浆拌制时可采取以下措施：

① 加大施工砂浆的稠度，砂浆砌筑的稠度在夏期施工时可增大到80～100mm。

② 在砂浆内掺加微沫剂、缓凝剂等外加剂，但掺入量和掺入法应经试验确定。

3）砂浆的使用

拌制好的砂浆，如施工时最高气温超过30℃应控制在2h内用完。

4）砌体的养护

实验证明，在高温干燥季节施工的砌体如不浇水进行养护，其砂浆最后强度只能达到设计强度的50%。因此，在干热季节施工时，砌体应浇水养护。一般上午砌筑的砌体下午就应该养护。养护方法可用水适当浇淋养护，或将草帘浇湿后遮盖养护。

3.4.5 施工现场准备

施工现场的准备即通常所说的室外准备（外围准备），它是为工程创造有利于施工的条件，其工作应按施工组织设计的要求进行。

施工现场准备的主要内容有：清除障碍物、三通一平、测量放线、搭设临时设施等。

1. 清除障碍物

施工场地内的一切障碍物，无论是地上的还是地下的，都应在开工前清除。这些工作一般由建设单位来完成，但也有委托施工单位来完成的。如果由施工单位来完成这项工作，一定要事先摸清现场情况，尤其是在城市的老区内，由于原有建筑物和构筑物情况复杂，而且往往资料不全，在清除前需要采取相应的措施，防止发生事故。

对于房屋的拆除，一般只要把水源、电源切断后即可进行拆除。若房屋较大、较坚固，则有可能采用爆破的方法，这需要由专业的爆破作业人员来承担，并且必须经有关部门批准。

架空电线（电力、通信）、地下电缆（包括电力、通信）的拆除，要与电力部门或通信部门联系并办理有关手续后方可进行。

自来水、污水、煤气、热力等管线的拆除，最好由专业公司来完成。

场地内若有树木，需报园林部门批准后方可砍伐。

地下障碍物包括地下光缆电缆、地下管线、地下古墓等。

拆除障碍物后，留下的渣土等杂物都应清除出场外。运输时，应遵守交通、环保部门的有关规定，运土的车辆要按指定的路线和时间行驶，并采取封闭运输车或在渣土上洒水等措施，以免渣土飞扬而污染环境。

2. 三通一平

在工程用地范围内，接通施工用水、用电、道路和平整场地的工作简称为“三通一平”。其实工地上的实际需要往往不只是水通、电通、路通，有的工地还需要供应蒸汽，架设热力管线，称为“热通”；通煤气，称为“气通”；通电话作为联络通信工具，称为“话通”；还可能因为施工中的特殊要求，有其他的“通”，但最基本的还是“三通”。

1）平整施工场地“一平”

清除障碍物后，即可进行场地平整工作。平整场地工作是根据建筑施工总平面图规定的标高，通过测量计算出填挖土方工程量，设计土方调配方案，组织人力或机械进行平整工作。如果工程规模较大，这项工作可以分段进行，先完成第一期开工的工程用地范围内的场地平整工作，再依次进行后续的平整工作，为第二期工程项目尽早开工创造条件。

2）修通道路“路通”

施工现场的道路是组织施工物资进场的动脉。为保证施工物资能早日进场，必须按施工总平面图的要求，修好现场永久性道路以及必要的临时道路。为节省工程费用，应尽可能利用已有的道路。为使施工时不损坏路面和加快修路速度，可以先修路基或在路基上铺简易路面，施工完毕后，再铺路面。

3）“水通”

施工现场的用水包括给水和排水两个方面。

施工用水包括生产、生活与消防用水。“水通”应按施工总平面图的规划进行安排。施工给水设施应尽量利用永久性给水线路。临时管线的铺设，既要满足生产用水的需要和使用方便，还要尽量缩短管线。

施工现场的排水也十分重要。尤其是在雨季，场地排水不畅，会影响施工和运输的顺利进行，因此要做好排水工作。

4）“电通”

施工用电包括施工生产用电和生活用电。应按施工组织设计要求布设线路安装用电设备。电源首先应考虑从国家电力系统或建设单位已有的电源上获得。如供电系统不能满足施工生产、生活用电的需要，则应考虑在现场建立发电系统，以保证施工的连续顺利进行。

施工中如需要通热、通气或通电讯，也应按施工组织设计要求，事先完成。

3. 测量放线

施工测量放线是房屋建筑进行施工的先导，也是现场施工准备工作的一项重要内容，它既是施工中必不可少的重要一环，同时又贯穿在整个施工过程中，是施工质量控制管理技术指导的有效手段。

测量放线的任务是把图纸上所设计好的建筑物、构筑物及管线等测设到地面上或实物上，并用各种标志表现出来，以作为施工的依据。其工作的进行一般是通过在土方开挖之前，在施工场地内设置坐标控制网和高程控制点来实现的。这些网点的设置应视工程范围的大小和控制的精度而定。

1）测量放线的准备工作

在测量放线前，应做好以下几项准备工作。

(1) 对测量仪器进行检验和校正

对所用的经纬仪、水准仪、钢尺、水准尺等应进行校检。

(2) 了解设计意图、熟悉并校核施工图纸

通过设计交底，了解工程全貌和设计意图，掌握现场情况和相互关系，地上、地下的标高以及测量精度要求。在熟悉施工图纸过程中，应仔细核对图纸尺寸，对轴线尺寸、标高是否齐全以及边界尺寸要特别注意。

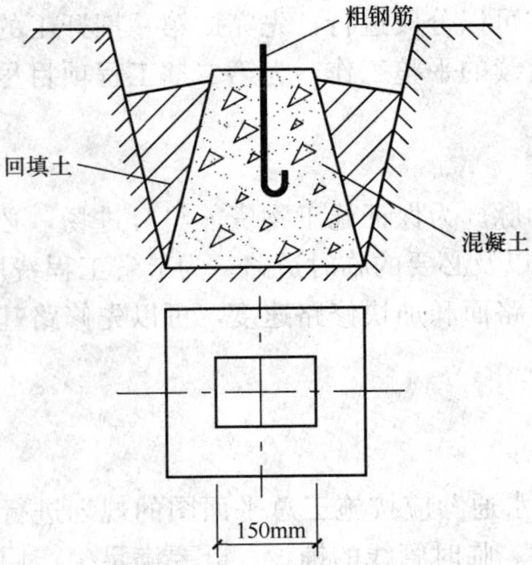

图 3.23　导线控制点

(3) 校核红线桩与水准点

建设单位提供的由城市规划勘测部门给定的建筑红线，在法律上起着建筑边界用地的作用。在使用红线桩前要进行校核，施工过程中要保护好桩位，以便将它作为检查建筑物定位的依据（图 3.23）。水准点也同样要校测和保护。红线和水准点经校测发现问题，应提请建设单位处理。

(4) 制订测量、放线方案

根据设计图纸的要求和施工方案，制订切实可行的测量、放线方案，主要包括平面控制、标高控制、±0.000 以下施工测量、±0.000 以上施工测量、沉降观测和竣工测量等项目。

2) 场地控制网的测设

(1) 平面控制网的测设

采用极坐标法进行施测，先将各控制点间的距离、角度进行复核，然后用测距仪和经纬仪定出建筑物外围控制网上各点的坐标，然后将仪器置于有关关联点上，进行相关点的距离和角度校核，待精度达到定位要求后，根据一层平面图采用直角坐标法定出主要轴线作为建立平面控制网的依据，根据建筑物坐标点和各轴线尺寸将坐标点引出建筑物外，埋设控制桩并加以保护。同时，控制点引出标示在临近建筑物或临时围墙上，以红三角控制方向。基础及地下室施工，只需将控制桩点用经纬仪投测到施工面上即可。

±0.000 以上结构施工轴线控制采用内控法，首先在±0.000 平面上选好控制基准点。基准点必须能放下仪器，不能离墙、柱太近，控制点之间要能组成坐标体系，在原基础控制轴线的基础上引测。施工层轴线引测采用激光经纬仪天顶准直法测设，组成内控网，并在以上每层楼与该柱列相应的位置留出 200mm×200mm 的预留孔，以便平面控制点向上作垂直传递。

平面控制测设精度要求：角度观测精度为±10″，距离测量精度为 1/10000。

(2) 平面控制点标桩的埋设与保护

平面控制网点的桩位是定位放线的重要依据。控制桩点应设在稳固（不易产生下沉和位移）且易保存的地方，在施工过程中由施工员负责保护，专职测量员负责定期复核。

平面控制点标桩的埋设方法：如是永久性的标桩则用直径 25mm 以上的钢筋，将上端磨平，在上面刻十字线作为标点，下端弯成弯钩，将其浇灌于混凝土之中，埋置深度不得低于 0.5m，永久性标桩埋设方法见图 3.23；如果是临时性的控制标桩则用木桩，木桩直径应在 100mm 以上，打入土中的深度根据现场的土质而定，一般不小于 80cm。木桩打入土中后，应将桩顶锯平，为保证其在使用期限内不下沉和移位，可将桩四周浮土挖去，用混凝土或水泥砂浆围护。

当控制网与主轴线测定后应立即对桩位采取保护措施。一般采取在桩上方立三角标或围栅栏等保护措施，并对其他班组施工人员进行保护测量标志的教育。

当控制网测定并经自检合格后应提请有关主管领导和有关技术部门，通知发包方和监理公司验线。在收到验线合格通知后，方可正式使用。

3）标高控制测量

依据发包人提供的水准点将高程引测到相邻轴线控制网点上，并将工程的±0.000引测到附近的固定位置作永久标记加以保护，便于高程放样。引测时采用闭合路线，按二等水准观测要求进行。

竖向标高的引测传递采用吊钢尺法，即沿建筑物外墙用钢尺垂直向上逐层引测标高，每层引测六个点，用水准仪进行校核，要求六个导入标高互差值小于3mm，符合要求时取其平均值作为该层标高基准。

（1）引测步骤

① 先用水准仪根据甲方提供水准点在各区段向上引测出相同的起始标高线（+1.000或+1.500标高线）。

② 用钢尺沿垂直方向，向上量至施工层，并划出正米数的水平线，各层的标高线均应由各处的起始标高线向上直接量取。高差超过一整钢尺长时，在该层精确测定第二条起始标高线作为向上再引测的依据。

③ 将水准仪安置到施工层，投测由下面传递来的各水平线。误差应在±3mm以内，在各层找平时，应后视两条水平线以作校核。

（2）标高投测中的要求

① 观测时尽量做到前后视线等长。

② 由±0.000水平线向下或向上量高差时所用钢尺应经过检定，量高差时尺身应铅直并用标准拉力，同时要进行尺长和温度修正。

③ 每层高差不要超限，同时要注意控制各层的标高，防止偏差积累使建筑物总高度偏差超限，在各施工层标高测出后，应根据偏差情况在下一层施工时对层高进行适当的调整。

4）建筑物垂直度控制测量

采用激光铅直仪天顶投测法控制建筑物垂直度。

认真查阅各层施工图纸，在首层结构平面合理布置四个激光铅直控制点，避开各层结构梁和内隔墙位置，四个控制点能够通视，形成闭合矩形，起到复核和检查的作用，有效向上传递平面控制网和垂直度控制。激光控制点布置如图3.24所示。

在往上施工每层的相应位置均预留200mm×200mm的方洞，每个投测孔均用活动盖板覆盖，投点时移开。用激光经纬仪往上投点，上面用有机玻璃接收靶接收激光投测点（红点），在接收靶上安装经纬仪，将楼层控制线一一投测出来，弹上墨线，供施工放样用。

每次投测完毕后要检测它们的相互关系，要求距离误差小于2mm；施工每层时均要及时检查，纠正偏差，确保建筑物的垂直偏差每层不超过5mm，全高总偏差为

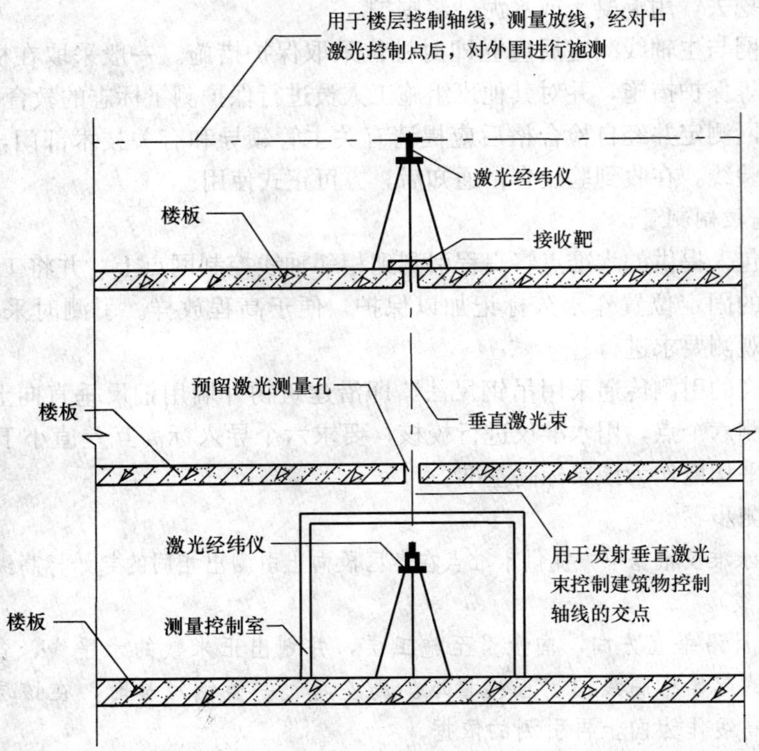

图 3.24　激光控制点布置

$H/1000$且不大于 30mm。

5）**沉降观测措施**

砌体工程在每一施工阶段及使用过程中均应对建筑物做沉降观测记录。基础施工完毕即观测一次，结构施工完一层观测一次。竣工验收后，观测一次，以后第一年观测不少于 4 次，第二年不少于 2 次，以后每年 1 次，直到沉降速率小于 0.01mm 可停止经常观测。

① 测量精度采用二级水准，仪器使用水准仪。测量前，测量仪器进行全面检验，严格参照规范进行，三角不得大于 4°，尽可能调下到最小值，视线长度 20～30m，视中高度不宜低于 0.3m。

② 每次观测尽量做到仪器、标尺、测站、线路、人员五固定。观测点要按照设计图中的标记位置准确埋设，进行沉降观测。对观测点要严加保护，不得损坏。观测的对照点不得少于两个，并采用闭合法。

③ 在水准基点与工作基点进行连测时，除缩短视线长度外，同一测站观测时，不得两次调焦，以避免调焦带来的调焦透镜移动、视准轴变化引起误差。

④ 为满足前后视距差及累计差的规定，又能合理地对所有沉降点进行观测，应绘制观测路线图并标明仪器半径位置及转点位置，重复观测中应做到五固定。

⑤ 每次观测值是计算变形量的起始值，操作时应特别认真、仔细，并应连续观测两次取其平均值，以保证成果的精确度和可靠性。

⑥ 每次观测均采用环形闭合法或往返闭合法，观测完成后就地核查。观测方法采用二等水准测量，往返较差、附和差或环线闭合差小于$\pm 0.30\sqrt{a}$ mm（a 为测站数）。

⑦ 在限差允许范围内的观测成果，其闭合差按测站数进行分配，计算高程，同一观测点的两次观测之差不得大于1mm。

⑧ 各观测日期、数据均记录完整，并绘成图表存档，观测中如发现异常情况时，要立即通知设计单位。

6）测量仪器和测量专业人员的配备

（1）主要测量仪器及校验

工程中常用测量仪器及用途见表 3.16。

表 3.16　工程中使用的测量仪器及用途

名　　称	误　　差	用　　途
J2-JDA 激光经纬仪	一测回水平方向标准偏差±2°；一测回垂直方向标准偏差±6°	建筑定位，高层建筑轴线竖向投测
DS3 水准仪	每公里往返测高差中数偶然中误差小于±3mm	建筑物的一般高程测量
激光测距仪	每公里往返测距中数偶然中误差小于±2mm	建筑物精确测距
50m 钢卷尺	50m 钢卷尺长度误差小于±3mm	量距

经纬仪、水准仪、50m 钢卷尺，检定到期的送计量检定站，经过检定、校准，合格后方可使用。

测量仪器、工具定期清洁保养，经纬仪、水准仪按检定规程规定，在其检定周期内，每季度要对仪器主要轴线进行校核，保证观测精度。

工程竖向测量可采用天顶准直法测量（仰视法），因此校核 J2—JDA 激光经纬仪必须满足下列条件：水准管轴应垂直于竖轴；视准轴应垂直于横轴；横轴应垂直于竖轴。

特别是横轴垂直于竖轴的校验，在竖向测量中，其精度直接影响竖向投测，应特别注意。

（2）测量专业人员的配备

由于工程轴线比较复杂，需要配合的分项专业工程内容多，必须配备足够的专业测量人员才能完成本工程的施工测量任务。在项目经理部技术内业组下成立施工测量队，配备两名测量技术人员，四名测量工，负责全部测量任务。所有测量技术人员都应为测量专业毕业，具有丰富的工作经验，并经考核合格后才能上岗。

4. 搭设临时设施

现场生活和生产用的临时设施，在布置安排时，要遵照当地有关规定进行规划布置。房屋的间距、标准是否符合卫生和防火要求，污水和垃圾的排放是否符合环境的要求等。因此，临时建筑平面图及主要房屋结构图，都应报请城市规划、市政、消防、交通、环境保护等有关部门审查批准。

为了施工方便和安全，对于指定的施工用地的周界，应用围栏围挡起来，围挡的形式（如材料及高度）应符合市容管理的有关规定和要求。在主要入口处设明标牌，标明工程名称、施工单位、工地负责人等。

各种生产、生活用的临时设施，包括各种仓库、混凝土搅拌站、预制构件场、机修站、各种生产作业棚、办公用房、宿舍、食堂、文化生活设施等，均应按批准的施工组织设计规定的数量、标准、面积、位置等要求组织修建。大、中型工程可分批分期修建。

此外，在考虑施工现场临时设施的搭设时，应尽量利用原有建筑物，尽可能减少临时设施的数量，以便节约用地，节省投资。

3.4.6 物资准备

施工物资准备是指施工中必需的劳动手段（施工机械、工具、临时设施）和劳动对象（材料、配件、构件）等的准备。它是一项较为复杂而又细致的工作，一般应考虑以下几方面的内容。

1. 建筑材料的准备

建筑材料的准备主要是根据工料分析，按照施工进度计划的使用要求以及材料储备定额和消耗定额，分别按材料名称、规格、使用时间进行汇总，编出建筑材料需要量计划。建筑材料的准备包括：三材、地方材料、装饰材料的准备。准备工作应根据材料的需要量计划，组织货源，确定加工、供应地点和供应方式，签订物资供应合同。

材料的储备应根据施工现场分期分批使用材料的特点，按照以下原则进行材料储备：

① 应按工程进度分期分批进行。现场储备的材料多了会造成积压，增加材料保管的负担，同时，也多占用了流动资金；储备少了又会影响正常生产。所以材料的储备应合理、适量。

② 做好现场保管工作，以保证材料的原有数量和原有使用价值。

③ 现场材料的堆放应合理。现场储备的材料，应严格按照施工平面布置图的位置堆放，以减少二次搬运，且应堆放整齐，标明标牌，以免混淆。此外，亦应做好防水、防潮、易碎材料的保护工作。

④ 应做好技术试验和检验工作，对于无出厂合格证明和没有按规定测试的原材料，一律不得使用。不合格的建筑材料和构件，一律不准出厂和使用，特别对于没有使用经验的材料或进口原材料、某些再生材料更要严格把关。

2. 预制构件和商品混凝土的准备

工程项目施工中需要大量的预制构件、门窗、金属构件、水泥制品以及卫生洁具等。这些构件、配件必须事先提出订制加工单。对于采用商品混凝土现浇的工程，则先要到生产单位签订供货合同，注明品种、规格、数量、需要时间及送货地点等。

3. 施工机具的准备

施工选定的各种土方机械、混凝土、砂浆搅拌设备、垂直及水平运输机械、吊装机械、动力机具、钢筋加工设备、木工机械、焊接设备、打夯机、抽水设备等应根据施工方案和施工进度，确定数量和进场时间。需租赁机械时，应提前签约。

4. 模板和脚手架的准备

模板和脚手架是施工现场使用量大、堆放占地大的周转材料。

模板及其配件规格多、数量大，对堆放场地要求比较高，一定要分规格、型号整齐码放，以便于使用及维修。

大钢模一般要求立放，并防止倾倒，在现场也应规划出必要的存放场地。钢管脚手架、桥式脚手架、吊栏脚手架等都应按指定的平面位置摆放整齐；扣件等零件还应防雨，以防锈蚀。

3.5 工程开工

3.5.1 开工报告

当施工准备工作完成到具备开工条件后，项目经理部应填写开工报告表(表3.17)，申请开工，报上级主管部门批准后才能开工。实行建设监理的工程，企业还应将开工报告送监理工程师审批，由监理工程师签发开工通知书，在限定时间内开工，不得拖延。

表3.17 开工报告表

建设单位：　　　　施工单位：

工程名称：　　　　填表日期：

工程编号		工程地点	
工程结构		工程造价	
建筑面积		施工工期	
开工日期		批准日期	
工地情况报告	1. 各项计划编制情况及交底情况		
	2. 编制施工总平面图及三通一平实施情况		
	3. 工地建立管理制度情况		
	4. 图纸学习情况		
	5. 基础材料到场情况		
	6. 基地完成情况		
	7. 质量、安全措施准备及执行情况		
	8. 其他准备工作中存在的问题		

续表

公司检查组意见	经检查，该工地已具备开工条件，同意破土动工。

批准人：　　　　　　部门审核人：　　　　　　项目经理：

3.5.2 开工前应做的工作

1. 各项计划编制情况及交底情况

工程开工前，各项计划必须编制完成并已做好交底。

1）项目划分

（1）单位工程划分

单位工程划分是项目管理的依据，必须引起足够重视。单位工程划分依据《建筑工程施工质量验收统一标准》（GB 50300—2001）和行业标准规范进行。

由项目工程师（技术负责人）进行单位工程划分，内部讨论统一意见后报送监理单位、建设单位、城建档案管理部门、政府质量监督部门和政府工程管理部门广泛征求意见。在征得各方意见的基础上修改确定，并报送有关单位和部门作为共同遵守的依据。

（2）分部分项工程划分

分部分项工程的划分是分部分项工程验收的依据。

单位工程划分确定后，由质检员依据《建筑工程施工质量验收统一标准》（GB 50300—2001）进行分部分项工程划分。

2）施工组织设计的编制与报批

施工组织设计分标前施工组织设计与标后施工组织设计：所谓标前施工组织设计就是技术标书，主要用于工程投标；所谓标后施工组织设计是指中标后用于指导工程施工的施工组织设计。这里所说的施工组织设计是标后施工组织设计。

按照《建设工程项目管理规范》（GB/T 50326—2006）的要求，工程开工前应编制《项目管理规划大纲》和《项目管理实施规划》，但在实际工程中，大多还是以施工组织设计的形式出现。

（1）施工组织设计的编制

施工组织设计是指导拟建工程从施工准备到施工完成的组织、技术、经济的一个综合性技术文件，对施工的全过程起指导作用，既要体现基本建设计划和设计的要求，又要符合施工活动的客观规律，对建设项目、单项及单位工程的施工全过程起到部署和安排的双重作用。

由于建筑施工的技术经济特点，建筑施工方法、施工机具、施工顺序等因素有不同的安排。所以，每个工程项目都需要分别编制施工组织设计，作为组织和指导施工的重要依据。

施工组织设计的主要内容包括工程概况、施工部署、主要施工方案、施工平面布置、施工进度控制、砌体质量保证措施、质量通病及防治措施、安全生产与文明施工等。其中核心内容为主要施工方案、施工平面布置和进度计划网络三部分。

在施工组织设计中，还应明确本项目的关键过程（如地基处理、特殊支模等）与特殊过程（如屋面防水工程与抗渗混凝土施工等），作为独立施工方案的编制依据。在必要情况下，也需要明确重要施工过程，以作为编制质量计划和编制安全计划的依据。

(2) 施工组织设计的报批

施工组织设计必须经过审批方才有效。一般，施工组织设计编制完成后，应由施工企业总工程师审批后，报监理单位，由现场总监批准实施。

3) 施工方案的编制

对施工组织设计中明确的关键过程、特殊过程以及重要过程，都应编制独立的施工方案。施工方案的报批程序与施工组织设计相同。

4) 项目质量计划的编制与报批

采用ISO 9000质量管理模式后，很多单位将项目质量计划设置成独立文本，但目前，大多是在施工组织设计中包括项目质量计划的内容。项目质量计划的报批与施工组织设计相同。

5) 安全策划

为了确保安全生产，很多施工企业正在实施职业安全健康体系标准（OSHMS18001标准），施工前都进行安全策划。

安全策划的前提是对危险源的识别与评估。这是一项非常好的安全控制方法。

6) 技术交底

工程技术交底分质量交底与安全交底，这里所说的技术交底主要是指质量技术交底。技术交底是将施工管理层的意志在作业层中贯彻实施的有效措施。一般分三个层次。

(1) 技术负责人对项目部人员及工长交底

主要是交代施工组织设计、施工方案的主要内容。

(2) 施工员（或工长）向班组长交底

主要交代工种配合以及图纸、规范、标准要求。

(3) 班组长对工人交底

主要明确任务及分工。

技术交底有多种形式，重要的技术交底应书面交底，填写表格，并进行签字确认。质量技术交底表见表3.18，安全技术交底表见表3.19。

表 3.18 质量技术交底记录表

建设工程名称		交底日期	
单位工程名称		记录人	
交底人		接受交底班组	
参加单位		单位代表	

注：1）本交底应按施工段、楼层和不同检验批分别做交底；
2）应由本人亲自签名；
3）本表一式两份，工地、班组各一份。

表 3.19 分部（分工种）工程安全技术交底记录

单位工程名称		交底时间	
交底部位		工　种	
交底人签名		被交底人签名	

2. 编制施工总平面图及三通一平实施情况

工程开工前，一般应完成现场布置工作。

1）施工总平面图的编制

施工现场布置要规划好生活区与生产区。生产区布置的首要工作是确定垂直运输设备的位置，同时要合理规划办公地点、仓库及材料堆放场地、施工临时道路、水电线路等。

2）三通一平

开工前必须保证施工现场水通、路通、电通及场地平整。

3. 工地建立质量管理制度

工程开工前，必须建立健全的工地管理制度。

实行严格的质量责任制，规定各部门质量工作的职责任务、权限，真正做到质量人人有责，任何质量工作均有对应的标准和专人管。

1）公司经理责任制

公司经理是企业质量管理的最高领导者和决策者，对本公司的工程质量负全面领导责任。

① 应组织建立健全企业的质量保证体系，贯彻执行国家的质量政策、方针、法令，并批准本公司贯彻实施办法，组织制订企业质量目标计划，组织讨论或决定重大质量决策。

② 及时掌握全企业的工程质量动态，协调各部门、各单位的管理工作的关系。

③ 坚持对职工进行素质教育，审批质量管理部门提出的重大质量奖惩意见或报告。

2）公司技术负责人责任制

① 在公司经理的领导下，对公司的质量管理工作负全面技术领导责任。

② 认真贯彻执行国家有关质量方针政策和上级颁发的技术规程、技术标准、操作规程。组织编制公司内实施上述内容的具体措施。

③ 组织审核本公司质量计划，并负责组织实施完成。

④ 参加或组织公司内质量工作会议，组织对重大质量事故的调查分析，审查批准处理方案。

⑤ 组织单位工程的质量检验评定工作，参加单位工程竣工验收，严格把好质量关，凡不合格的工程不得签字交工验收。

⑥ 组织公司的质量大检查。听取质量保证部门的情况汇报。有权制止任何严重影响质量的实施。有权制止严重违章施工的继续，有权决定返工。

3）项目经理责任制

① 在公司经理的领导下，在公司技术负责人的业务指导下，对确保本单位的工程质量负全面责任。

② 认真贯彻执行国家和上级有关工程质量的政策法令、规章制度，严格执行施工验收规范、施工操作技术规程、质量验收评定标准，坚决做到不合格工程不交工。

③ 牢固树立“质量第一”的观念，经常对职工进行“质量第一”方针的教育，让质量在本单位施工（生产）行使一票否决权，使人人都关心工程质量。

④ 组织职工开展创“优良”工作（产品）活动，表扬重视质量的好人好事，批评忽视质量的不良倾向；严格执行质量奖罚制度。并按照“四不放过”（事故原因分析不清不放过；事故责任者没有受到处理不放过；群众没有受到教育不放过；没有制订防范措施不放过）的原则，处理本单位的工程（产品）质量事故。

⑤ 组织单位工程的图纸预审、会审、结构验收和竣工验收，审核工程（产品）质量等级。

⑥ 严把原材料、成品、半成品和预制构件质量关，做到不符合质量要求和技术标

准的不验收、不使用。

⑦ 充分发挥专职质检员的作用，旗帜鲜明地支持他们对本单位的工程（产品）质量把好关。

4）施工员责任制

① 在公司经理和项目经理的领导下，对所承担施工的单位工程（产品）质量负有直接责任。

② 认真学习设计图纸及有关设计说明，严格按图施工，严格按工程建设标准强制性条文进行施工，按行业标准、企业标准和施工组织设计中的质量技术措施要求进行施工。

③ 组织分项工程技术复核工作，并对单位工程的定位、轴线、水准、标高的测量及定位放线等负直接的技术责任。

④ 参加单位工程图纸自审、会审；编制单位工程组织设计（或施工方案）；填写施工日记，在施工过程中按要求认真填写、收集、整理、分类、保管好各项原始记录等技术资料。

⑤ 组织公司专职质检员，建设（监理）单位、工程质量监督站等部门代表，对单位工程隐蔽、结构分部验收核定，会同有关单位进行竣工验收，并做出记录签证。

⑥ 在分部分项工程施工前，要向具体操作班组进行有关技术和质量指导，检查督促技术交底实施情况。

⑦ 随时掌握分部分项工程（产品）质量情况，认真指导班组自检、互检；主持班组交接班检查，组织有关人员进行分项检查评定，并要主动协助和支持公司专职质检人员对分项工程执行复检核定。

⑧ 把住材料质量关，原材料要有出厂合格证和抽样试验资料，凡不符合质量标准的材料坚决不使用。

⑨ 严格控制混凝土、砂浆的配合比；真正做到施工前有试验室配合比，施工中计量准确；并填好混凝土施工记录，认真按规定组数做好混凝土、砂浆试块。

⑩ 树立“百年大计，质量第一”的观点，开展创“优良”单位工程（产品）活动；表扬质量好的班组和个人。对质量不合格的要坚决返工，发生质量事故时，要及时报告经理和分公司经理，不得隐瞒不报。

5）专职质检员责任制

① 在经理领导下，担负本单位的工程（产品）质量检查、评定和监督等职责。

② 开展质量的宣传教育工作，经常深入工地和生产班组检查质量标准的执行情况，指导施工操作，对违反施工规范、操作规程、质量标准的要责令返工修整；对存在事故隐患的分项工程（产品），要向项目经理（施工员）提出纠正意见或发出质量问题通知书，并及时反映给经理。

③ 负责日常质量检查、评定工作，组织生产班组进行分项工程（产品）检验评定，并对分项分部工程（产品）质量等级进行评定；经常督促单位工程项目经理（施工员）做好技术资料管理工作。

④ 认真遵守公司有关规定，对本单位工程（产品）质量严格把关，坚持做到没有

单位工程自检记录不给评定分项分部工程质量等级。

⑤ 参加公司季度大检查，分析质量动态，提供正确数据并提出改正本公司质量措施意见。

⑥ 参加图纸会审、隐蔽工程检查验收、工程结构验收和竣工验收。

⑦ 坚持原则，正确掌握质量评定标准，大胆行使权限，协助经理开好质量分析会，参与质量事故的调查处理和报告，当好公司质量管理的参谋。

6）材料采购员责任制

在项目经理的领导下，应对所采购的原材料、成品、半成品的质量负责。

① 确立"百年大计，质量第一"的思想，严格把好原材料、成品、半成品质量关，采购材料的质量要满足设计要求和质量标准。

② 坚持原则，对原材料、成品、半成品严格认真地检查，对质量不合格的（结构性能、外观、几何尺寸等）绝不采购，以确保工程质量。

③ 加强责任心，对采购的原材料、成品、半成品，应向厂方或供货单位索取质量保证书（出厂合格证），否则不能进行验收入场。

④ 积极配合工地施工员、仓管员把好原材料、成品、半成品验收关，如发现不符合质量标准的，应负责退回、调换或处理。

⑤ 经常深入工地，听取工地施工管理人员对原材料、成品、半成品质量上的意见和建议，促进更好地保证采购质量。

7）班组长责任制

在项目经理（施工员）的领导下，对所担负的分项工程（产品）质量负责。

① 组织班组工人严格按图施工，按操作规程和技术交底操作；严格按工程建设标准强制性条文进行施工。

② 经常对班组工人进行"质量第一"、"精心操作"的思想教育，牢固树立为下一道工序着想的思想，严格把好每一道工序的操作质量关。

③ 全面负责班组质量自检、互检和工序交接检工作，发挥兼职质检员的作用，虚心接受施工员和质检员的检查、监督；对不合格的分项工程主动返工重做，直至符合质量标准。

④ 参加项目经理（施工员）组织的分项工程质量验收评定。

⑤ 认真把好使用原材料、成品、半成品的质量关，对进场不合格的要拒绝使用，并及时汇报项目经理（施工员）。

⑥ 经常督促班组工人，严格掌握各种材料配合比，不得套用、乱用配合比或随意改变比例操作，确保工程质量。

⑦ 出现质量问题或事故时，应本着实事求是的精神向施工员反映，不得隐瞒。

⑧ 在施工操作中，不断总结创"优良"工程（产品）的经验，不断提高自身技术素质，帮助班组工人提高操作技术水平。

8）生产工人责任制

在班组长领导下，在班组质检员的指导下，担负每一道工序保证操作质量的责任。

① 努力学习操作技术，做到"二懂三会"，即懂操作规程、懂质量标准，会看图

纸、会施工操作、会检测方法；坚持按图纸、按技术交底施工，按质量标准操作。

② 做好个人质量自检和班组内质量互检工作，对不合格的分项工程（产品）坚决返工重做，直到符合质量标准。

③ 牢固树立“质量第一”的思想，严格把好工程质量关，切实做到“三不”，即不合格材料不使用、不合格工序不交班、不合格分项工程（产品）不交工。

④ 虚心接受施工员、专职质检员和班组质检员的检查和指导，努力提高操作水平，为确保工程（产品）质量严格把关。

9）总工室责任制

① 贯彻国家和上级颁发的技术政策、规定和有关指标，负责施工图纸的会审和设计变更通知的下达，检查、指导建筑工程施工组织设计（方案）的编制；参加本企业初次采用的新材料、新工艺、新结构和特殊施工技术的研究、运用、总结、推广工作，解决处理提出的施工技术的疑难问题，定期组织质量、安全检查与认定工作，撰写质量、安全动态简报，参加工程质量和伤亡事故的调查、处理，并督促检查补救办法和改进措施的执行。

② 根据公司质量规划，具体编制有关质量的管理制度。

③ 参加单位工程的竣工验收和质量回访工作，做好技术档案的收集与整理工作。

10）工程部责任制

贯彻执行国家技术方针、政策、规定、规范、规程和上级有关指示，负责工程全面工作，做到有布置、有检查、有总结；参加工程的图纸会审；审查建筑工程的施工组织设计或施工方案中有关技术问题的部分，参加工程的竣工验收；组织工程质量回访工作，组织处理施工生产中发生的质量、安全问题；参加重大质量事故、伤亡事故的调查处理。

11）财务部责任制

坚决履行经济承包合同中质量与经济奖罚的有关规定，办理好技术部、工程部有关质量奖罚划账项目，做到专款专用，不与其他账目混杂并用。

12）人事部责任制

① 有针对性地对职工进行职业道德和质量形势教育，开展质量专题讨论，提高职工的质量意识；利用音像、录像等工具，播放有关事故现场或创优工程实况。

② 应把对质量做出突出贡献作为晋升技术职称或担任干部的重要条件，对因重大质量事故受过记过以上处分的列入个人档案。

4. 图纸学习情况

工程开工前，必须完成图纸自审、会审工作，将图面存在的问题解决。

5. 基础材料到场情况

工程开工前，基础工程施工的模板必须到场，钢筋必须进场检验并开始制作，其他基础材料必须已到场80％以上。

6. 基地完成情况

临时设施应全部搭设完成，包括生活设施必需的工人宿舍、食堂、仓库、澡堂、厕所等，生产设施的现场办公室、仓库、钢筋加工厂、木材加工厂等均应建设完毕。

7. 质量、安全措施准备及执行情况

质量、安全措施必须落实，包括塔吊的安装及安全认证、混凝土或砂浆搅拌设备的计量认证，应办理安全生产许可证及质量监督证等。

8. 其他准备工作中存在的问题

其他准备工作中存在的问题，包括特殊人员上岗证、开工前的各项准备工作等。

3.6 施工过程

3.6.1 砖混结构房屋产品的形成过程

砖混结构房屋产品的形成过程，是将图纸转化为实体的过程，主要须经过以下过程：定位放线—设置龙门桩（龙门板）—放基坑（基槽）开挖边线—土方开挖—地基验槽—浇筑混凝土垫层—基础放线—基础施工—基础验收—回填—抄平—放线—构造柱钢筋安装摆砖—立皮数杆—挂线—墙体砌筑—外墙脚手架搭设—砌筑—构造柱支模—楼面梁板支模—构造柱混凝土浇筑—楼面梁板钢筋安装—楼面预埋管道与预埋件敷设—楼面混凝土浇筑—进行墙体砌筑到楼面混凝土浇筑的循环—屋面混凝土浇筑—结构验收—室内外装修（屋面防水施工）—门窗工程—室内安装工程—室外工程—验收交工。

3.6.2 过程实施要点

1. 定位放线

根据图纸的定位坐标，在施工场地进行放线定位工作。一般由当地的测绘部门放线。如果是施工单位进行定位放线，则需要建设单位提供原始坐标点和水准点。

有的地方设计图纸不提供定位坐标，只提供与现有建筑物的相对位置，那么施工单位则应根据现有建筑物位置进行定位放线。

定位点一般设置木桩作为定位标志。

2. 设置龙门桩（龙门板）

由于定位点一般都是轴线相交点，进行基坑（或基槽）开挖时，都会将定位点挖掉，工程中常采用设置龙门桩（或龙门板）的方法将定位点转移。

龙门桩一般用两根 2m 的短钢管在轴线两侧、距离基坑（基槽）边缘约 2m 处打入地下（露出部分高于±0.000），在±0.000 部位加设一横杆，用红油漆在横杆上做一倒三角标记，倒三角的下顶部就是轴线位置，倒三角的水平部位就是±0.000 标高线。

龙门板是用木板制作的，设置方法与作用和龙门桩相同。

3. 放基坑（基槽）开挖边线

基坑（基槽）开挖边线的确定主要考虑放坡系数与基础施工工作面。一般来说，由于基础施工时间相对较长（需要 20 天，甚至更长的时间），因此较大的基坑施工需要设置排水沟。一般，基础边缘到混凝土垫层边缘为 100mm，混凝土垫层边缘到排水沟边缘为 300mm，排水沟上口宽 300mm，排水沟边缘到基坑坡底边缘为 300mm，基坑底部边缘到开挖边线的距离则由土的放坡系数确定。

4. 土方开挖

土方开挖一般采用反铲挖掘机开挖，汽车运土。

大的基坑开挖前应将塔吊安装完毕，并经过安全验收。

机械开挖土方时应留人工清土层。当设计采用桩基础时，清土层建议留 300mm 厚，避免将桩挖断。当没有桩基础时建议留 100mm 厚的人工清土层，以减少人工清土量。

人工清土层应在地基验槽前进行，验槽后进行垫层混凝土浇筑，在垫层浇筑前地基不得被雨淋。

5. 地基验槽

土方开挖到设计标高时，施工单位要组织人工清土，并做好地基验槽准备。清土后，如果地基土质均匀并与设计要求相符，则支设混凝土垫层模板，准备好验收资料请监理先行验收。监理复核同意后约请有关人员进行现场验收。

如果清土后发现有异，则必须立即报告监理方，协商处理，确保验槽时一次通过。

注意：我国部分地区地基验槽时还要查看钎探记录，应根据当地质量监督部门要求，先行进行钎探并做好钎探记录（表 3.20）。

表 3.20　地基钎探记录

工程名称：　　　　施工单位：　　　　钎探日期：

锤　重：　　　　落　距：　　　　直　径：

探点编号	锤击数								探点布置及处理部位示意图
	合计	2～30 /cm	30～60 /cm	60～90 /cm	90～120 /cm	120～150 /cm	150～180 /cm	180～210 /cm	
1									
2									
3									
4									
5									

续表

探点编号	锤击数								探点布置及处理部位示意图
	合计	2～30 /cm	30～60 /cm	60～90 /cm	90～120 /cm	120～150 /cm	150～180 /cm	180～210 /cm	
6									
7									
8									
9									
10									
11									
12									
13									
14									
结论	上述钎探贯入度数值表明，该地基持力层分布均匀，同意进入下道工序的施工								

工程技术负责人： 质量检查员： 钎探人：

地基验槽记录是非常重要的施工记录，因此必须认真组织。主要有以下工作：

① 人员组织 请甲方代表、监理代表、设计人、地质勘探人员、质量监督站、工程管理处等有关方面代表。

② 资料准备 施工图与设计变更、工程联系单、基坑平面与剖面示意图、验收签证单以及有关材料证明、钎探记录等技术文件资料。

③ 现场验收 有关人员到现场后要查看工程，并进行实测实量。

④ 现场验收会议 由总监主持会议，施工单位汇报基坑开挖施工情况，监理单位汇报监理情况，地质勘探单位说明地基与勘探情况是否相符，设计人说明地基能否满足设计要求。如果没有问题，有关方面当场在地基验槽记录表（表3.21）上签字。地基验槽记录至少3份原件。

⑤ 现场签字后立即浇筑混凝土垫层。

表3.21 地基验槽记录表

工程名称： 工程编号：

工程部位		开挖时间	
验槽日期		完成时间	

项 次	项 目	验收情况
1		
2		
3		

续表

<table>
<tr><td colspan="2">项　次</td><td colspan="3">项　目</td><td colspan="2">验收情况</td></tr>
<tr><td colspan="2">4</td><td colspan="3"></td><td colspan="2"></td></tr>
<tr><td colspan="2">5</td><td colspan="3"></td><td colspan="2"></td></tr>
<tr><td colspan="2">6</td><td colspan="3"></td><td colspan="2"></td></tr>
<tr><td colspan="2">7</td><td colspan="3"></td><td colspan="2"></td></tr>
<tr><td colspan="2"></td><td colspan="3"></td><td colspan="2"></td></tr>
<tr><td>附图或说明</td><td colspan="6"></td></tr>
<tr><td colspan="4">施工单位意见：

符合设计要求

项目经理：
项目技术负责人：
施工单位（公章）

年　　月　　日</td><td colspan="3">监理单位意见：

符合设计要求

总监理工程师：

监理单位（公章）

年　　月　　日</td></tr>
<tr><td colspan="2">勘察单位意见：

该地基土质符合要求，同意封底

项目负责人：
勘察单位（公章）

年　　月　　日</td><td colspan="3">设计单位意见：

该地基土质符合要求，同意封底

结构专业负责人：
设计单位（公章）

年　　月　　日</td><td colspan="2">建设单位意见：

同意进入下道工序的施工

项目负责人：
建设单位（公章）

年　　月　　日</td></tr>
</table>

6. 浇筑混凝土垫层

地基验槽签字后立即浇筑混凝土垫层。

7. 基础放线

常温下，混凝土垫层浇筑完12h后可以进行基础放线。

① 用22号钢丝，过龙门桩上三角形顶点绷紧，钢丝的交点就是原定位点。

② 用吊线锤将钢丝交点传递到混凝土垫层上，做出标记。
③ 测量轴线的长度与对角线长度，对传递来的轴线定位点进行确认。
④ 根据图纸尺寸放基础位置线与基础边线。

8. 基础施工

基础施工的内容在前面章节已有过介绍，此处不再赘述。

9. 基础验收

基础施工完毕后，准备回填前，必须组织基础验收。

基础验收方法，可参照地基验槽的方法进行，基础验收应填写分项验收记录表（表 3.22）。

表 3.22　基础钢筋分项工程质量验收记录表

工程名称		结构类型		检验批数	
施工单位		项目经理		项目技术负责人	
分包单位		分包单位 负责人		分包项目经理	
序号	检验批部位、区段	施工单位检查评定结果		监理（建设）单位验收结论	
检查结论	合格 项目专业 技术负责人： 年　月　日		同意验收 监理工程师： （建设单位项目专业技术负责人） 年　月　日		

注：分项工程可由一个或若干个检验批组成，检验批应按楼层、变形缝或施工段划分成若干个数量。

10. 回填

基础验收签字后组织回填。

11. 防潮层施工

基础防潮层应在基础墙全部砌到设计标高，并在室内回填土已完成后进行。防潮层的设置是为了防止土壤中水分沿基础墙中砖的毛细管上升而侵蚀墙体，造成墙身的表面抹灰层脱落，甚至墙身受潮冻结膨胀而破坏。如果基础墙顶部有钢筋混凝土地圈梁，则可以代替防潮层；如没有地圈梁，则必须做防潮层，即在砖基础上，室内地坪±0.000 以下 60mm 处设置防潮层，以防止地下水上升。

一般是铺抹 20mm 厚的防水砂浆。防水砂浆可采用 1∶2 水泥砂浆加入水泥质量的3%～5%的防水剂搅拌而成。如使用防水粉，应先把粉剂和水搅拌成均匀的稠浆再添加到砂浆中去，不允许用砌墙砂浆加防水剂来抹防潮层；也可浇筑 60mm 厚的细石混凝土防潮层。对防水要求高的，可再在砂浆层上铺油毡，但在抗震设防地区不能用。抹防潮层时，应先在基础墙顶的侧面抄出水平标高线，然后用直尺夹在基础墙两侧，尺面按水平标高线找准，然后摊铺防水砂浆，待初凝后再用木抹子收压一遍，做到平实且表面拉毛。

12. 找平并弹墙身线

砌墙之前，应将基础防潮层或楼面上的灰砂泥土、杂物等清除干净，并用水泥砂浆或豆石混凝土找平，使各段砖墙底部标高符合设计要求；找平时，需使上下两层外墙之间不致出现明显的接缝。随后开始弹墙身线。

弹线的方法：根据基础四角各相对龙门板，在轴线标钉上拴上白线挂紧，拉出纵横墙的中心线或边线，投到基础顶面上，用墨斗将墙身线弹到墙基上，内间隔墙如没有龙门板时，可自外墙轴线相交处作为起点，用钢尺量出各内墙的轴线位置和墙身宽度；根据图样画出门窗口位置线。墙基线弹好后，按图样要求复核建筑物长度、宽度、各轴线间尺寸。经复核无误后，即可作为底层墙砌筑的标准。

如在楼房中，楼板铺设后要在楼板上弹线定位。弹墙身线的方法如图 3.25 所示。

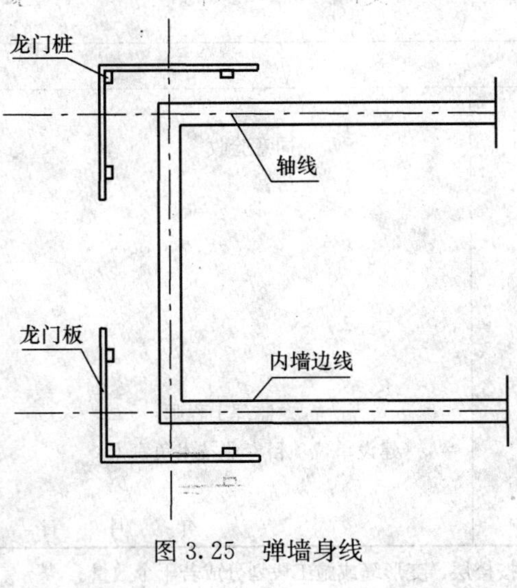

图 3.25　弹墙身线

13. 构造柱钢筋安装

墙体砌筑前应先安装构造柱钢筋。

构造柱钢筋通常采用 4 根直径 12～14mm 的钢筋做主筋，直径 6mm 的钢筋做箍筋。

砖混结构构造柱的钢筋必须保证通长顺直。当构造柱钢筋与其他钢筋位置（如圈梁钢筋）发生矛盾时，必须保证构造柱钢筋位置正确。钢筋加工检验批质量验收记录表（表3.23）。

表3.23 钢筋加工检验批质量验收记录表

（摘自GB 50204—2002）

<table>
<tr><td colspan="4">单位（子单位）工程名称</td><td colspan="9"></td></tr>
<tr><td colspan="4">分部（子单位）工程名称</td><td colspan="6"></td><td colspan="2">验收部位</td><td></td></tr>
<tr><td colspan="4">施工单位</td><td colspan="6"></td><td colspan="2">项目经理</td><td></td></tr>
<tr><td colspan="4">施工执行标准名称及编号</td><td colspan="9"></td></tr>
<tr><td colspan="5">施工质量验收规范的规定</td><td colspan="7">施工单位检查评定记录</td><td>监理（建设）单位验收记录</td></tr>
<tr><td rowspan="5">主控项目</td><td>1</td><td colspan="2">力学性能检验</td><td>第5.2.1条</td><td colspan="7"></td><td rowspan="10"></td></tr>
<tr><td>2</td><td colspan="2">抗震用钢筋强度实测值</td><td>第5.2.1条</td><td colspan="7"></td></tr>
<tr><td>3</td><td colspan="2">化学成分等专项检验</td><td>第5.2.1条</td><td colspan="7"></td></tr>
<tr><td>4</td><td colspan="2">受力钢筋的弯钩和弯折</td><td>第5.2.1条</td><td colspan="7"></td></tr>
<tr><td>5</td><td colspan="2">箍筋弯钩形式</td><td>第5.2.1条</td><td colspan="7"></td></tr>
<tr><td rowspan="5">一般项目</td><td>1</td><td colspan="2">外观质量</td><td>第5.2.1条</td><td colspan="7"></td></tr>
<tr><td>2</td><td colspan="2">钢筋调直</td><td>第5.2.1条</td><td colspan="7"></td></tr>
<tr><td rowspan="3">3</td><td rowspan="3">钢筋加工的形状、尺寸</td><td>受力钢筋顺长度方向全长的净尺寸</td><td>±10</td><td></td><td></td><td></td><td></td><td></td><td></td><td></td></tr>
<tr><td>弯起钢筋的弯折位置</td><td>±20</td><td></td><td></td><td></td><td></td><td></td><td></td><td></td></tr>
<tr><td>钢筋内净尺寸</td><td>±5</td><td></td><td></td><td></td><td></td><td></td><td></td><td></td></tr>
<tr><td colspan="3" rowspan="2">施工单位检查评定结果</td><td colspan="2">专业工长（施工员）</td><td colspan="3"></td><td colspan="3">施工班组长</td><td colspan="2"></td></tr>
<tr><td colspan="10">主控项目全部合格，一般项目满足施工规范规定要求
项目专业质量检查员：
年 月 日</td></tr>
<tr><td colspan="3">监理（建设）单位验收结论</td><td colspan="10">同意验收
专业监理工程师：
（建设单位项目专业技术负责人）
年 月 日</td></tr>
</table>

注：1）定性项目符合要求打“√”，反之打“×”；

2）定量项目加“○”表示超出企业标准，加“△”表示超出国家标准。

14. 摆砖样

在砌砖前，要根据已确定的砖墙组砌方式进行摆砖样（撂底），使砖的垒砌合乎错缝搭接要求，确定砌筑所需要块数，以保证墙身砌筑竖缝均匀适度，尽可能做到少砍砖。排砖时应根据进场砖的实际长度尺寸的平均值来确定竖缝的大小。

一般外墙第一层砖撂底时，两山墙排丁砖，前后檐纵墙排条砖。但纵墙是顺砌还是丁砌，应该从窗台部位算起。因为窗台砖必须丁砌，可以由此计算出是否顺砌。

根据弹好的门窗洞口位置线，认真核对窗间墙、垛尺寸，核对其长度是否符合排砖模数；如不符合模数时，可将门窗口的位置左右移动。若有砍砖，七分头或丁砖应排在窗口中间、附墙垛或其他不明显的部位。移动门窗口位置时，应注意暖卫立管安装及门窗开启时不受影响。另外，在排砖时还要考虑在门窗口上边的砖墙合拢时也不出现破活。所以排砖时必须全盘考虑，前后檐墙排第一皮砖时，要考虑甩窗口后砌条砖，窗角上必须是七分头才是好活。

15. 立皮数杆并检查核对

砌墙前应先立好皮数杆，皮数杆一般应立在墙的转角、内外墙交接处以及楼梯间等突出部位，其间距不应太长，以 15m 以内为宜。

皮数杆钉于木桩上，皮数杆下面的±0.000 线与木桩上所测的±0.000 线要对齐，都在同一水平线上，所有皮数杆应逐个检查是否垂直，标高是否准确，在同一道墙上的皮数杆是否在同一平面内。核对所有皮数杆上砖的层数是否一致，每皮厚度是否一致，对照图样核对窗台、门窗过梁、雨篷、楼板等标高位置，核对无误后方可砌砖。

16. 挂线

挂线的内容见本书前述章节。

17. 墙体砌筑

1）*砌砖工艺要点*

砌砖工艺要点见本书前述章节。

2）*门窗洞口、窗间墙砌法*

当墙砌到窗台标高以后，在开始往上砌筑窗间墙时，应对立好的窗框进行检查。察看安立的位置是否正确，高低是否一致，立口是否在一条直线上，进出是否一致，立得是否垂直等。如果窗框是后塞口的，应按图样在墙上画出分口线，留置窗洞。

砌窗间墙时，应拉通线同时砌筑。门窗两边的墙宜对称砌筑，靠窗框两边的墙砌砖时要注意丁顺咬合，避免通缝，并应经常检查门窗口里角和外角是否垂直。

当门窗框立上时，砌窗间墙不要把砖紧贴着门窗口，应留出 3mm 的缝隙，免得门窗框受挤变形。在砌墙时，应将门窗框上下走头砌入卡紧，将门窗框固定。

当塞口时，按要求位置在两边墙上砌入防腐木砖，一般窗高不超过 1.2m 的，每边放两块，距上下边都为 3～4 皮砖。木砖应事先做防腐处理。木砖埋砌时，应小头在外，这样不易拉脱。如果采用钢窗，则按要求位置预先留好洞口，以备镶固铁件。

当窗间墙砌到门窗上口时，应超出窗框上皮 10mm 左右，以防止安装过梁后下沉压框。

安装完过梁以后，拉通线砌长墙，墙砌到楼板支撑处，为使墙体受力均匀，楼板下的一皮砖应为丁砖层，如楼板下的一皮砖赶上顺砖层时，应改砌成丁砖层。此时出现两层丁砖，俗称重丁。

一层楼砌完后，所有砖墙标高应在同一水平。

18. 外墙脚手架搭设

当砌筑高度离地面 1.2～1.4m 时，应搭设外墙脚手架。外墙脚手架的搭设要求如下：

① 立杆纵距 1.5～2m，横距 1.05～1.55m。

② 小横杆端与墙距离 0.10～0.15m。

③ 横杆搭接长度大于 0.10m。

④ 步架高度一般为 1.2～1.4m。

⑤ 横杆外挑长度小于 150mm。

19. 砌筑

脚手架搭设后，再进行砌筑，直至梁底。砌筑告一段落后应向下一道工序进行交接，并填写交接记录。

20. 构造柱支模

砖墙砌筑完毕即可对构造柱支模，同时进行梁板支撑架设。

21. 楼面梁板支模

按设计要求进行梁板支模，检查验收梁板模板。模板检查验收合格后，应向下一道工序施工班组交接并填写交接班记录表（表 3.24）。

表 3.24 工序交接班记录表

工程名称		施工单位	
分项工程			
交班情况			
	交班班组长签名：		

续表

接班情况	
	接班班组长签名：
施工员意见	
	施工员签名：

注：表格内容要求用碳素墨水笔填写。

22. 构造柱混凝土浇筑

梁板模板支设后，可以浇筑构造柱混凝土。

23. 楼面梁板钢筋安装

进行梁板钢筋安装，先安装梁的钢筋，就位后安装板的钢筋。检查安装质量并请监理验收。钢筋安装时应向给水、电气、电讯、燃气、采暖等专业办理会签。

24. 楼面预埋管道与预埋件敷设

楼面预埋管道与预埋件敷设完毕后，请监理验收，同时办理钢筋工程隐蔽验收，并填写验收表格（表 3.25）。

表 3.25　钢筋工程隐蔽检查验收记录表

工程名称：

验收部位		验收日期	
质量检查情况	检查项目	施工单位自检	建设（监理）
	钢筋材质试验或证明		
	焊接质量及试验		
	主筋规格数量及间距		
	锚固和搭接长度		
	接头部位		
	保护层垫块		
	模板自检评定		
	钢筋自检评定		
	承重墙柱自检评定		

续表

	检查项目	施工单位自检	建设（监理）
质量检查情况	原材料试验及配比		
	预埋件预留洞位置		
	施工缝设置处理		
简图或说明	本钢筋检验批质量经施工单位自检合格后，向监理单位报验，经监理单位复检符合设计图纸要求，并同意施工单位进行混凝土的浇灌。		

施工单位自评：	监理（建设）单位评定：
项目经理： 专职质检员： 年　　月　　日	监理工程师： （建设单位代表）： 年　　月　　日

注：表格内容要求用碳素墨水笔填写。

25. 楼面混凝土浇筑

钢筋隐蔽工程验收后，可以组织混凝土浇筑，填写混凝土工程施工记录表（表3.26）。

表3.26　混凝土工程施工记录表

施工单位：

工作编号			工程名称		
构件名称			浇灌时数		
浇灌日期					
混凝土数量：	混凝土强度等级：			坍落度：	
配合比成分	水	水泥	砂	石子	外加剂
试验配合比					
施工配合比					

续表

水泥品种			出厂日期		
出厂标号			计算标号		
砂级配		砂密度		砂含水量	
石子级配		石子密度		石子含水量	
劳动组织：					
搅拌捣实方法			每工每日平均产量		
浇灌气温					
试验强度					
施工缝位置：					
养护情况：					
质量情况					

项目经理：　　　　项目技术负责人：　　　　施工员：

26. 进行墙体砌筑到楼面混凝土浇筑的循环

当楼面混凝土浇筑完 12h 后，常温下可以在楼面放线并安装构造柱钢筋，但不可以进行砌筑施工。砌筑施工应在 24h 后进行，每层施工的重复动作不再赘述。

27. 屋面混凝土浇筑

屋面浇筑混凝土也叫结构封顶，是主体结构施工阶段的重要标志。

28. 结构验收

主体结构施工结束之后，装饰装修阶段开始之前必须进行砖砌体分项验收(表 3.27)和结构验收。主体结构验收必须约请有关单位（包括设计院、建设单位、监理单位、施工单位）和有关政府部门（工程质量监督站和工程管理处等）共同验收，并当场在结构验收记录表（表 3.28）上签字。

表 3.27　砖砌体分项工程质量验收记录表

<table>
<tr><td>工程名称</td><td></td><td>结构类型</td><td></td><td>检验批数</td><td></td></tr>
<tr><td>施工单位</td><td></td><td>项目经理</td><td></td><td>项目技术负责人</td><td></td></tr>
<tr><td>分包单位</td><td></td><td>分包单位负责人</td><td></td><td>分包项目经理</td><td></td></tr>
<tr><td>序号</td><td>检验批部位、区段</td><td colspan="2">施工单位检查评定结果</td><td colspan="2">监理（建设）单位验收结论</td></tr>
<tr><td></td><td></td><td colspan="2"></td><td colspan="2" rowspan="7"></td></tr>
<tr><td></td><td></td><td colspan="2"></td></tr>
<tr><td></td><td></td><td colspan="2"></td></tr>
<tr><td></td><td></td><td colspan="2"></td></tr>
<tr><td></td><td></td><td colspan="2"></td></tr>
<tr><td></td><td></td><td colspan="2"></td></tr>
<tr><td></td><td></td><td colspan="2"></td></tr>
<tr><td colspan="6">说明：</td></tr>
<tr><td>检查结论</td><td colspan="2">合格

项目专业
技术负责人：
年　月　日</td><td colspan="3">同意验收

监理工程师：
（建设单位项目专业技术负责人）
年　月　日</td></tr>
</table>

注：分项工程可由一个或若干个检验批组成，检验批应按楼层、变形缝或施工段划分成若干个数量。

表 3.28　结构工程验收记录表

工程名称：

<table>
<tr><td colspan="2">建筑面积</td><td></td><td>层数</td><td></td></tr>
<tr><td colspan="2">结构类型</td><td></td><td>开工日期</td><td></td></tr>
<tr><td colspan="2">验收日期</td><td></td><td>完工日期</td><td></td></tr>
<tr><td rowspan="4">验收内容</td><td>验收部位</td><td colspan="3"></td></tr>
<tr><td>质保资料</td><td colspan="3"></td></tr>
<tr><td>外观情况</td><td colspan="3"></td></tr>
<tr><td>其他</td><td colspan="3"></td></tr>
</table>

续表

<table>
<tr><td>施工单位自评：

项目经理：
项目技术负责人：
企业技术负责人：

施工单位（公章）

年　月　日</td><td>监理单位评定：

总监理工程师：

监理单位（公章）

年　月　日</td></tr>
<tr><td>设计单位验收意见：

结构专业负责人：

设计单位（公章）

年　月　日</td><td>建设单位评定：

项目负责人：

建设单位（公章）

年　月　日</td></tr>
</table>

结构验收时，还需要对砌筑砂浆强度以及混凝土强度进行评定（表 3.29 和表 3.30）。

表 3.29　砂浆强度检验评定表

工程名称：

结构部位	施工时间		报告单编号	检验强度	评定条件
	月	日			
评定结果					

审核人：　　　　　　　　　制表人：　　　　　　　　　　　　年　　月　　日

表 3.30　混凝土强度检验评定表

工程名称：

结构部位	施工时间		报告单编号	检验强度	评定条件
	月	日			
评定结果					

审核人：　　　　　　　　　制表人：　　　　　　　　　　　　年　　月　　日

29. 室内外装修

主体结构验收完后，可以进行室内外装饰装修，施工完成应组织验收并记录（表 3.31 和表 3.32）。

表 3.31　抹灰分部（子分部）工程质量验收记录表

工程名称		结构类型		层次	
施工单位		技术部门负责人		质量部位负责人	
分包单位		分包单位负责人		分包技术负责人	
序号	分项工程名称	检验批数	施工单位检查评定	验收意见	
质量控制资料					
安全和功能检验报告					
观感质量验收					
验收单位	分包单位	项目负责人：（签章） 年　月　日			
	施工单位	项目负责人：（签章） 年　月　日			
	勘察单位	项目负责人：（签章） 年　月　日			
	设计单位	项目负责人：（签章） 年　月　日			
	监理（建设）单位	总监理工程师： （建设单位项目专业负责人） 年　月　日			

说明：子分部工程全部验收合格，则该分部工程合格。

表 3.32　建筑装饰装修分部工程质量验收记录表

工程名称		结构类型		层次	
施工单位		技术部门负责人		质量部位负责人	
分包单位		分包单位负责人		分包技术负责人	
序号	分项工程名称	检验批数	施工单位检查评定	验收意见	
质量控制资料					
安全和功能检验报告					
观感质量验收					
验收单位	分包单位	项目经理：（签章） 年　月　日			
	施工单位	项目经理：（签章） 年　月　日			
	勘察单位	项目负责人：（签章） 年　月　日			
	设计单位	项目负责人：（签章） 年　月　日			
	监理（建设）单位	总监理工程师： （建设单位项目专业负责人） 年　月　日			

说明：1）子分部工程全部验收完成，则该分部工程合格；

2）分部工程质量验收记录表可做可不做。

30. 屋面防水施工

屋面防水工程可以与装饰装修工程同步施工。但防水施工单位必须具有相应的资质，并报监理单位审批（表 3.33）。

表 3.33　建筑防水工程施工报批表

<table>
<tr><td colspan="4">单位工程名称</td><td colspan="3"></td><td colspan="3">防水工程项目</td><td></td></tr>
<tr><td colspan="4">单位工程施工单位</td><td colspan="3"></td><td colspan="3">防水面积</td><td></td></tr>
<tr><td colspan="4">建设单位</td><td colspan="3"></td><td colspan="3">设计单位</td><td></td></tr>
<tr><td colspan="4">主送</td><td colspan="3"></td><td colspan="3"></td><td></td></tr>
<tr><td colspan="4">设计防水要求</td><td colspan="3"></td><td colspan="3"></td><td></td></tr>
<tr><td rowspan="9">报告内容</td><td>1</td><td colspan="5">防水施工单位</td><td colspan="4"></td></tr>
<tr><td>2</td><td colspan="5">防水技术施工操作持证人员</td><td colspan="4"></td></tr>
<tr><td>3</td><td colspan="5">防水施工组织设计（施工方案）</td><td colspan="4"></td></tr>
<tr><td>4</td><td colspan="5">材料厂家和材料品名</td><td colspan="4"></td></tr>
<tr><td>5</td><td colspan="5">材料合格证及复检报告单</td><td colspan="4"></td></tr>
<tr><td>6</td><td colspan="5">防水项目拟开工日期</td><td colspan="4"></td></tr>
<tr><td>7</td><td colspan="5">防水工程检查要求</td><td colspan="4"></td></tr>
<tr><td></td><td colspan="5"></td><td colspan="4"></td></tr>
<tr><td></td><td colspan="5"></td><td colspan="4"></td></tr>
<tr><td colspan="6">建设（监理）单位审查意见</td><td colspan="5">年　月　日</td></tr>
<tr><td colspan="3">报告日期</td><td colspan="3">年　月　日</td><td colspan="2">监督站签收日期</td><td colspan="3">签章
年　月　日</td></tr>
<tr><td colspan="11">监督员审核意见：
签名：
年　月　日</td></tr>
<tr><td colspan="5">施工单位（报批单位）：
（公章）
单位工程负责人
年　月　日</td><td colspan="4">建设（监理）单位
（公章）
项目管理负责人
年　月　日</td><td colspan="2">监督部门审批意见
（公章）
部门负责人
年　月　日</td></tr>
</table>

说明：本报告一式 3 份，监督站审批后，建设（监理）、施工、监督站各存 1 份。

建筑防水施工完毕后应进行淋水试验并记录（表3.34）。

表3.34　屋面、厕浴间蓄、淋水试验抽检记录表

工程名称		防水项目		抽检次数	
施工自报	蓄、淋水试验完成情况				
	蓄、淋水试验记录				
	蓄、淋水试验完成日期				
监督站抽检记录	防水项目	楼层	单元号	部位	蓄、淋水时间	检查结果
	屋面					
	楼地面					
参加单位意见	施工单位工程负责人： 符合要求 签章 年　月　日	建设（监理）单位负责人： 符合要求 签章 年　月　日	监督站抽检人员： 符合要求 签章 年　月　日			
蓄、淋水试验抽检结果	监督站部门负责人 年　月　日					

注：1）本表一式3份，施工、建设（监理）、监督站各1份；

2）屋面全数检查，厕浴间按总间数15%抽查。

31. 门窗工程

门窗工程在室内管道与设备安装前进行。门窗工程验收见表 3.35 和表 3.36。

表 3.35　门窗分部（子分部）工程质量验收记录表

工程名称		结构类型		层数	
施工单位		技术部位负责人		质量部门负责人	
分包单位		分包单位负责人		分包技术负责人	
序号	分项工程名称	检验批数	施工单位检查评定	验收意见	
质量控制资料					
安全和功能检验（检测）报告					
观感质量验收					
验收单位	分包单位	项目经理： 年　月　日			
	施工单位	项目经理： 年　月　日			
	勘察单位	项目负责人： 年　月　日			
	设计单位	项目负责人： 年　月　日			
	监理（建设）单位	总监理工程师： （建设单位项目专业负责人） 年　月　日			

说明：子分部工程全部验收合格，则该分部工程合格。

表 3.36 木门窗制作与安装分项工程质量验收记录表

工程名称		结构类型		检验批数	
施工单位		项目经理		项目技术负责人	
分包单位		分包单位负责人		分包项目经理	
序号	检验批部位、区段	施工单位检查评定结果		监理（建设）单位验收结论	
检查结论	合格 项目专业 技术负责人： 年 月 日		验收结论	同意验收 监理工程师 （建设单位项目专业技术负责人） 年 月 日	

注：分项工程可由一个或若干个检验批组成，检验批应按楼层、变形缝或施工段划分成若干个数量。

32. 室内安装工程

室内安装工程包括室内给水排水、采暖通风、电气通讯等设施安装，一般在装修工程完毕后进行。

33. 室外工程

室外工程主要包括室外给水排水、采暖通风、电气通讯等，还包括园区内道路工程。

34. 验收交工

各分项工程施工完毕经过验收后，应及时组织分部工程验收。分部工程验收完毕后，应及时整理归档图纸与文件资料，交当地档案部门验收，然后应及时组织单位工程验收。在单位工程验收的基础上，办理交工验收。

应该明白，对于施工单位来说，交工验收越早越好，因为交工验收标志着合同的完成，工程保修服务期限是从交工验收之日开始计算的。只有办理完交工验收才能办理结算。分部工程验收汇总表见表 3.37，单位（子单位）工程质量控制资料核查记录表见表 3.38，单位（子单位）工程安全和功能检验资料核查及主要功能抽查记录表见表 3.39，单位（子单位）工程观感质量检查记录表见表 3.40，单位工程竣工预验收检查记录表见表 3.41，单位（子单位）工程质量竣工验收记录表见表 3.42，单位工程质量核验申请表见表 3.43。

表 3.37　分部工程验收汇总表

工程名称：

<table>
<tr><td colspan="2">建筑面积</td><td></td><td>结构类型</td><td></td><td>层数</td><td></td></tr>
<tr><td colspan="2">施工单位</td><td></td><td>监理单位</td><td colspan="3"></td></tr>
<tr><td>序号</td><td colspan="2">分部工程名称</td><td colspan="2">施工单位自评</td><td colspan="2">监理（建设）单位评定</td></tr>
<tr><td>1</td><td colspan="2">地基与基础分部</td><td colspan="2"></td><td colspan="2"></td></tr>
<tr><td>2</td><td colspan="2">主体分部</td><td colspan="2"></td><td colspan="2"></td></tr>
<tr><td>3</td><td colspan="2">屋面分部</td><td colspan="2"></td><td colspan="2"></td></tr>
<tr><td>4</td><td colspan="2">门窗分部</td><td colspan="2"></td><td colspan="2"></td></tr>
<tr><td>5</td><td colspan="2">楼地面分部</td><td colspan="2"></td><td colspan="2"></td></tr>
<tr><td>6</td><td colspan="2">装修与装饰分部</td><td colspan="2"></td><td colspan="2"></td></tr>
<tr><td>7</td><td colspan="2">水卫分部</td><td colspan="2"></td><td colspan="2"></td></tr>
<tr><td>8</td><td colspan="2">电气分部</td><td colspan="2"></td><td colspan="2"></td></tr>
<tr><td>9</td><td colspan="2"></td><td colspan="2"></td><td colspan="2"></td></tr>
<tr><td>10</td><td colspan="2"></td><td colspan="2"></td><td colspan="2"></td></tr>
<tr><td>11</td><td colspan="2"></td><td colspan="2"></td><td colspan="2"></td></tr>
<tr><td rowspan="2">参加验收单位</td><td colspan="2">施工单位</td><td colspan="4">企业技术负责人
（签章）
年　月　日</td></tr>
<tr><td colspan="2">勘察设计</td><td colspan="4">项目负责人
（签章）
年　月　日</td></tr>
</table>

续表

参加验收单位		
参加验收单位	监理单位	总监理工程师 （签章） 年　月　日
	建设单位	项目负责人 （签章） 年　月　日

表3.38　单位（子单位）工程质量控制资料核查记录表

工程名称		施工单位			
序号	项目	资料名称	份数	核查意见	核查人
1	建筑与结构工程				
2					
3					
4					
5					
6					
1	水暖和卫生工程				
2					
3					
4					
1	电气工程				
2					
3					
4					
5					
1	通风与空调				
2					
3					
4					
5					

续表

序号	项目	资料名称	份数	核查意见	核查人
1	电梯				
2					
3					
4					
5					
1	建筑智能化				
2					
3					
4					
5					
结论	经自查符合设计要求和施工规范规定。 施工单位 项目经理： 年　月　日		经核查符合设计要求和施工规范规定。 总监理工程师 （建设单位项目负责人）： 年　月　日		

表 3.39　单位（子单位）工程安全和功能检验资料核查及主要功能抽查记录表

工程名称			施工单位			
序号	项目	安全和功能检查项目	份数	核查意见	抽查结果	核查人
1	建筑与结构					
2						
3						
4						
5						
6						
7						
8						
9						
10						

续表

序号	项目	安全和功能检查项目	份数	核查意见	抽查结果	核查人
1	给排水与采暖					
2						
3						
4						
5						
6						
7						
1	电气					
2						
3						
4						
5						
1	通风空调					
2						
3						
4						
1	电梯					
2						
3						
4						
1	智能建筑					
2						
3						
4						
结论	经自查符合设计要求和施工规范规定。 施工单位 项目经理 年　月　日			经核查符合设计要求和施工规范规定。 总监理工程师 （建设单位负责人） 年　月　日		

表 3.40　单位（子单位）工程观感质量检查记录表

工程名称							施工单位								
序号	项目		抽查质量状况										质量评价		
													好	一般	差
1	建筑与结构														
2															
3															
4															
5															
6															
7															
8															
9															
1	给排水与采暖														
2															
3															
4															
5															
6															
1	电气														
2															
3															
4															
5															
1	通风空调														
2															
3															
4															
1	电梯														
2															
3															
1	智能建筑														
2															
3															
4															

续表

<table>
<tr><td rowspan="2">序号</td><td rowspan="2">项目</td><td rowspan="2">抽查质量状况</td><td colspan="3">质量评价</td></tr>
<tr><td>好</td><td>一般</td><td>差</td></tr>
<tr><td colspan="6">观感质量综合评价：</td></tr>
<tr><td>检查结论</td><td colspan="2">本工程观感质量经检查符合设计要求和施工规范规定。
施工单位
项目经理
年　月　日</td><td colspan="3">本工程观感质量经核查符合设计要求和施工规范规定。
总监理工程师
（建设单位项目负责人）
年　月　日</td></tr>
</table>

注：1）质量评价差的项目，应进行返修；
2）表格内容要求用碳素墨水笔填写。

表 3.41　单位工程竣工预验收检查记录表

施工单位：　　　　验收日期：

<table>
<tr><td>建设单位</td><td></td><td>工程项目</td><td></td></tr>
<tr><td>建筑面积</td><td></td><td>工程造价</td><td></td></tr>
<tr><td>结构型式</td><td></td><td>建筑层数</td><td></td></tr>
<tr><td>开工日期</td><td></td><td>竣工日期</td><td></td></tr>
<tr><td colspan="4">验收存在问题摘要：

说明：</td></tr>
<tr><td colspan="2">公司检查人员

（盖章）
年　月　日</td><td colspan="2">项目经理

施工员

年　月　日</td></tr>
</table>

注：本表一式 2 份，公司、项目部各执 1 份。

表 3.42 单位（子单位）工程质量竣工验收记录表

<table>
<tr><td>工程名称</td><td></td><td>结构类型</td><td></td><td>建筑面积</td><td></td></tr>
<tr><td>施工单位</td><td></td><td>技术负责人</td><td></td><td>开工日期</td><td></td></tr>
<tr><td>项目经理</td><td></td><td>项目技术负责人</td><td></td><td>竣工日期</td><td></td></tr>
<tr><td>序号</td><td>项目</td><td colspan="2">验收记录</td><td colspan="2">验收结论</td></tr>
<tr><td>1</td><td>分部工程</td><td colspan="2"></td><td colspan="2"></td></tr>
<tr><td>2</td><td>质量控制资料核查</td><td colspan="2"></td><td colspan="2"></td></tr>
<tr><td>3</td><td>安全和主要使用功能核查及抽查结果</td><td colspan="2"></td><td colspan="2"></td></tr>
<tr><td>4</td><td>观感质量验收</td><td colspan="2"></td><td colspan="2"></td></tr>
<tr><td>5</td><td>综合验收结论</td><td colspan="2"></td><td colspan="2"></td></tr>
<tr><td rowspan="4">参加验收单位</td><td colspan="2">建 设 单 位</td><td colspan="3">监 理 单 位</td></tr>
<tr><td colspan="2">（公 章）
单位（项目）负责人
年 月 日</td><td colspan="3">（公 章）
总监理工程师
年 月 日</td></tr>
<tr><td colspan="2">施 工 单 位</td><td colspan="3">设 计 单 位</td></tr>
<tr><td colspan="2">（公 章）
单位负责人
年 月 日</td><td colspan="3">（公 章）
单位（项目）负责人
年 月 日</td></tr>
</table>

注：表格内容要求用碳素墨水笔填写。

表 3.43　单位工程质量核验申请表

工程名称		结构类型	
工程地点		建筑面积	
设计单位		工程造价	
开工日期		竣工日期	
申　请 内　容			
企　业 意　见			
建　设 （监　理） 单　位 意　见			
备　注			

注：此表工程核验后归入监督档案。

3.7　施工过程控制

施工过程管理与内容非常广泛，一般包括“四控制”（进度控制、质量控制、安全控制、成本控制）、“四管理”（合同管理、文件资料管理、物资设备管理、信息管理）和“两协调”（专业协调、平面使用协调）。

3.7.1　施工合同管理

项目施工合同是项目实施的主要依据，因此，施工合同管理是工程项目管理与控制的第一要务。项目施工人员必须熟悉合同内容。

工程合同一般分通用条款与专用条款，施工人员要关注通用条款，更应关注专用条款。

1. 合同管理的内容

合同管理的内容见表 3.44。

表 3.44　合同管理的内容

项目经理部合同管理内容	专业项目部合同管理内容
1. 工程合同现场交底； 2. 新增工程内容的合同或补充协议续签； 3. 因特殊原因合同变更、解除的处理； 4. 参与材料采购、机械租赁、成品与半成品加工委托合同的签订； 5. 分包合同管理； 6. 建立合同台账	1. 参与现场合同交底； 2. 参与材料采购、机械租赁、成品与半成品加工委托合同的签订； 3. 分包合同管理； 4. 建立分包合同台账

2. 合同管理具体做法

合同管理的具体做法见表 3.45。

表 3.45　合同管理工作

项目经理部合同管理的具体做法	专业项目部合同管理的具体做法
1. 参与公司市场营销部的合同交底内容及时在现场向有关部门和专业项目部交底； 2. 合同履行过程中如出现有争议的问题负责与业主等联系解决；如果重大问题应及时书面报原合同经办部门和相关主管部门，请示解决办法； 3. 合同履行过程中，如果原合同范围内有较大的项目增减，需补充合同时，应及时报原合同经办部门和相关主管部门，按批示的意见办理；如需新签合同时由原合同经办部门签订，并纳入该项目部统一管理； 4. 合同执行如遇有重大变更或解除，应及时书面报告公司，按公司研究的意见办理； 5. 协助项目经理部有关部门完成材料采购、机械租赁等内容的招标、合同签订； 6. 建立合同台账，保存好合同，竣工后及时归档	1. 参加合同交底，并及时将交底内容向本专业项目部有关人员传达； 2. 负责对经批准的分包工程的合同实施（工程分包按公司工程任务分包管理办法执行），并将分包合同报项目经理部经营部备案，分包工程施工过程中超越合同范围时要及时向二级单位经营部门报告，认真处理； 3. 协助项目部有关组完成材料采购、机械租赁等内容的招标、合同签订； 4. 将各种合同分门别类地建立台账，竣工后及时归档

3. 合同管理要达到的目标

① 合同交底清楚。
② 对合同执行过程中出现的问题应及时报告、研究并妥善解决。
③ 工程分包按公司管理办法执行，经济秩序正常。
④ 合同台账完整、清楚。

3.7.2　施工进度控制

施工进度应按照施工进度总网络计划实施进度控制，内容如下：
① 编制下达月、周施工计划，定期进行检查考核。

② 深入施工现场，掌握施工动态和动向。

③ 召集工程例会，及时调度各种施工资源；协调平行交叉作业中的各种问题。

④ 争取业主、监理单位和当地政府主管部门的密切配合，创造良好的外部施工条件。

⑤ 根据施工条件和进度变化情况，及时调整网络计划，抓好关键工序。

⑥ 对非施工原因造成的工期拖延，及时做好变更签证工作。

3.7.3　施工质量控制

为了贯彻实施公司的质量方针，落实工程质量领导责任制和工程质量终身负责制，促进公司工程质量管理工作向科学化、标准化、规范化迈进，特制定本细则。凡公司所属施工单位承建的建筑安装工程项目质量管理，必须遵守本细则。

1. 组织机构

① 项目经理部设立工程质量检查站，质量检查站受项目经理、技术负责人的领导，并在公司质量处的指导下，完成工程项目的质量检查管理工作。

② 项目经理部质量检查站站长由项目经理聘任，并须报经公司质量处认可后上岗。

③ 项目经理部质量检查员必须持证上岗，并保持相对稳定。

2. 质量职责

① 项目经理是工程质量的第一责任人，组织贯彻落实公司的质量方针，组织制订项目质量计划，确保质量保证体系在项目中的有效运行。

② 技术负责人对项目经理负责，主管项目经理部的质量管理工作，负责制订项目质量计划，并组织编制施工组织设计、施工作业设计，大力推广新工艺、新技术，进行质量改进，提高工程质量。

③ 质量检查站站长在项目经理部和公司质量处的领导下，负责施工准备阶段的质量管理和施工全过程的质量检查与评定、核定工作的监督管理。

④ 质量检查员按设计图纸、施工规范、规程做好过程质量检查，并按国家、行业检验评定标准做好分项、分部工程质量核定工作。

3. 质量管理活动

1）施工准备阶段的质量管理

① 项目经理部应在开工前组建工程质量检查站，督促专业项目部配备专检员并为其配备必要的资源。

② 项目经理部应制订出本项目的“项目质量计划”，明确关键工序、特殊工序并做好相应的技术准备工作，明确质量目标，明确所使用的规范、标准和规程，划分工程项目，制订检验和试验计划。

③ 项目经理部应根据工程的实际情况建立相应的质量工作制度和工程质量奖惩办法。

2）过程质量检查

① 工程（产品）质量检查必须严格执行三检制，即自检、专检和交接检，质量检查员在自检的基础上进行专检。项目经理部和专业项目部应随时检查原材料、半成品的标识及检验状态标识。

② 项目经理部和专业项目部应对业主提供的半成品或工程进行验证、验收，对关键工序、特殊工序施工质量进行跟踪检查并做好台账。

③ 基槽施工完毕后，单位工程施工负责人必须填写“地基验槽记录”，并及时约请业主代表、监理人员、设计或勘察单位进行验槽，签认后方可进行基础施工。

④ 混凝土浇灌前，浇灌单位必须接到“混凝土浇灌通知单”方可进行浇灌。500m^3 以下的混凝土经专检员检查合格后，由专业项目部技术负责人签发“混凝土浇灌通知单”，大体积混凝土或连续浇灌 500m^3 以上的混凝土工程经检查合格后，项目经理部技术负责人签发“混凝土浇灌通知单”。

⑤ 隐蔽工程在隐蔽施工前，应由单位工程施工负责人认真填写“隐蔽工程验收记录”，并及时约请业主代表、监理人员进行检查、验收并签署检查意见，认可后方能进行隐蔽。

⑥ 各专业工序之间必须办理中间交接手续，接收单位应对上工序的工程质量进行复查并确认，交接手续完成后，接收单位应对上工序成品予以保护。交接中发现工序失控，项目经理部应下达整改通知单。

⑦ 各种管道、机械设备、电气设备安装工程，工业窑炉工程必须按规定进行检验和签证。

⑧ 施工过程中，专业项目部技术负责人应按月对工程技术资料的收集、整理进行检查，如原材料的材质和复检报告是否齐全，保证工程技术资料与工程进度同步。

3）工程质量评定与核定

① 分项工程完成后，单位工程施工负责人应及时组织分项工程质量评定，并填写“分项工程质量评定表”，专检员根据专检情况及分项工程质量保证资料核查情况进行质量等级核定。

② 分部工程所包含的分项工程核定完毕后，专业项目部技术负责人应及时组织对分部工程技术资料的审核，并填写“分部工程质量评定表”。专检员根据分项工程质量和工程技术资料进行质量等级核定。其中，地基与基础分部、主体分部核定完毕后，项目经理负责人约请质监部门进行验收，并签署“地基与基础工程验收记录”、“主体工程结构验收记录”。

③ 单位工程竣工后，项目经理部技术负责人组织有关人员进行单位工程质量等级评定。质量保证资料核查表由项目经理部负责核查填写；单位工程观感质量评定表由项目经理部质量检查站组织有关人员填写；单位工程的综合评定工作由项目经理部技术负责人组织进行。

4）工程创优管理

① 项目经理部根据公司质量计划创优目标要求，在项目经理和技术负责人的组织下，制订创优计划并以文件形式发各专业项目部，同时报公司质量处。

② 项目经理部技术负责人应根据工程进展情况，组织对工程的中间检查和资料审核，按照划定的分部、分项工程，严格实行质量预控，确保关键的分部、分项工程质量达到优良标准。

③ 项目经理部应在施工过程中收集申报优质工程所需的文字、图片和音像资料。

5）对不合格品的处置

工程项目出现不合格品后，专业项目部应及时进行评审、处置、验证，制订纠正预防措施，并做好质量记录。对出现的工程质量事故必须及时上报公司质量处，同时做好工程质量事故的调查分析，制订事故处理方案。重大质量事故须在 24 h 内报送公司质量处。

6）质量抽查

项目经理部每月应制订检查工作计划，对专业项目部工程质量情况、质量管理活动情况进行抽查。

7）质量检查总结

项目经理部每月应对检查工作进行总结，并于每月 25 日前报送公司质量处。

3.7.4　施工安全控制

为了科学合理地组织安全文明施工生产，最大限度地预防各类伤亡事故的发生，保障职工在施工生产过程中的安全与健康，不断提高项目经理部安全文明施工生产的管理水平，特制定本细则。

1. 安全生产责任制

工程建设必须贯彻“安全第一、预防为主”的方针，坚持“管生产必须管安全”和“谁主管、谁负责”的原则。在工程项目上建立健全以项目经理为核心的分级负责的安全生产责任制，完善项目安全管理组织保证体系，使安全生产管理工作始终贯穿于施工生产的全过程，在计划、布置、检查、总结、评比施工生产的同时，计划、检查、总结、评比安全生产工作，努力改善劳动作业条件，消除各类事故隐患，实现安全生产。

① 项目经理是受公司法人委托的工程项目负责人，当然也是工程安全生产的第一责任人，对工程安全生产管理工作负有全面责任，应认真贯彻落实安全生产的政策、法规，遵守行业安全管理规定，为职工办理工伤意外伤害保险，自觉接受上级主管部门的监督检查，组织领导项目经理部安全管理机构正常开展各项日常管理工作，主持召开安全专题会议，开展安全检查，增加安全措施的经费投入，消除事故隐患，带头遵章守纪，不违章指挥。

② 技术负责人对工程安全技术工作负责，应针对工程特点对施工现场的安全状况进行综合分析，积极推广应用新技术、新工艺、新材料、新设备，在负责审批或组织编制施工组织设计和作业设计时，应对施工中可知或可能出现危险因素的单位工程、关键工序责成施工单位补充或单独编制相应的安全技术对策措施方案。

③ 工长、施工员对所辖工程的安全生产负直接责任，负责对职工进行安全技术教

育（含配合施工人员）、安全技术交底，对施工区域内的安全设施、设备进行检查、验收，加强巡视，发现隐患立即整改，制止违章作业，不违章指挥。

④ 班、组长应严格遵守企业安全生产的各项规章制度，负责领导本班人员安全作业，认真执行各工种操作规程，有权拒绝违章指挥，认真履行“班前教育”制度，做好班前活动记录，经常互检，纠正违章，发现隐患及时上报、落实整改。

⑤ 职工个人应遵章守纪，不违章冒险作业，积极参加安全活动，正确使用劳动保护用品。

⑥ 项目经理部其他各职能部门，都应在各自的业务范围内给予安全生产工作全力配合，对因工作失误或延误事故隐患整改而造成的人身、设备、财产等安全事故负责。

⑦ 工程安全监督检查站是在项目经理直接领导下的安全专职管理机构，负责工程安全文明施工生产的组织、策划和项目经理部的日常安全管理工作，有权对施工生产全过程实施安全监控，并对工程安全文明施工的最终效果负有直接管理责任。

2. 落实安全生产责任制的几项具体措施

① 健全和完善安全生产组织保证体系，是实现安全生产的组织保证。因此，项目经理部必须建立以项目经理为组长，各有关职能部门负责人、各专业项目部经理为组员的工程安全生产领导小组，负责工程安全生产的重大决策，同时还应建立以项目经理部专职安全管理人员为站长、各专业项目部专（兼）职安全员为成员的工程安全监督检查站，负责工程安全文明施工生产的日常监督、检查、考核、奖惩等管理工作，以确保工程建设按照项目经理部制订的创优目标有条不紊地顺序进行。上述机构的成立及人员构成情况必须以文件形式打印下发，同时报送公司安全处备案。

② 安全领导小组每月应召开一次安全专题会议，定期研究、部署，协调处理施工中的重大安全问题，决议须形成纪要下发，使安全工作有计划、有布置、有检查、有落实，真正做到常抓不懈。

③ 安全领导小组每月还应至少组织一次安全生产大检查，督促指导施工单位认真做好安全文明施工达标工作，不断改善现场施工作业条件，真正做到防患于未然。

④ 安全监督检查站每周应召开一次安全例会，总结一周安全情况，分析工程安全形势，研究部署对策防范措施，提出下周工作重点要求，使管理工作做到日清、周结，得到全面开展。

⑤ 安全监督站执法人员应统一着装、集中办公，充分发挥监督成网和规模执法的优势，根据施工现场危险源的分布情况，采取重点部位分兵把守和巡回检查相结合的模式，既要保住重点，又要辐射整个现场，力争做到以点保面、以面促点、以静制动、动静结合、疏而不漏的安全保证监督网，从而使现场的施工活动始终在受控状态下有条不紊地进行。

⑥ 安全监督站应按照公司安全基础业务归档立卷的有关规定，分类建立相应的管理台账，并于每月 25 日向公司安全处填报“月工作情况反馈表”、“月含量工资安全指标考核表”、“伤亡事故月报表”等相关资料。

3. 安全目标管理

安全目标管理是贯彻落实安全生产责任制量化考核指标和利用经济手段实现安全生产的重要保证。主要包括以下内容：

① 安全管理、安全设施达标。

② 文明施工创优。

③ 伤亡事故指标控制。

项目经理部可根据公司年度安全工作计划下达的考核指标，结合工程规模、施工难易程度、工期、安全、环境、文明施工等实际情况，将上述三项指标进行量化分解，并以责任承包合同形式层层落实到人，定期考核，对实现目标管理的责任单位和个人进行表彰奖励，对未实现目标管理的责任单位和个人给予通报批评，实施处罚，具体奖励办法可由项目经理自定。

4. 施工组织设计

① 贯彻“安全第一、预防为主”的方针，在编制单位工程施工组织设计时应根据工程的施工方案、劳动组织、作业环境等因素考虑保障安全文明施工的技术措施，制订相应的安全技术措施方案。

② 对专业性较强、危险性较大的工程项目，如脚手架工程、施工用电、基坑支护、模板工程、起重吊装作业、塔吊、物料提升机及其他垂直运输设备，以及爆破、水下、拆除、人工挖孔桩等，都必须编制专项安全技术措施方案，并按要求如实填写公司“工程安全技术措施作业方案表”。

③ 安全技术措施方案始终贯穿于施工生产的各个阶段，应力争做到全面、细致、具体，要结合工程对象具有针对性、物质性和可操作性，只有把多种不利因素和不利条件充分估计到，才能真正起到预防事故的作用。

④ 施工组织设计（施工方案）一经审批生效后，在施工过程中不得随意更改，若遇特殊情况（工序改变、工程发生变化）确需更改的，必须报经审批人重新签字批准。

5. 分部（分项）工程安全技术交底

工程安全技术交底是教育提高有关作业人员的安全生产素质和掌握安全技术方法的一种必要手段，是增强作业人员在危险作业环境中进行自我防护技能的基本保障，因此，必须认真落实到位。

① 安全技术交底应针对工程特点、环境、危险程度，预计可能出现的危险因素，告知被交底人如何掌握正确的操作工艺，采取防止事故发生的有关措施要领等。

② 安全技术交底应全面，对安全保护设施搭设，要有明确的技术质量标准和明确的几何尺寸要求。

③ 安全技术措施交底，应使用公司统一印制的“安全技术措施交底表”，按规定交底双方都必须签字，否则，视为无效交底。

6. 安全检查

安全检查是及时发现并消除各类违章冒险作业和事故隐患的重要途径，因此，安全检查必须制度化，安全领导小组负责月查，安全监督站负责周查，工段、班组负责日查。在检查中要做到：查有记录、改有专人、综合评价、资料归档。

7. 安全教育

安全教育是实现安全生产的一项重要基础工作。只有长期坚持对职工进行遵章守纪和“三不伤害”教育，才能提高职工的安全生产技术素质，增强自我保护意识，使安全规章制度得到贯彻执行。根据《建筑法》第四十六条规定，未经安全生产教育培训的人员，不得上岗作业。因此，对新进场的人员（含合同工、临时工、学徒工、实习生或代培人员）必须进行三级安全教育。对变换工种人员也应重新进行本工种安全技术操作规程的学习教育，对于教育人数及内容，各单位应填写公司统一印制的职工安全教育登记卡登记备查。

8. 班前安全活动

班前安全活动是督促作业人员遵章守纪的重要关口，是消除违章冒险作业的关键，因此必须长期坚持执行。班组长应根据每天作业任务的内容、作业环境和工作特点，向作业人员交代安全注意事项，班前活动应填写公司统一印制的“安全活动记录本”并履行签字手续。

9. 特种作业人员持证上岗

凡从事对操作者本人，尤其对他人和周围环境安全有重大危害因素的作业，如建筑工地的电工、焊工、架子工、司炉工、爆破工、机械运转工、起重工、打桩机和各种机动车辆的司机等均属特种作业。从事上述作业的人员称特种作业人员。特种作业人员必须经专业的安全技术培训合格后，方能持证上岗作业。施工现场的特种作业人员都必须由用人单位登记建档，报项目经理部安全监督检查站备案。

10. 工伤事故处理

工伤事故是指职工在施工生产过程中不慎发生的人身伤害、急性中毒等事故。

1）事故分类

工伤事故按严重程度，一般可分为轻伤事故、重伤事故、死亡事故、重大死亡事故四类。

2）事故报告

施工现场无论发生大小工伤事故，事故单位都必须在15分钟内口头或电话报告项目经理部安全监督检查站；安全监督检查站对重伤以上事故应立即组织抢救和保护好事故现场，同时须在12小时内将事故发生的时间、地点、人员伤亡情况及简要经过电话报告公司总调度室和安全处，并于当月25日前按规定要求如实填写“伤亡事故月报表”向公司安全处书面报告。

3）事故调查

① 轻伤事故由事故单位组成事故调查组对事故进行调查。

② 重伤事故由项目经理部安全监督检查站和二级公司安全主管部门共同组成事故调查组对事故进行调查。

③ 死亡事故必须由公司安全处及相关部门组成事故调查组对事故进行调查。

4）事故处理

必须严格按照“四不放过”的原则：

① 事故原因不查清不放过。

② 事故责任者和群众没有受到教育不放过。

③ 没有防范措施不放过。

④ 事故责任者（含单位领导）未受到处理不放过。

总之，既要严肃认真，又要实事求是、客观公正地进行处理结案。

11. 安全标志

安全标志是建筑工地提醒作业人员对不安全因素（危险源、点）引起高度注意的重要预防措施之一，安全标志主要由安全色、几何图形等符号构成，用以表示特定的安全信息。安全色有以下四种：

① 红色　用于紧急停止和禁止标志。

② 黄色　用于警告或警戒标志。

③ 蓝色　用于指令或必须遵守的规定标志。

④ 绿色　用于提示安全的标志。

因此，项目部应根据工程进度的不同时期，对施工现场存在的危险源、点责成施工单位悬挂有针对性的安全警示标牌或由项目部统一采购对危险源、点加以控制。

12. 外协施工队管理

为适应建筑市场用工组合形式不断发展变化的需要，切实加强工程分包、劳务合作人员（单位）安全生产管理，降低外协施工队人员的伤亡事故发生频率，项目经理部应将外协施工队的安全文明施工管理工作纳入正常的日常管理范围内，并严格按照公司有关规定完善用工手续，检查安全资质，建立相应的管理台账。

① 参加工程建设施工的分包单位和劳务合作单位，必须严格遵守企业有关安全文明施工生产管理的各项规定，自觉接受工程安全监督检查站的监督检查，对成建制的单位还应建立健全安全生产自我约束机制并配备一定数量的安全专（兼）职人员，努力搞好本单位安全文明施工生产日常管理工作，并须按工程规模、施工人数向项目经理部交纳一定数额的安全责任风险保证金，待工程结束后，视考核情况，予以返还。

② 用工单位按规定与施工队办理完相应的用工手续后，还应严格审查其“安全资质证书”，同时与施工队签订“安全施工协议书”，明确双方责任，并报工程安全监督检查站登记备案。对无安全资质的施工队不得使用，对使用后不服从安全监督管理或

因自身管理原因发生重大伤害事故的施工队应予以辞退。

13. 文明施工

文明施工现场建设是展示企业两个文明建设成果的窗口，是衡量项目综合管理实力的最终体现，是实现安全生产的前提条件，是占领市场和树立良好社会信誉的根本保证。因此，项目经理部各级领导要引起高度重视，必须在工程开工前研究制订创优规划，对施工现场的整体布局进行统筹协调，努力营造一种宽松的氛围，并以原建设部《建筑施工安全检查标准》（JGJ 59—1999）中有关文明施工的标准为指导，切实制订出具体措施，把现场文明施工创优达标工作落到实处。

1）现场围挡

① 在市区主要路段工地施工，四周要设置 2.5m 高的围挡；一般路段工地施工，四周要设置 1.8m 高的围挡。

② 围挡必须沿工地四周连续设置。围挡的材料要坚固，围挡要整洁、稳定、美观。若在大中以上城市城区施工，围挡还应做到：上方加盖装饰帽、布置灯饰、外墙上必须绘制山水画或书写公益性标语。

2）封闭管理

① 施工现场要设置门楼、安装出入口大门（宽 5m），大门要稳固、开关方便，并设置企业标志。

② 施工现场要有值班室，制订门卫制度，并配备认真负责的值班人员，未佩戴工作卡的职工不许进入施工现场。

③ 施工现场的正面（临街面）必须用硬质材料和安全网双层封闭，其他方位均应用密目式安全网封闭。

3）施工现场

① 施工现场道路必须硬化，道口用混凝土实行硬覆盖，宽度不小于大门宽，向外与市政道路连通。

② 施工现场内道路必须畅通无阻，现场无积水，门口要设置冲洗槽、沉淀池，备有冲洗设备，出门车辆必须经冲洗，保证不带泥上路。

③ 施工现场内排水管网要畅通，要结合实际采取措施，防止泥浆、污水、废水外流或堵塞下水道。

④ 施工现场要设置休息场所、吸烟室，作业人员不得随地吸烟，乱扔烟头。温暖季节要在现场适当位置种植花草。

4）材料堆放

① 各种机具、设备及建筑材料应按照总平面布置图合理摆放，场内仓库各种器材应堆放整齐，且标识清楚、正确、齐全，不得混合堆放，易燃易爆及危险品要按规定分类入库管理。

② 施工现场要保持整洁，应做到工完料尽，清理现场建筑垃圾要按指定区域归堆存放，及时清除，并有标识。

5）现场住宿

① 施工现场在建的建筑物不得兼作职工宿舍、项目部办公室，生活区必须与施工

作业区分开，职工宿舍应有保暖、防煤气中毒、消暑和防蚊虫叮咬的办法与措施。

② 施工现场要落实到责任人，管理好宿舍，宿舍内严禁乱接电源线和使用大功率电器及自制电器，做到一室一灯。

③ 职工宿舍内床铺应统一，生活用品应摆放整齐，宿舍周围应经常清扫，不留残渣，保持卫生。

6）现场防火

① 施工现场应制定放火制度，落实防火责任人，贯彻“以防为主，防消结合”的消防方针，配足必要的灭火器材，保证消防水源满足要求（高层建筑要有蓄水设施）。

② 施工现场严禁动火的区域，需动火时必须报有关部门审批，办理动火证，并指定专人实施动火监护。

7）治安综合治理

① 施工现场的生活区必须设置职工学习和娱乐场所，做到施工时专心，休息时开心。

② 施工现场要制定治安、保卫制度和措施，落实责任人，确保无职工打架斗殴，无盗窃现象发生，让职工在安定的环境中工作与生活。

8）施工现场标志牌

施工现场必须挂置工程概况牌、管理人员名单及监督电话牌、消防保卫牌、文明施工牌、安全生产牌等五牌和施工总平面图，其内容要齐全。标牌要统一尺寸，达到规范，搭设要整齐、稳固，并经常张贴安全宣传标语，举办宣传栏、公告栏、黑板报等宣传安全生产的重要性，做到警钟长鸣。

9）生活设施

① 施工现场的食堂与厕所、垃圾箱要保持一定距离（间距不小于30m）。食堂应有纱门、纱窗、纱罩；厕所应有冲洗水管和积粪坑，有专人管理，保持清洁卫生，无异味；场内设置带盖的垃圾桶，生活垃圾与建筑垃圾应分开堆放。

② 施工现场必须制定卫生责任制，配备保洁员，经常清除现场垃圾，并教育职工养成良好卫生习惯，保持场内卫生，对随地大小便者有处罚措施，同时要保证供应卫生的饮用水，有封闭完全的职工淋浴室。

10）保健急救

施工现场必须配备经过培训的医务人员，经常性地开展卫生、防病宣传教育工作，制订急救方案，落实急救措施，备足急救器材、疗伤和保健药品，确保职工的安全和健康。

11）社区服务

施工现场要制订生产不扰民措施，制订防粉尘、防噪声措施，禁止在现场焚烧有毒有害物质，尽量不要在夜间加班加点施工，如特殊情况，必须报有关部门批准，方能施工。

12）奖罚办法

市场经济是法制经济，采取必要的经济手段奖优罚劣是维护正常施工生产秩序强有力的保证措施，因此，项目经理部可根据公司《安全生产奖惩办法》的有关规定，从工程款或奖金中提留部分资金和安全监督执法的各类罚金以及为外协施工队交纳的安全责任风险保证金等共同作为安全文明施工生产的奖励基金，主要用于对重视安全文明施工生产，认真贯彻落实项目经理部有关安全文明施工生产各项规定的先进单位和个人，以及为避免重大事故做出突出贡献人员的奖励，以激励各施工单位和全体施工人员搞好安全文明施工生产的积极性。但同时也应加大对违反安全文明施工管理规定，违章冒险作业、冒险蛮干和因工作失职发生重大险肇事故或造成人员伤亡的有关责任单位和责任者的处罚力度，并视情节轻重给予严厉的经济处罚直至追究其行政、刑事责任。

3.7.5 施工成本控制

1. 项目计划成本管理的内容

① 以项目为对象独立核算的项目经理部（简称一级管理项目经理部）和公司统管工程专业项目部的管理内容：根据公司经营管理部或二级单位经营部门下达的项目计划成本按要素分解；将项目计划成本下达到各要素对口主管部门实施，参与成本活动的分析与考核。

② 公司统管工程不以项目为对象独立核算的项目经理部（简称统管项目经理部）的管理内容：代表公司检查落实各专业项目部项目计划成本的实施情况；按各专业项目部项目计划成本，管理成本各要素的费用支出；严格执行公司对有关成本要素管理的规定。

2. 项目计划成本管理的具体做法

1）一级管理项目经理部和公司统管工程专业项目部的管理内容

项目计划成本编制与批准详见公司“工程项目计划成本管理办法”。

项目计划成本分解：项目部经营部（组）根据两级公司经营部门批准的计划成本按成本要素（即人工、材料、机械台班、其他直接费、临时设施费、现场管理费）分解，具体做法如下：

首先，按成本要素分解：根据批准的计划成本按内部施工定额子目逐项作大分析进行分解。

① 人工量、价分解　按对应定额含量分解出工日数、人工费，并分解出各工种工日数、工日单价、工种人工费合计。

② 材料量、价分解　按对应定额含量分解出材料规格品种、数量、单价、合价，并按工程用料、施工用料归类。

③ 机械台班量、价分解　按对应定额含量分解出机械规格型号、台班数量、台班单价、机械费。

④ 其他直接费分析　按批准的计划成本中的其他直接费所包含的项目分别列出各项目的具体费用。

⑤ 临时设施费、现场管理费　按批准的计划成本计列。

其次，将分解出的成本要素以工序为单位合并，并且做好以下工作。

①人工 列出该工序的工种、工日数、工日单价、人工费合计（分析表见表3.46）。

表3.46 人工工日及人工费分析汇总表

工程编号： 单位工程名称： 工序名称： 制表时间：

序号	工种名称	计量单位	单价/元	数量	人工费合计/元	备注

制表人：

②材料 列出该工序（按工程用料、施工用料）的材料品种规格、数量、单价、合价（分析表见表3.47）。

表3.47 材料消耗量及材料费分析汇总表

工程编号： 单位工程名称： 工序名称： 制表时间：

序号	材料名称及规格	计量单位	单价/元	数量	材料费合计/元	备注

制表人：

③机械台班 列出该工序的机械规格型号、台班数量、台班单价、机械费合计（分析表见表3.48）。

表3.48 机械台班消耗量及机械台班费分析汇总表

工程编号： 单位工程名称： 工序名称： 制表时间：

序号	机械名称	计量单位	单价/元	数量	机械费合计/元	备注

制表人：

④其他直接费 按该工序需要发生的项目计列（分析表见表3.49）。

表 3.49　其他直接费分析表

工程编号：　　　　单位工程名称：　　　　工序名称：　　　　制表时间：

序号	费用项目名称	金额/元	计算说明	备注

制表人：

⑤ 临时设施费、现场管理费　由项目部统一安排使用（分析表见表 3.50）。

表 3.50　现场经费分析表

工程编号：　　　　单位工程名称：　　　　工序名称：　　　　制表时间：

序号	费用项目名称	金额/元	计算说明	备注
	临时设施费			
	现场管理费			

制表人：

最后，将各工序按要素汇总，组成按要素分列的计划成本。

项目计划成本下达：

① 项目计划成本分解完，报项目经理审批后以项目计划成本通知单（表 3.51）的方式对口下达到各成本要素主办部门作为控制现场成本的目标。

表 3.51　项目计划成本通知单

成本项目	金额/元	备注
人工费		
材料费		
机械使用费		
其他直接费		
临时设施费		
现场管理费		
合计		

项目部　　　　　　　　　　　　　　　　年　　月　　日

② 按月下达与月施工计划对应的项目计划成本（表 3.52），作为成本要素各主管部门按月实施的依据，即：月初根据计划要完成的实物量按对应的生产要素下达月计划成本，作为当月成本的控制目标；月末根据实际完成的实物量按生产要素计算出实际完成需要的计划成本，作为当月成本考核的依据。

表3.52 月项目计划成本表

工程编号： 单位工程名称： 制表时间：

工序名称	实物量名称	计算单位	数量	单价/元	合价/元	其中			
						人工费/元	材料费/元	机械费/元	综合费/元

编制人： 项目经理：

③ 各专业项目部的项目计划成本在下达的同时报项目经理部。

项目计划成本补充与调整。当出现下述情况时，对原项目计划成本应进行补充与调整。

① 经业主签认的工程变更、现场签证、设计变更。

② 不可预见的因素造成实际成本与计划成本有较大出入。

③ 国家或地方政策性调整。

项目计划成本补充、调整办法：按原项目计划成本编制、审批、分解、下达的程序办理。

2）公司统管项目经理部的具体做法

① 检查各专业项目部项目计划成本管理的体系是否建立、人员是否落实。

② 检查各专业项目部项目计划成本管理的具体做法是否符合要求。

③ 检查各专业项目部是否按项目计划成本对成本各要素进行有效控制。

④ 分析汇总各专业项目部单位工程的项目计划成本，并按成本要素对口下达到各部门，作为全项目成本管理和资金投入的依据。

⑤ 分析汇总各专业项目部月项目计划成本并按成本要素对口下达到各部门，作为当月成本管理的依据。

⑥ 制订开展项目计划成本工作的考评制度，对项目计划成本工作做得好、有实效的给予嘉奖，对工作开展不力、成本有偏差的要及时纠正，对管理不力、成本失控的要予以处罚。

⑦ 按月将各专业项目部项目计划成本执行情况向公司及二级公司主管部门汇报。

3. 项目计划成本管理要求达到的目标

① 认真按批准的项目计划成本执行。

② 人工、材料、机械台班分析量、价详细、具体、准确。

③ 项目计划成本分解下达及时，满足现场成本管理的需要。

4. 项目成本管理工作

1）项目成本管理

项目成本管理包括项目成本预测、成本计划（目标成本）、成本控制、成本核算、成本分析和考核等工作。

2）项目成本管理的基本要求

① 在项目开工前应按已掌握的项目工程实物量、施工方案等资料，采用一定的程序和方法，对施工项目预计发生的成本、费用进行预测和推测。

② 在项目成本预测的基础上，再按一定的程序，采用技术节约措施法或据实计算法，确定项目部的项目目标成本。

③ 在项目施工过程中，以确定的项目目标成本作为依据，严格控制各种项目成本的支出，对比目标成本、计划成本，找出产生量差及价差的原因。

④ 按照权责发生制的原则，严格按照项目成本的开支范围，认真进行项目实际成本的核算，并及时登记项目成本管理台账（表 3.53）。

表 3.53　项目成本（　　）管理台账

单位工程名称：　　　　　　　　　　　　　　　　　　　　　　单位：元

名称	内容	单位	单价	（　）月		（　）月		（　）月		（　）月	
				数量	金额	数量	金额	数量	金额	数量	金额
	责任成本										
	实际成本										
	对　比										
	责任成本										
	实际成本										
	对　比										

注：本表属通用性表格，名称分别填人工、材料、机械台班、其他直接费等。

⑤ 根据项目成本控制及成本核算的资料，每月应对项目目标成本、计划成本的执行情况进行对比分析（表 3.54～表 3.60），及时阻塞项目管理上的漏洞，促进项目成本管理水平的不断提高。

⑥ 在施工项目的成本管理中，应通过定期和不定期的成本考核，促进项目成本管理工作的健康发展，更好地完成施工项目的成本目标。

表 3.54　项目人工费对比分析　　　　　　　　　　　　单位：元

项　目	计划成本	实际成本	降低额	降低率/%	分析与评价
人工工日					
人工单价					
人工费合计					

表 3.55　项目材料费对比分析　　单位：元

项目	计划成本			实际成本			降低额			分析与评价
	数量	单价	合计	数量	单价	合计	数量	单价	合计	
主要材料小计										
其中：										
—										
周转材料小计										
其中：脚手架										
模板摊销										
—										
其他材料小计										
材料费合计										

注：重点分析量差、价差的原因。

表 3.56　项目机械费对比分析　　单位：元

项目	计划成本			实际成本			降低额			分析与评价
	数量	单价	合计	数量	单价	合计	数量	单价	合计	

注：按机械台班项目名称填列分析，重点分析量差、价差的原因。

表 3.57　项目其他直接费对比分析　　单位：元

项目	计划成本			实际成本			降低额			分析与评价
	数量	单价	合计	数量	单价	合计	数量	单价	合计	

表 3.58　项目间接费对比分析　　单位：元

项目	计划成本			实际成本			降低额			分析与评价
	数量	单价	合计	数量	单价	合计	数量	单价	合计	

续表

项目	计划成本			实际成本			降低额			分析与评价
	数量	单价	合计	数量	单价	合计	数量	单价	合计	

表 3.59 未完施工工程分析

项目名称	未完施工成本	对应的计划成本	预计节、超额	分析与评价
合计				

注：分析与评价栏应说明未报计划成本收入的原因，如未完施工成本大于对应的计划成本，即预计超支，应分析其原因并指出解决的办法或建议。

表 3.60 分包工程成本分析 单位：元

分包工程名称	分包收入	分包成本及税金	差额	已付款	分析与评价
合计					

注：分析与评价栏应说明分包是否合规，若差额为负数，应标明项目经理及经办人，分析其原因，并指出解决的办法或建议。

3.8 项目收尾管理

项目收尾阶段是项目管理全过程的最后阶段，包括竣工收尾、验收、结算、决算、保修与善后服务、管理考核评价等方面的内容。

3.8.1 项目竣工收尾

一般工程项目完成后，由于各种原因（设计遗漏、工程质量缺陷、施工漏项等），还有许多未尽事宜需要完善，这些就被称为竣工收尾。竣工收尾尽是琐事、杂事，很多工作耗工耗料却计算不出工程量，因此，无论是施工单位，还是管理者、作业者，都不愿意做竣工收尾工作。而这些工作不完善，工程又无法交工，因此，项目经理部应全面负责竣工收尾工作，组织编制项目竣工计划，报上级主管部门批准后按期完成。

1. 项目竣工计划的编制

项目竣工计划是有组织、有目标完成竣工收尾的指令性文件。编制项目竣工计划主要包括竣工收尾项目的普查、任务安排落实、检查验收等步骤。

1）竣工收尾项目的普查

竣工收尾项目的普查，应由施工员负责，项目部有关人员以及专业工长（或专业班组长）参加，对工程项目全面普查（包括设计遗漏、工程质量缺陷、施工漏项等）并做好记录。

2）任务安排落实

将普查的项目分类，如果是设计遗漏，则应通知设计院发补充设计通知；如果是施工缺陷或施工遗漏，则责成专业工长或专业班组限期完成。

3）检查验收

竣工收尾项目实施过程中要注意检查督促，确保收尾质量。全部收尾项目完成后，要逐一验收。

2. 与项目相关方沟通联系

全部竣工收尾项目的实施过程都要公开，竣工收尾项目普查、任务安排落实以及实施结果都应通报监理公司、甲方以及政府质量监督部门，并虚心听取他们的意见，及时沟通。

3.8.2 项目竣工验收

项目竣工验收主要包括实体验收、观感验收、试车验收、预算和结算验收、文件资料验收归档以及竣工验收等工作，特别要注意实体验收、文件资料验收归档和竣工验收。

1. 实体验收

实体验收包括分项工程验收、分部工程验收与单位工程验收。

1）分项工程验收

分项工程验收是分部工程验收的基础，是在施工过程中完成的。进行分项工程验收的主要人员是质检员与监理工程师，必须在分项工程完成后及时进行。

2）分部工程验收

分部工程中的全部分项工程完成后，应及时进行分部工程验收。一般来说，混凝土的强度与砌筑砂浆的强度评定可以不参加分项工程验收，但应参加分部工程验收。

3）单位工程验收

单位工程中的分部工程全部完成并验收合格后，应及时组织单位工程验收。单位工程验收前还应完成厨卫间的淋水试验、室内环境的监测、保温隔热效果的验收等。

2. 工程文件资料验收归档

1）档案文件资料的整理

工程文件资料的验收归档工作，主要由监理单位组织，建设单位、施工单位、监理单位各自整理所担负的与项目有关的工作过程的文件资料，按照有关标准规范和当地档案主管部门的要求进行。

作为施工单位，主要整理竣工图纸、施工过程记录以及相关文件资料。

文件资料的成卷是按单位工程进行的，这一点全国都一样，所不同的是分卷各地并不统一。有的地方将单位工程中技术管理资料、质量管理资料、质量验收资料分三卷成卷；有的地方将技术管理资料纳入质量管理资料中分两卷成卷；还有的地方分五卷，有的分七卷成卷。总之，工程在哪里施工，就要符合当地档案管理部门的要求。

2）竣工图整理须知

① 如果是由于设计单位因设计图纸出现错、漏、缺等原因造成的设计变更，则设计单位有义务整理竣工图，但晒图费用应由建设单位负担。

② 如果是由于建设单位自身提出对设计图纸做修改或增加工程内容等，则建设单位应委托设计单位整理竣工图，一切费用均由建设单位负担。

③ 如果是由于施工单位提出对设计图纸优化、改良或延误施工造成无法挽回的事实等，则施工单位应自行整理竣工图，一切费用均由施工单位负担。

④ 如果是属于责任很难分清，以及造成图纸更改的原因是多方的，则竣工图整理由双方或三方协商解决。

⑤ 如果图纸没有更改，完全按原图纸进行施工，则不需整理竣工图，可利用原版图重晒后加盖竣工图章即可。

⑥ 竣工图应干净、清晰，并应核对无误，签字盖章完整；不管任何幅面的图纸都应折叠成 A4 规格，并将图签栏反折显露出来后装入标准档案盒内存档。

3. 竣工验收

1）竣工验收报告

工程实体验收与文件资料归档后，应撰写竣工验收报告，并附本单位验收合格证明（表3.61）。竣工验收报告撰写方法与内容如下。

竣工验收报告

我公司承建的教学楼工程位于××县××镇政府旁边，建设单位为云南省××县××中学，设计单位为云南省××建筑设计院，监理单位为云南省××建设工程监理公司。

该工程为五层砖混结构，建筑面积××m^2，中标价为××万元，建筑物总高度××m。工程于××年××月××日开工，于××年××月××日进行初步验收。我公司对初验提出的整改项目在××年××月××日已按要求全部整改完成，至此，我公司已按施工合同的要求完成了约定的承包内容，工程已竣工。

我公司在此工程的施工过程中，遵守国家现行的建筑法律、法规，严格按设计施工图纸及经审批的施工组织设计进行施工，按施工规范及国家现行验评标准进行质量管理，工程质量符合设计文件要求和验评标准要求，没有违反工程建设标准强制性条文，没有违章施工，在施工中做到了严格履行施工合同及监理报批程序。

工程现已完成地基与基础、主体、装修与装饰、屋面、水卫和电气六大分部工程（内含××个子分部工程）。本工程的基础形式为钢筋混凝土条形基础；上部主体为砖混结构。

室内墙面为中级抹白灰并用乳胶漆涂饰，天棚除一层大厅及1～3层办公室做铝材天花板吊顶外，其余均为中级抹白灰并用乳胶漆涂饰。

外墙正立面为浅灰色铝塑板及隐框海洋蓝玻璃幕墙，背立及两侧面为100mm×100mm浅灰色方砖饰面。一层正立面门窗采用透明玻璃弹簧门及落地式橱窗。此外，除3层、5层会议室为透明玻璃弹簧门外，其余均为胶合板门（刷水晶透明漆）；窗采用塑料窗。

楼地面除楼梯和一层大厅为大理石、卫生间为防滑砖外，其余均为整体彩色水磨石地板。屋面为混凝土基层上喷涂158防水剂一找平层一SBS防水卷材—聚苯隔热板—找平层—斗底砖（五层上人屋面为防滑缸砖）。

水卫塑料排水管采用××牌，卫生洁具用××牌，电线用××牌，线管用××牌，开关及开关箱采用××牌。

今将本工程的质量情况分述如下：

1. 地基与基础分部工程共划分为××个子分部工程、××个分项工程、××个检验批。所有检验批施工质量验收记录表中的主控项目全部合格，一般项目满足施工规范规定的要求；所有分项工程质量验收合格；所有子分部、分部工程质量验收合格（即质量控制资料符合要求、安全和功能检验检测报告符合要求、观感质量好）。

2. 主体分部工程共划分为××个子分部工程、××个分项工程、××个检验批。所有检验批施工质量验收记录表中的主控项目全部合格，一般项目满足施工规范规定的要求；所有分项工程质量验收合格；所有子分部、分部工程质量验收合格（即质量控制资料符合要求、安全和功能检验检测报告符合要求、观感质量好）。

3. 装饰与装修分部工程共划分为××个子分部工程、××个分项工程、××个检验批。所有检验批施工质量验收记录表中的主控项目全部合格，一般项目满足施工规范规定的要求；所有分项工程质量验收合格；所有子分部、分部工程质量验收合格（即质量控制资料符合要求、安全和功能检验检测报告符合要求、观感质量好）。

4. 屋面分部工程共分为××个子分部工程、××个分项工程、××个检验批。所有检验批施工质量验收记录表中的主控项目全部合格，一般项目满足施工规范规定的要求；所有分项工程质量验收合格；所有子分部、分部工程质量验收合格（即质量控制资料符合要求、安全和功能检验检测报告符合要求、观感质量好）。

5. 水卫分部工程共分为××个子分部工程、××个分项工程、××个检验批。所有检验批施工质量验收记录表中的主控项目全部合格，一般项目满足施工规范规定的要求；所有分项工程质量验收合格；所有子分部、分部工程质量验收合格（即质量控制资料符合要求、安全和功能检验检测报告符合要求、观感质量好）。

6. 电气分部工程共分为××个子分部工程、××个分项工程、××个检验批。所有检验批施工质量验收记录表中的主控项目全部合格，一般项目满足施工规范规定的要求；所有分项工程质量验收合格；所有子分部、分部工程质量验收合格（即质量控制资料符合要求、安全和功能检验检测报告符合要求、观感质量好）。

7. 单位工程质量自评情况。

① 分部工程：共6个分部，经查6个分部符合质量标准及设计要求。

② 质量控制资料核查：共××项，经审查符合要求××项。

③ 安全和主要使用功能核查及抽查结果：共核查××项，符合要求××项，共抽查××项，符合要求××项，经返工处理符合要求××项。

④ 观感质量验收：共抽查××项，符合要求××项，不符合要求××项。

综上所述，××县××中学教学楼工程已竣工完成，施工管理资料完整，工程质量经自评合格，具备工程竣工验收条件，可以进行工程竣工验收。

云南省××建筑工程公司（章）
企业经理：
企业技术负责人：
项目经理：
年　月　日

2）完成验收

经有关单位、部门检查，项目确实达到验收合格条件的，施工单位填写竣工验收合格证明书（表3.62），请有关单位与部门签字并盖章。

表3.61 施工单位工程竣工验收报告（合格证明书）

<table>
<tr><td>单位工程名称</td><td colspan="7">云南省××县××中学教学楼</td></tr>
<tr><td>建 筑 面 积</td><td></td><td>工程造价</td><td></td><td>结构类型</td><td></td><td>层数</td><td></td></tr>
<tr><td>施工单位名称</td><td colspan="7"></td></tr>
<tr><td>施工单位地址</td><td colspan="7"></td></tr>
<tr><td>施工单位邮编</td><td colspan="4"></td><td colspan="2">联系电话</td><td></td></tr>
<tr><td colspan="8">质量验收意见：</td></tr>
<tr><td colspan="6">项目经理：
年 月 日</td><td colspan="2" rowspan="4">公 章</td></tr>
<tr><td colspan="6">企业质量负责人：
（质量科长）
年 月 日</td></tr>
<tr><td colspan="6">企业技术负责人：
（总工程师）
年 月 日</td></tr>
<tr><td colspan="6">企业法人代表
年 月 日</td></tr>
</table>

注：本表一式5份，施工、建设、监理、监督各单位和建设主管部门各一份。

表 3.62 工程竣工验收证明

<table>
<tr><td>建设单位</td><td colspan="3"></td><td>工程名称</td><td></td></tr>
<tr><td>施工单位</td><td colspan="5"></td></tr>
<tr><td>结构类型</td><td></td><td>层次</td><td></td><td>建筑面积</td><td></td></tr>
<tr><td>施工起止日期</td><td colspan="3"></td><td>验收日期</td><td></td></tr>
<tr><td>参加人员</td><td colspan="5"></td></tr>
<tr><td colspan="3">施工单位评定意见

（公章）

项目经理：　　年　月　日</td><td colspan="3">监理单位验收意见

（公章）

总监理工程师：　　年　月　日</td></tr>
<tr><td colspan="3">设计单位验收意见

（公章）

设计负责人：　　年　月　日</td><td colspan="3">建设单位验收意见

（公章）

项目负责人：　　年　月　日</td></tr>
</table>

3.8.3 工程保修与善后服务

1. 工程保修计划

承包人应制订项目保修计划。

① 主管回访保修的部门。

② 执行回访保修的单位。

③ 回访时间及主要内容和方式。

④ 保修范围、期限、责任和费用。

2. 保修内容与期限

工程保修从竣工验收证明办理完毕开始。内容、期限见工程质量保修书。

工程质量保修书

发包人（全称）：云南省××县××中学

承包人（全称）：云南省××建筑工程有限公司

为保证 云南省××县××中学教学楼（工程名称）在合理使用期限内正常使用，发包人、承包人协商一致签订工程质量保修书。承包人在质量保修期内按照有关管理规定及双方约定承担工程质量保修责任。

一、工程质量保修范围和内容

质量保修范围包括地基基础工程、主体结构工程、屋面防水工程和双方约定的其他土建工程，以及电气管线、上下水管线的安装工程，供热、供冷系统工程等项目。具体质量保修内容双方约定如下。

1. 凡是由于承包人因施工不良造成的质量缺陷，均应列在保修内容之内。

2. 如果是因设计缺陷或是业主使用不当造成的质量问题不在保修内容之内。

二、质量保修期

质量保修期从工程实际竣工之日算起。分单项竣工验收的工程，按单项工程分别计算质量保修期。

双方根据国家有关规定，结合具体工程约定质量保修期如下：

1. 土建工程为××年，屋面防水工程为××年；

2. 电气管线、上下水管线安装工程为××年；

3. 供热及供冷为××个采暖期及供冷期；

4. 室外的上下水和小区道路等市政公用工程为××年；

5. 其他约定：设计图纸有注明防水要求的卫生间、厕浴间和厨房的地板以及有防水要求的墙面等工程为××年。

三、质量保修责任

1. 属于保修范围和内容的项目，承包人应在接到修理通知之日后7天内派人修理。承包人不在约定期限内派人修理，发包人可委托其他人员修理，保修费用从质量保修金内扣除。

2. 发生须紧急抢修事故（如上水跑水、暖气漏水漏气、燃气漏气等）的，承包人接到事故通知后，应立即到达事故现场抢修。非承包人施工质量引起的事故，抢修费用由发包人承担。

3. 在国家规定的工程合理使用期限内，承包人确保地基基础工程和主体结构的质量。因承包人原因致使工程在合理使用期限内造成人身和财产损害的，承包人应承担损害赔偿责任。

四、质量保修金的支付

工程质量保修金一般不超过施工合同价款的3%，本工程约定的工程质量保修金为施工合同价款的2%。

本工程双方约定承包人向发包人支付工程质量保修金金额为×万×仟×佰元人民币整（大写）。质量保修金银行利率为每元每月0.001元。

五、质量保修金的返还

发包人在质量保修期满后14天内，将剩余保修金和利息返还承包人。

六、其他

双方约定的其他工程质量保修事项：经双方约定保修金返还日期可在保修期满后的一个月内付清。

本工程质量保修书作为施工合同附件，由施工合同包发人、承包人双方共同签署。

发包人（公章）：	承包人（公章）：
法定代表人（签字）：	法定代表人（签字）：
年　月　日	年　月　日

单元 4

综合训练：T形墙段砖砌体砌筑

4.1 学生工作页

4.1.1 资讯

任务

每小组完成一段高为 1.8m，水平向两方向均为 2.0m 的 T 形墙段的砖砌体砌筑。

1. 分配任务

将图纸发给学生，将学生按 6 人 1 组分组，明确每组的任务。

第一组：横向定位轴线 2 与纵向定位轴线 A 相交处的 T 形墙段；

第二组：横向定位轴线 3 与纵向定位轴线 A 相交处的 T 形墙段；

第三组：横向定位轴线 4 与纵向定位轴线 A 相交处的 T 形墙段；

第四组：横向定位轴线 5 与纵向定位轴线 A 相交处的 T 形墙段；

第五组：横向定位轴线 6 与纵向定位轴线 B 相交处的 T 形墙段；

第六组：横向定位轴线 7 与纵向定位轴线 B 相交处的 T 形墙段；

第七组：横向定位轴线 8 与纵向定位轴线 B 相交处的 T 形墙段；

第八组：横向定位轴线 9 与纵向定位轴线 B 相交处的 T 形墙段。

2. 识图并回答下列问题

一、根据建筑平面图，填写以下空格

（1）可判断该平面为________层平面图，绘图比例为________。

（2）该房屋的墙体厚度是________。

（3）该住宅为砖混结构，室内地面标高为________，室外地面标高为________；散水沿外墙四周布置，宽度为________ mm，散水外的明沟的纵向坡度是________。

（4）房屋的定位轴线均通过墙体中心线，横向定位轴线从________至________。纵向定位轴线从________至________。

（5）该平面图中所显示的门的种类有________种，窗的种类有________种；图中 LC1820 的窗的宽度为________ mm，高度为________ mm。

（6）该建筑的总长是________，总宽是________；楼梯间的开间尺寸为________，进深尺寸为________。

(7) 平面图中三道尺寸线，最外面一道表示________，中间一道表示________，最里面一道表示________。

(8) 该单层砖砌体房屋的屋顶的坡度是________，天沟纵坡是________。

二、单选题

(1) 本工程房屋采用的抗震设防烈度和类别为(　　)。

A. 6 度　二类　　B. 6 度　三类　　C. 8 度　三类　　D. 9 度　一类

(2) 本工程的设计使用年限(　　)。

A. 25 年　　B. 50 年　　C. 100 年　　D. 150 年

(3) 标高为−0.06m 处采用的水平防潮层的做法(　　)。

A. 防水砂浆防潮　　B. 油毡防潮

C. 细石混凝土防潮　　D. 防水砂浆砌砖防潮

(4) 柱与墙连接部分沿墙高每(　　)设置 2ϕ6 墙体拉结筋，拉结筋伸入墙内长度(　　)。

A. 200mm　≥1.0m　　B. 500mm　≥1.0m

C. 500mm　≥1.5m　　D. 600mm　≥1.5m

(5) 底层窗台下墙体灰缝内设置三道 2ϕ6 钢筋，每边伸入窗间墙内(　　)。

A. 0.5m　　B. 0.6m　　C. 0.4m　　D. 1.0m

(6) 屋顶预制楼板在外墙上和内墙上的支撑长度分别不小于(　　)。

A. 120mm　100mm　　B. 100mm　100mm

C. 240mm　120mm　　D. 240mm　120mm

(7) 该工程的女儿墙稳定柱的设置间距是小于等于(　　)。

A. 3.0m　　B. 3.6m　　C. 2.4m　　D. 5.00m

(8) 该房屋的走廊和卫生间均比室内地面低(　　)。

A. 30mm　　B. 300mm　　C. 24mm　　D. 500mm

(9) 该单层砌体的屋面为(　　)。

A. 不上人屋面　　B. 上人屋面

(10) 该建筑的总长度为(　　)，总宽为(　　)。

A 42240mm　13200mm　　B. 42000mm　13200mm

C. 42240mm　13440mm

(11) 窗代号 LC1520 的意义(　　)。

A. 铝合金窗洞口尺寸为 1500mm×2000mm

B. 铝合金窗洞口尺寸为 1500mm×200mm

C. 1 号铝合金窗洞口尺寸为 800mm×200mm

(12) 室外排水沟的坡度为(　　)。

A. 2.0%　　B. 1.5%　　C. 0.5%　　D. 2.5%

(13) 该工程的砖墙厚度是(　　)。

A. 290mm　　B. 240mm　　C. 190mm　　D. 490mm

(14) 在结构平面图中配置双层钢筋时，底层钢筋的弯钩应（ ），顶层钢筋的弯钩应（ ）。

A. 向上或向下 向下或向左　　B. 向上或向右 向下或向左

C. 向上或向左 向下或向右　　D. 向上或向下 向下或向右

(15) ϕ8@100/150 的意义是（ ）。

A. 直径为 8mm 的一级钢筋，间距：加密区 100mm，非加密区 150mm

B. 直径为 8mm 的一级钢筋，间距：加密区 150mm，非加密区 100mm

C. 直径为 8mm 的二级钢筋，间距：加密区 100mm，非加密区 150mm

D. 直径为 8mm 的一级钢筋，间距：加密区 150mm，非加密区 100mm

(16) 代号 XL1 代表（ ）。

A. 预制板　　B. 现浇板　　C. 现浇梁　　D. 预制梁

3. 信息收集

参考资料：《砌体结构工程施工》教材

《建筑施工》教材

《建筑工程施工质量验收统一标准》(GB 50300—2001)

《砌体工程施工质量验收规范》(GB 50203—2001)

《建筑材料》教材

《建筑试图与构造》教材

《建筑施工组织》教材

《建筑工程技术资料管理》教材

学生根据收集及查询到的信息，回答下列问题：

(1) 什么是砌体？简述砌体的优点及分类。

(2) 简述墙体的作用及分类。

(3) 简述砌体结构的房屋承重墙的布置方案。

（4）简述砌体施工前的技术准备及施工现场准备内容。

（5）烧结普通砖的技术性质包括哪些内容？简述烧结砖的质量控制要点。

（6）简述建筑砂浆的概念及种类。对砌筑砂浆的原材料有哪些要求？

（7）砌筑砂浆的技术性质包含哪些内容？简述砌筑砂浆质量控制要点。

（8）砖上墙前为什么要浇水湿润？

(9) 砌体常见的组砌形式有哪些?

(10) 砖墙组砌形式有哪些?

(11) 简述砖墙砌筑施工工艺。

(12) 简述独立砖柱砌筑要点。

(13) 简述砖砌体施工安全技术。

(14) 简述砖砌体环保及文明施工要求。

(15) 建筑钢材的力学性能包括哪些内容?

(16) 模板系统的作用有哪些?基本要求有哪些?简述模板系统的组成内容。

(17) 什么是混凝土?简述水泥得选择原则。普通混凝土用砂有哪些要求?普通混凝土用石有哪些要求?普通混凝土用水有哪些要求?

(18) 什么是混凝土拌和物的和易性?影响混凝土拌和物和易性得因素有哪些?

(19) 简述影响混凝土抗压强度的主要因素。

(20) 简述模板拆除的基本规定。

(21) 搅拌混凝土的要求有哪些？混凝土运输要求有哪些？混凝土浇筑得一般要求有哪些？

(22) 简述板缝施工时应注意的问题。

4.1.2 计划

在这一阶段中，学生针对本工程，以小组方式工作，独立地寻找与任务相关的信息，并获得工作过程、工具清单、了解安全措施，并把它填入相应的学生工作页，制定工作计划。本项目计划主要内容有：材料计划、工具计划、劳动力计划、施工方案。

1. 材料计划（表 4.1）

表 4.1

材料名称	规格	标号	数量

2. 工具计划（表 4.2）

表 4.2

工具名称	数量

3. 劳动计划（表 4.3）

表 4.3

人 员 名 字	数量	工作任务

4. 施工方案

一、施工工艺流程

二、施工要点

4.1.3　决策

每组请一位学生讲述自己所做的计划，教师进行讲评分析，给出建议。

该环节安排在单层砖砌体房屋墙体砌筑训练中完成。

4.1.4　实施

1. 技术和安全交底（表4.4、表4.5）

表4.4　技术交底

工程名称		建设单位	
监理单位		施工单位	
交底部位		交底日期	
交底人签字			
接受人签字			

表 4.5　安全交底

工程名称		建设单位	
监理单位		施工单位	
交底部位		交底日期	
交底人签字			
接受人签字			

2. 墙体砌筑训练

该环节安排在单层砖砌体房屋砌筑训练中完成。

4.1.5　检查及工程资料填写

该环节安排在单层砖砌体房屋砌筑训练中完成。

1. 砖砌体工程施工质量标准

将砖砌体质量标准中有关允许偏差、检验方法、抽查数量等内容填入表 4.6、表 4.7。

表 4.6　砖砌体位置及垂直度的允许偏差及检验方法

项次	项目			允许偏差/mm	检验方法
1	轴线位置偏移				
2	垂直度	每层			
		全高	≤10m		
			>10m		
抽检数量：					

表 4.7　砖砌体一般尺寸允许偏差

项次	项目		允许偏差/mm	检验方法	抽检数量
1	基础顶面和楼面标高				
2	表面平整度	清水墙、柱			
		混水墙、柱			
3	门窗洞口高度（后塞口）				
4	外墙上下窗口偏移				
5	水平灰缝平直度	清水墙			
		混水墙			
6	清水墙游丁走缝				

2. 检查计划（表 4.8）

采用自检、互检、专检的方式、检查实训成果。

表 4.8　检查工具计划

检查工具名称	用　途

3. 实施检查

各组放线完成后，先进行自检，在进行互检，最后由教师进行专检。
各组砌筑完成后，先进行自检，在进行互检，最后由教师进行专检。

4. 编制工程技术资料

根据检查结构，填写检查批质量验收记录表（表 4.9）。

表 4.9　砖砌体工程检查批质量验收记录

<table>
<tr><td colspan="4">工程名称</td><td></td><td>分项工程名称</td><td></td><td>验收部位</td><td></td></tr>
<tr><td colspan="4">施工单位</td><td></td><td></td><td>项目经理</td><td></td><td></td></tr>
<tr><td colspan="4">施工执行标准名称及编号</td><td></td><td></td><td>专业工长</td><td></td><td></td></tr>
<tr><td colspan="4">分包单位</td><td></td><td></td><td>施工班组组长</td><td></td><td></td></tr>
<tr><td rowspan="10">主控项目</td><td colspan="3">质量验收的规定</td><td colspan="3">施工单位检查评定记录</td><td colspan="2">监理（建设）单位验收记录</td></tr>
<tr><td colspan="3">1. 砖强度等级必须符合设计要求</td><td colspan="3"></td><td colspan="2"></td></tr>
<tr><td colspan="3">2. 砂浆强度必须符合设计强度要求</td><td colspan="3"></td><td colspan="2"></td></tr>
<tr><td colspan="3">3. 斜搓留置必须符合砌体结构验收规范 5.2.3 条</td><td colspan="3"></td><td colspan="2"></td></tr>
<tr><td colspan="3">4. 直搓拉接钢筋及接搓处理应符合规范规定的 5.2.4 条</td><td colspan="3"></td><td colspan="2"></td></tr>
<tr><td colspan="2">5. 砂浆饱满度</td><td>80%</td><td colspan="3"></td><td colspan="2"></td></tr>
<tr><td colspan="2">6. 轴线位移</td><td>10m</td><td colspan="3"></td><td colspan="2"></td></tr>
<tr><td rowspan="3">7. 垂直度</td><td>每层</td><td>5mm</td><td colspan="3"></td><td colspan="2"></td></tr>
<tr><td>全高 10mm</td><td>10mm</td><td colspan="3"></td><td colspan="2"></td></tr>
<tr><td>全高 10mm</td><td>20mm</td><td colspan="3"></td><td colspan="2"></td></tr>
<tr><td rowspan="8">一般项目</td><td colspan="3">1. 组砌方法</td><td colspan="3"></td><td colspan="2"></td></tr>
<tr><td colspan="3">2. 水平灰缝厚度</td><td colspan="3"></td><td colspan="2"></td></tr>
<tr><td colspan="3">3. 顶（楼面）标高</td><td colspan="3"></td><td colspan="2"></td></tr>
<tr><td colspan="3">4. 表面平整度</td><td colspan="3"></td><td colspan="2"></td></tr>
<tr><td colspan="3">5. 门窗洞口</td><td colspan="3"></td><td colspan="2"></td></tr>
<tr><td colspan="3">6. 窗口偏移</td><td colspan="3"></td><td colspan="2"></td></tr>
<tr><td colspan="3">7. 水平灰平直度</td><td colspan="3"></td><td colspan="2"></td></tr>
<tr><td colspan="3">8. 清水墙游丁走缝</td><td colspan="3"></td><td colspan="2"></td></tr>
<tr><td colspan="4">施工单位检查评定结果</td><td colspan="5"></td></tr>
<tr><td colspan="4">监理（建设）单位验收结论</td><td colspan="5"></td></tr>
</table>

4.2　教师工作页

4.2.1　资讯

1. 分配任务

将图纸发给学生，将学生8人1组分组，明确每组的任务。

第一组：横向定位轴线2与纵向定位轴线A相交处的T形墙段；

第二组：横向定位轴线3与纵向定位轴线A相交处的T形墙段；

第三组：横向定位轴线4与纵向定位轴线A相交处的T形墙段；

第四组：横向定位轴线5与纵向定位轴线A相交处的T形墙段；

第五组：横向定位轴线6与纵向定位轴线B相交处的T形墙段；

第六组：横向定位轴线7与纵向定位轴线B相交处的T形墙段；

第七组：横向定位轴线8与纵向定位轴线B相交处的T形墙段；

第八组：横向定位轴线9与纵向定位轴线B相交处的T形墙段。

任务：

每小组完成一段高为1.8m，水平向两方向均为2.0m的T形墙段的砖砌体砌筑。（该任务在单层砖砌体房屋墙体砌筑施工训练中完成。）

2. 带领学生识图并根据图纸回答下列问题

一、根据建筑平面，填写下列空格

（1）可判断该平面图为底层平面图，绘图比例为1∶100。

（2）该房屋的墙体厚度是240mm。

（3）该住宅楼为砖混结构，室内地面标高为±0.000m，室外标高为−0.300；散水沿外墙四周布置，宽度为 800mm ，散水外的明沟的纵向坡度是5%。

（4）房屋的定位轴线均通过墙体的中心线，横向定位轴线从1至12，纵向定位轴线从A至F。

（5）该平面图中所显示的门的种类有2种，窗的种类有5种；图中LC1521的窗的宽度为1500mm，高度为2100mm。

（6）该建筑的总长是42.24m，总宽是13.44m；楼梯间的开间尺寸为3600mm，进深尺寸为6600mm。

（7）平面图中三道尺寸线，最外边的一道表示建筑物外轮廓的水平总尺寸，中间一道表示定位轴线之间的距离，最里面一道表示细部尺寸。

（8）单层砖砌体房屋的屋顶坡度为3%。天沟纵坡是1%。

二、单选题

（1）本工程房屋的抗震设防烈度和类别为（B）。

A. 6度　二类　　B. 6度　三类

C. 8度　三类　　D. 9度　一类

(2) 本工程设计的使用年限（B）。

A. 25 年　　B. 50 年

C. 100 年　　D. 150 年

(3) 标高为－0.06m 采用的水平防潮层做法是（A）。

A. 防水砂浆防潮　　B. 油毡防潮

C. 细石混凝土防潮　　D. 防水砂浆砌砖防潮

(4) 柱与墙的连接部分沿墙高每（B）设置 2ϕ6 墙体拉结筋，拉结筋伸入墙内的长度（B）。

A. 200mm　≥1.0m　　B. 500mm　≥1.0m

C. 500mm　≥1.5m　　D. 600mm　≥1.5m

(5) 底层窗台下墙体灰缝内设置 3 道 2ϕ6 钢筋，每边伸入窗间墙内（B）。

A. 0.5m　　B. 0.6m

C. 0.4m　　D. 1.0m

(6) 屋顶预制楼板在外墙上和内墙上的支撑长度分别不小于（A）。

A. 120mm　100mm　　B. 100mm　100mm

C. 200mm　80mm　　D. 240mm　120mm

(7) 该工程的女儿墙稳定柱的设置间距小于等于（B）。

A. 3.0m　　B. 3.6m

C. 2.4m　　D. 5.0m

(8) 该房屋的走廊和卫生间均比室内地面低（A）。

A. 30mm　　B. 300mm

C. 24mm　　D. 500mm

(9) 该单层砌体的屋面为（B）。

A. 不上人屋面　　B. 上人屋面

(10) 该建筑的总长度为（C），总宽为（C）。

A. 42240mm　13200mm　　B. 42000mm　13200mm

C. 42240mm　13440mm

(11) 窗代号 LC1520 的意义（A）。

A. 铝合金窗洞口尺寸为 1500mm×2000mm

B. 铝合金窗洞口尺寸为 1500mm×200mm

C. 1 号铝合金窗洞口尺寸为 800mm×200mm

(12) 室外排水沟的坡度为（A）。

A. 2.0%　　B. 1.5%

C. 0.5%　　D. 2.5%

(13) 该工程砖墙厚是（B）。

A. 290mm　　B. 240mm

C. 190mm　　D. 490mm

(14) 在结构平面图中配置双层钢筋时，底层钢筋的弯钩应（C），顶层钢筋的弯钩应（C）。

A. 向上或向下　向下或向左　　　　B. 向上或向右　向下或向左

C. 向上或向左　向下或向右　　　　D. 向上或向下　向下或向右

(15) ϕ8@100/150 意义是（A）。

A. 直径为 8mm 的一级钢筋，间距：加密区 100mm，非加密区 150mm

B. 直径为 8mm 的一级钢筋，间距：加密区 150mm，非加密区 100mm

C. 直径为 8mm 的二级钢筋，间距：加密区 100mm，非加密区 150mm

D. 直径为 8mm 的一级钢筋，间距：加密区 150mm，非加密区 100mm

(16) 代号 XL1 代表（B）。

A. 预制板　　　　B. 现浇板

C. 现浇梁　　　　D. 预制梁

3. 信息收集

参考资料：《砌体结构工程施工》教材　　校本教材

《建筑工程施工质量验收统一标准》(GB 50300—2001)

《砌体工程施工质量验收规范》(GB 50203—2002)

《建筑材料》教材

《建筑识图与构造》教材

《建筑施工组织》教材

《建筑工程技术资料管理》教材

学生根据收集及查询到的信息，回答下列问题：

(1) 什么是砌体？简述砌体的优点和分类。

答：砌体是由块材（砖、石材、砌块）和砂浆砌筑而成的整体材料，包括砖砌体、石砌体、砌块砌体等。砌体通常用来砌基础、内外墙和柱。

砌体结构的主要优点是：所有材料是地方材料，易于就地取材，并可以利用工业废料，节省钢材、木材和水泥，造价较低；耐久性和耐火性好，并具有一定的隔热、隔音性能；施工技术和设备简单、易于普及。

(2) 简述墙体的作用及分类。

答：墙体的作用：砌体结构的房屋通常是指屋盖、楼盖等水平承重结构的构件采用钢筋混凝土或木材，而墙、柱与基础等竖向承重结构的构件采用砌体材料的房屋。砌体结构中的墙体一般具有承重、隔断和围护作用，墙体、柱的自重约占房屋总重的 60%。

墙体的分类：按墙体在房屋中所处的不同位置，有内墙和外墙、横墙和纵墙之分。位于建筑物外界四周的墙称为外墙，外墙是房屋的外围护结构，起着挡风、阻雨、保温、隔热等围护室内房间不侵袭的作用；位于建筑物内部的墙称为内墙，内墙主要起分隔房间的作用；沿建筑物短轴方向布置的墙称为横墙，外横墙称为山墙；沿建筑物长轴方向布置的墙称为纵墙，纵墙由内纵墙和外纵墙之分；在同一道墙上，窗与窗之间的墙称为窗间墙；窗洞下部的墙称为窗下墙。

(3) 简述砌体结构的房屋承重墙的布置方案。

答：砌体结构的房屋在承重墙的布置中，一般有4种方案可供选择，即纵墙承重体系、横墙承重体系、纵横墙承重体系和内框架承重体系。

(4) 简述砌体施工前的技术准备及施工现场准备内容。

答：① 检查规划红线桩，引出控制桩，建立现场测量控制网，并且校核，做到准确无误。

② 组织技术人员熟悉施工图纸，领会设计意图，参加建设单位组织的图纸会审和图纸设计交底。

③ 做好施工技术交底工作。

④ 编制施工预算，做好供材分析，提出各种新材料的需求量汇总表。

⑤ 编制施工组织设计，根据该工程特点，编制具有针对性的技术方案和安全方案。

⑥ 组织人员落实好原材料的订购计划和供应计划，做好门窗等半成品的供求计划及相应的各类技术文件。

⑦ 制定施工进度计划，绘制横道图线或网络图，标明网络图中的关键路线，将主要责任落实到人，保证关键工序的顺利进行，是施工进度计划顺利地进行下去。

⑧ 进行施工现场准备，主要包括：清除障碍物；七通一平（“七通一平”包括在工程用地规范内，接通施工用水、用电、道路、电讯及煤气，施工现场排水及排污畅通和平整场地的工作）；搭建生产和生活临时设施等。

(5) 烧结普通砖的技术性质包括哪些内容？简述烧结普通砖的质量控制要点。

答：烧结普通砖的技术性质包括规格尺寸、强度等级、抗风化性能、泛霜和石灰爆裂、质量等级。

砖质量控制要点：① 砖的品种、强度等级必须符合设计要求，用于清水墙、柱表面的砖，应边角整齐、色泽均匀。

② 砖进场后应按规定及时抽样复检。砖的强度等级必须符合设计要求。抽样送样工作应在现场监理人员的见证下进行。每一生产厂家的砖进场后按烧结砖15万块、多孔砖5万块、灰砂砖级粉煤砖10万块各为一个验收批抽检一组。不合格的砖不得用于工程中。

(6) 简述建筑砂浆的概念及种类。对砌筑砂浆的原材料有哪些要求？

答：建筑砂浆是由胶结料、细集料、掺加料和水按适当比例配制而成的一种复合型建筑材料。根据砂浆中胶凝材料的不同，可分为水泥砂浆、石灰砂浆、石膏砂浆和混合砂浆。混合砂浆有水泥石灰砂浆、水泥黏土砂浆和石灰黏土砂浆等。根据用途，建筑砂浆可分为砌筑砂浆、抹面砂浆及特种砂浆等。

砌筑砂浆的组成材料包括水泥、细骨料、拌和用水、掺加料、外加剂，要求如下：

① 水泥。常用品中的水泥都可以用来配制筑起砂浆。为了合理的利用资源、节约原材料，在满足砂浆强度要求的前提下，在配制砂浆时要尽量采用强度较低的水泥或砌筑水泥。对于一些特殊用途如配制构件的接头、接缝或用于结构加固、修补裂缝，应采用膨胀水泥。水泥的强度等级一般为砂浆强度等级的4.0～5.0倍，常用强度等级为32.5、32.5R。

② 细骨料。砂浆用细骨料主要为天然砂，它应符合混凝土用砂的技术要求。由于砂浆层较薄，对砂子最大粒径有所限制。对于毛石砌体用砂宜选用粗砂，其最大粒径应小于砂浆层厚的1/4～1/5。对于砖砌体以使用中砂为宜，历经不得大于2.5mm。对于光滑的抹面及勾缝砂浆则应采用细砂。砂的含泥量对砂浆的强度、变形性、稠度及耐久度影响较大。对M5以上的砂浆，砂中含泥量不应大于5%；M5以下的水泥混合砂浆，砂中含泥量可大于5%，但不应超过10%。若采用人工砂、山砂、炉渣等作为骨料配制砂浆，应根据经验或经试配而确定其技术指标。

③ 拌和用水。砂浆拌和水的技术要求与混凝土拌和水相同。应选用无杂质的洁净水来拌制砂浆。

④ 掺加料。掺加料是指为了改善砂浆的易和性而加入的无机材料。常用的掺加料有石灰膏、黏土膏、电石膏、粉煤灰以及一些其他工业废料等。为了保证砂浆的质量，应将生石灰块预先充分“陈伏”熟化制成石灰膏，然后在掺入砂浆中搅拌均匀。如采用生石灰粉或消石灰粉，则可直接掺入砂浆搅拌均匀后使用。当利用其他工业废料或电石膏等作为掺加料时，必须经过砂浆的技术检验，在不影响砂浆质量的前提下才能够采用。

⑤ 外加剂。与混凝土相似，为了改善或提高砂浆的某些技术性能，更好地满足施工条件和使用功能的要求，可在砂浆中掺入一定种类的外加剂。对所选择的外加剂品种和掺入量必须通过实验来确定。

(7) 砌筑砂浆的技术性质包含哪些内容？简述砌筑砂浆质量控制要点。

答：砌筑砂浆的技术性质：新拌砂浆要求具有良好的易和性。易和性良好的砂浆容易在粗糙的砖石底面铺抹成均匀的薄层，而且能够和底面紧密黏结。使用易和性良好的砂浆，即便于施工操作，提高生产率，又能保证工程质量。硬化后的砂浆则应具有所需强度和对底面的黏结力，并应有适宜的变形性能。

砂浆质量控制要点：

① 严把原材料质量关。水泥、砂子必须按规范要求复检：砌筑砂浆严禁使用细砂和含泥量超标的砂子：严禁将熟化好的石灰膏露天存放。

② 严把材料计量关。砌体用砂浆应严格按重量比计量。现场配合比标志牌必须标明每盘砂浆所用各种材料具体数量，严格控制石灰膏（粉）的掺用量。

③ 砌筑砂浆必须采用机械搅拌，严格控制搅拌加料顺序和搅拌时间。

④ 砂浆应随拌随用，水泥砂浆和水泥混合砂浆应分别3h和4h内使用完毕：当施工期间最高气温超过30℃时，应分别在拌成后2h和3h内使用完毕。（注：对产用缓凝剂的砂浆，其使用时间可根据具体情况延长。）

⑤ 凡在砂浆中掺入有机塑化剂、早强剂、缓凝剂、防冻剂等，应经检验和试配符合要求后，方可使用。有机塑化剂应砌体体强度的形式检验报告。

⑥ 砌筑砂浆应采用机械搅拌，自投料完算起，搅拌时间应符合下列要求：

- 水泥砂浆和水泥混合砂浆不得小于2min；
- 水泥粉煤灰砂浆和掺用外加剂的砂浆不得少于3min；
- 掺用有机塑化剂的砂浆，应为3～5min。

(8) 砖上墙前为什么要浇水润湿?

答：由于烧结砖极易吸水，在砌筑时容易过多的吸收砌筑砂浆中的水分降低砂浆的性能（流动性、黏结力和强度）影响砌筑质量。因此在使用前应提前1～2天浇水润湿。烧结普通砖、多孔砖含水率宜为10%～15%；灰砂砖、粉煤灰砖含水率宜为5%～8%。含水率以水重占砖重的百分数计。施工现场上砖的润湿程度可在现场通过横截面润湿痕迹来判断，一般为10～15min，但浇水润湿也不能使砖浸透，否则因不能吸收砂浆中的多余的水分而影响与砂浆的黏结力，还会产生堕灰和砖滑动现象。夏季引水分挥发快可在操作面上及时补水保持湿润。冬季则应提前润水并保证在使用前晾干表面水分。

(9) 砖砌体常见的组砌形式有哪些?

答：普通砖墙立面的组砌形式有以下几种：一顺一丁、梅花丁、三顺一丁、两平一侧、全顺、全丁。

(10) 砖墙组砌形式有哪些?

答：普通砖墙立面的组砌形式有以下几种：一顺一丁、梅花丁、三顺一丁、两平一侧、全顺、全丁。

(11) 简述砖墙砌筑施工工艺。

答：砖墙砌筑基本工艺流程如下：抄平放线—试摆砖—立皮数杆—盘角—砌筑—清理。

① 抄平放线。抄平是基础施工完成后，应测出四大角、平面几何特征变化处一集立皮数杆处等点的实际高程，找出与设计标高的差值并标注在地圈梁上，同时记录在放线记录上，一般确定和计算砌筑高度、灰缝厚度和组砌层数，保证砌体上口标高一致。放线则是利用控制桩找出轴线及交点，然后弹出所需的线。放线完成后应进行校验，其允许误差应满足《砌体工程施工质量验收规范》(GB 50203—2002) 的要求。

② 试摆砖。试摆砖又叫干摆砖，其目的是在墙体砌筑前，沿墙的纵横方向特别是在内外墙交接处，通过调节竖向灰缝的宽窄，保证每一层砖的组砌都能统一的并符合模数。当砖的长宽尺寸有正负差时，要注意丁砌和顺砌砖的竖向灰缝要相互协调，尽量避免竖向灰缝大小不匀，见图1.40。

③ 立皮数杆。为了保证砌体在高度上层数的统一，并控制灰缝大小和砌筑竖向尺寸，在砖墙的转角处及交接处立起皮数杆（皮数杆间距不超过15m，过长应在中间加立），在皮数杆之间拉准线，依准线逐皮砌筑，其中第一皮砖按墙身边线砌筑。皮数杆一般为木制，上面画有砖和灰缝的厚度、层数，门窗各点标高值，确定一个底平面标高值，以此确定值为依据，调整皮数杆标识并安放皮数杆，保证各点的组砌模数和上口标高一致。

④ 盘角。先拉通线，按所排的干砖位置把第一皮砖砌好；然后在要求位置安装皮数杆，并按皮数杆标注，开始盘角，盘角时每次不得超过六皮砖高，并按“三皮一吊，五皮一靠”的原则随时检查，把砌筑误差消灭在操作过程中。

⑤ 砌筑。可采用“三一”法、“挤浆”法砌筑。

(12) 简述独立砖柱砌筑要点。

答：砖柱一般是承重的，因此比砖墙更要认真砌筑。对砖柱，除了与砖墙相同的要求外，应尽量选边角整齐、规格一致的整砖砌筑，尽量少砍砖。每工作班的砌筑高度不宜超高 1.8m，柱面上不得留设脚手架眼，如果是成排的砖柱必须拉通线砌筑，以防发生扭转和错位。柱与墙如不能同时砌筑时，可与柱中留出直槎，并于柱的灰缝中预埋拉结钢筋，拉结钢筋的数量为每 120mm 墙厚放置 1ϕ6 拉结钢筋，间距沿墙高不应超过 500mm，埋入墙长度从留槎处算起每边均不小于 500mm，对抗震设防地区不应小于 1000mm，末端应有 90 度弯钩。对于清水墙配清水柱，要求水平灰缝在同一标高上。附墙柱在砌筑墙时应使墙和柱同时砌筑，不能先砌墙后砌柱或先砌柱后砌墙。

(13) 简述砖砌体施工安全技术。

答：① 在操作之前：安全、环保责任制度以及安全交底、安全教育、安全检查等各项管理制度已落实。操作环境、道路、机具、安全设施和防护用品，必须经检查符合要求后方可施工。

② 墙身砌体高度超过地坪 1.2m 时，应搭设脚手架，在一层以上或高度超过 4m 时，应采用里脚手架必须支搭安全网，采用外脚手架应设护身栏杆挡脚加立网封闭后才可砌筑。

③ 脚手架上堆料量不得超过规定荷载，堆砌高度不得超过 3 皮侧砖。

④ 在楼层（特别是预制板面）施工时，堆放机械、砖块等物品不得超过使用荷载，如超过荷载时，必须经过验算采取有效加固措施后方可进行堆放和施工。

⑤ 不准站在墙顶上做划线、刮缝和清扫墙面或检查大角垂直等工作。

⑥ 不准用不稳固的工具或物体在脚手板面垫高操作，更不准在未经过加固的情况下，在一层脚手架上随意再叠加一层，脚手板不允许有空头现象，不准用 2×4 厚木料或钢模板作立入板。

⑦ 砍砖时应面向墙内打，注意碎砖跳出伤人。

⑧ 使用于垂直运输的砖笼、绳索具等，必须满足负荷要求，牢固无损，吊运时不得超载，并需经常检查，发现问题及时修理。

⑨ 砖料运输车辆两车前后距离平道上不小于 2m，坡道上不小于 10m，装砖时要先取高处后取底处，防止倒塌伤人。

⑩ 砌好的山墙，应临时用联系杆（如擅条等）放置各跨山墙上，使其联系稳定，或采取其他有效的加固措施。

⑪ 在同一垂直面内上下交叉作业时，必须设置安全隔板，操作人员必须戴好安全帽。

⑫ 人工垂直向上或往下（深坑）传递砖块，架子上的站人板宽度应不小于 60cm。

(14) 简述砖砌体环保及文明施工要求。

答：① 施工现场应符合现行国家标准《建筑施工现场环境与卫生标准》(JGJ 146—2004)。

② 施工现场必须采用封闭围挡，高度不得小于 1.8m。

③ 在工程的施工组织设计中应有防止大气、水土、噪声污染和改善环境卫生的有

效措施。施工现场必须建立环境保护、环境卫生管理和检查制度，并做好检查记录。

④ 水泥和其他易飞扬的细颗粒建筑材料应密闭存放或采取覆盖等措施。施工现场混凝土搅拌场所应采取封闭、降尘措施。

⑤ 建筑物内施工垃圾的清运，必须采用相应容器或管道运输，严禁凌空抛掷。

⑥ 施工现场应设置密闭式垃圾站，施工垃圾、生活垃圾应分类存放，并应及时清运出场。

⑦ 施工现场严禁焚烧各类废弃物。

⑧ 施工现场应设置排水沟及沉淀池，施工污水经沉淀后方可排入市政污水管网或河流。

⑨ 施工现场应按照现行国家标准制定降噪措施，施工企业自行对施工现场的噪声值进行监测和记录。

⑩ 施工现场的强噪声设置宜设置在远离居民区一侧，并采取降低噪声的措施。

⑪ 对因生产工艺要求或其他特殊要求，却需在夜间进行超过噪声标准施工的，施工前建设单位应向有关部门提出申请，经批准后方可进行。

⑫ 现场使用照明灯具宜用定向可拆除灯罩型，使用时应防止光污染。

(15) 建筑钢材的力学性能包括哪些内容？

答：建筑钢材的力学性能包括拉伸性能、冲击韧性。

(16) 模板系统的作用有哪些？基本要求有哪些？简述模板系统的组成内容。

答：模板系统一般由模板、支架和紧固件三部分组成。模板提供了平整的板面，支架解决支撑问题，紧固件则是使模板相互之间的连接可靠。

任何结构和构件都有相应的形状和尺寸，而施工必须保证其形状 和尺寸的正确，还应保证其表面平整光洁。模板系统的作用正在于此。一方面，在混泥土浇筑前要形成结构或构件相应的形状和尺寸，并保证在浇筑过程中以及浇筑完成后不发生变化；另一方面，混凝土在凝结硬化中受到了保护而且其养护方便；第三方面，使混凝土形成一定的观感质量。

对模板系统有以下方面的要求：

① 模板系统要保证结构或构件形状和尺寸及相互位置的正确。其形状、尺寸及相互位置应满足设计要求，且保证混凝土浇筑后在允许偏差范围内。

② 模板系统本身要有足够的强度、刚度和稳定性。能可靠地承受浇筑混凝土的质量、测压力以及施工荷载，保证不出现塑性变形、倾覆或失去稳定。

③ 模板板面平整、光滑，还应有一定的耐摩擦、耐冲击、耐碱、耐水及耐热性能。目前，我国对混凝土施工的观感质量要求越来越高，承包商要在模板工程上多下工夫才能达到相应的要求。

④ 模板系统的构造应简单，重量应轻，安装和拆除应方便和尽量快捷，并要充分考虑与其他工种的配合。

⑤ 模板系统的接缝应少（指平面尺寸）且严密。

(17) 什么是混凝土？简述水泥的选择原则。普通混凝土用砂有哪些要求？普通混凝土用石有哪些要求？普通混凝土用水有哪些要求？

答：混凝土：由胶凝材料、细骨料、粗骨料、水以及必要时掺入的化学外加剂组成，经过胶凝材料凝结硬化后，形成具有一定强度和耐久性的人造石料。由于凝材料、细骨料、粗骨料的品种很多，混凝土的种类也很多。

水泥的选择原则：配制普通混凝土的水泥品种，应根据混凝土的工程特点或所处的环境条件，结合水泥的性能，且考虑当地生产水泥品种的情况等，进行合理的选择，这样不仅可以保证工程质量，而且可以降低成本. 水泥强度等级应根据混凝土设计强度等级进行选择。原则上配置高强度等级的混凝土，选择高强度的水泥。当用低强度等级水泥配置较高强度等级混凝土时，会使水泥用量过大，一方面混凝土硬化后的收缩和水化热增大，混凝土的水灰比过小而使拌和物流动性差，造成施工困难，不易成型密实；另一方面也不经济。

普通混凝土用砂的技术要求如下：颗粒级配和粗细程度；含泥量和石粉含量；有害物质；坚固性。

普通混凝土用卵石、碎石的技术要求如下：颗粒级配；最大粒径；含沙量和泥块含量；针、片状颗粒含量；坚固性；有害物质；强度；表观密度、堆积密度、孔隙率；碱骨料反应。

拦和用水：混凝土拌和用水，不得影响混凝土的凝结硬化；不得降低混凝土的耐久性；不加快钢筋锈蚀和预应力钢丝脆断。混凝土拌合用水，按水源分为饮用水、地表水、地下水、海水，以及经适当处理的工业废水。混凝土拌合用水宜选择洁净的饮用水。

(18) 什么是混凝土拌和物的和易性？影响混凝土拌和物和易性的因素有哪些？

答：混凝土拌和物的和易性是指拌和物便于施工操作（主要包括搅拌、运输、浇注、成型、养护等），能够获得结构均匀、成型密实的混凝土的性能。和易性是一项综合性能，主要包括流动性、黏聚性和保水性三个方面的性质。

影响混凝土拌和物的和易性的因素如下：水泥砂浆数量和单位用水量；骨料的品种、级配和粗细程度；砂率；外加剂。

(19) 简述影响混凝土抗压强度的主要因素。

答：水泥的强度和水灰比；粗骨料的品种；养护条件；龄期；外加剂。

(20) 简述模板拆除的基本规定。

答：侧模板的拆除，只需要混凝土强度达到其表面及棱角不会因为拆除模板而损坏即可，由于此时对混凝土的强度要求并不高，所以拆除模板时一定不能猛敲猛打。底模板及其支架拆除时的混凝土强度应符合设计要求，当设计无具体要求时混凝土强度应符合相关规范的规定。

(21) 搅拌混凝土的要求有哪些？混凝土运输要求有哪些？混凝土浇筑的一般要求有哪些？

答：搅拌要求：

① 严格执行混凝土施工配合比，及时进行混凝土施工配合比的调整。

② 严格进行各原材料的计量。

③ 搅拌前应充分湿润搅拌筒，搅拌第一盘混凝土时应按配合比对粗骨料减量。

④ 控制好混凝土搅拌时间。

⑤ 按要求检查混凝土坍落度并反馈信息。严禁随意加减用水量。

⑥ 搅拌好的混凝土要卸净，不得边出料边进料。

⑦ 搅拌完毕或间歇时间较长，应清洗搅拌筒。搅拌筒内不应有积水。

⑧ 保持搅拌机清洁完好，做好其维护保养。

运输要求：

混凝土应及时运至浇筑地点。为保证混凝土的质量，对混凝土运输的基本要求是：

① 混凝土运输过程中要能保持良好的均匀性，不离析、不漏浆；

② 保证混凝土具有所规定的坍落度；

③ 使混凝土在初凝前浇筑完毕

④ 保证混凝土浇筑的连续进行。

混凝土浇筑的一般要求：

① 混凝土浇筑前不应发生初凝和离析现象，如已发生，可重新搅拌，恢复混凝土的流动性和黏聚性后再进行浇筑。混凝土运到后，其坍落度应满足教材表 1-29 的要求。

② 混凝土的浇筑工作应尽可能连续作业，如上下层混凝土浇筑有时间间隔，则间隔时间应尽量短，并应在混凝土初凝前将混凝土浇筑完毕，以防止扰动已初凝的混凝土而出现质量缺陷。混凝土的初凝时间与水泥品种、凝结条件、掺用外加剂的品种和数量等因素有关，应由实验确定。

③ 如间隔时间必须超过混凝土初凝时间，则应按施工技术方案的要求留设施工缝。所谓施工缝是指在混凝土浇筑中，因设计要求或施工要求分段浇筑混凝土而在先、后浇筑的混凝土之间形成的接缝。因停电等意外原因造成下层混凝土已初凝时，则应在继续浇筑混凝土之前，按照施工技术方案对混凝土接槎（施工缝）的要求进行处理，使新旧混凝土结合紧密，保证混凝土结构的整体性。

(22) 简述板缝施工时应注意的问题。

① 接缝砂浆或细石混凝土应随伴随用，每次拌和量以在 30min 用完为度。

② 楼板缝不能随铺随灌，必须隔层浇灌板缝，也就是说该层主体已施工完毕，再灌板缝。

③ 接缝细石混凝土，采用人工振捣，应分 2～3 层灌入和捣实。

④ 为防止板缝的吊模下沉，从而造成混凝土表面剔凿，震动板缝，吊模材料最好采用三角木楞或角钢施工。

⑤ 在常温施工时，灌缝水泥砂浆或细石混凝土终凝后即开始浇水养护，养护时间不少于 3d。

⑥ 在冬天负温下，应用 30℃～50℃的温水拌和灌缝材料。浇筑完毕的接缝表面用塑料薄膜或草帘（或 100mm 厚锯末）覆盖。

⑦ 板缝的吊模不要过早拆除，拆模后，不密实的接缝（如未满或有孔洞等）应用环氧水泥填补或者凿去重新浇筑。

4.2.2　计划

在一阶段中，学生针对本工程，一小组方式工作，独立地寻找与任务相关的信息，并获得工作过程、工具清单、材料清单，了解安全措施，并把它填入相应的学生工作页，制定工作计划。本项目计划主要内容有：材料计划、工具计划、劳动力计划、施工方案。

1. 材料计划（表4.10）

表4.10

材料名称	规格	标号	数量
页岩实心砖	240mm×115mm×53mm	MU15	920块
水泥混合砂浆	符合设计规范	M5	0.40m^3
拉结钢筋	一级钢筋　每根1.5m		48根

2. 工具计划（表4.11）

表4.11

工具名称	数量	工具名称	数量
砖刀	8把	尼龙线	8卷
线锤	8个	卷尺	8把
皮数杆	12个	灰桶	8个
铁锹	4把		

3. 劳动力计划（表4.12）

表4.12

人员名称	数量	工作任务
×××	2人	材料运输
×××	4人	砌筑

4. 施工方案

一、施工工艺流程

砖墙施工基本工艺流程如下：抄平放线—试摆砖—立皮数杆—盘角—砌筑—清理。

二、施工要点

(1) 砌筑前，应将砌筑部位清理干净，放出墙身中心线与边线，浇水湿润。

(2) 在砖墙的转角处及交接处立起皮数杆（皮数杆间距不超过 15m，过长应在中间加立），在皮数杆之间拉准线。依准线逐皮砌筑，其中第一皮砖按墙身边线砌筑。

(3) 砌筑操作方法可采用铺浆法或“三一”砌筑法，依各地习惯而定。采用铺浆法砌筑时，铺浆长度不得超过 500mm。“三一”砌筑法即“一铲灰，一块砖，一挤揉”的操作方法，8 度以上地震区的砌筑工程宜采用此操作方法砌筑。

(4) 砖墙水平灰缝和竖向灰缝厚宜为 10mm，但不小于 8mm，也不应大于 12mm。水平灰缝的砂浆饱满度不得小于 80%；竖向宜采用挤浆或加浆的方法，不得出现明缝，严禁用水冲浆灌缝。

(5) 砖墙转角处，每一皮的外角应加砌气氛头砖。当采用一顺一丁砌筑形式时，七分头砖的顺面方向一次砌顺砖，丁面方向一次砌丁砖。

(6) 砖墙的丁字交接处，横墙的墙头隔皮加砌七分头转，纵墙隔皮砌通。当采用一顺一丁砌筑形式时，七分头转丁面方向一次砌丁砖。

(7) 砖墙的十字交接处，交接处内角的竖缝应上下错开 1/4 砖长。

(8) 宽度小于 1m 的窗间墙，应采用整砖砌筑，半砖或破损的砖应分散使用在受力较小的砖墙，小于 1/4 砖块体积的碎砖不能使用。

(9) 砖墙的转角处和交接处应同时砌筑，对不能同时砌筑的而必须留槎时，应砌成斜槎，斜槎水平投影长度不应小于高度的 2/3. 当不能留斜槎时，除转角外，可留直槎，但是必须做成凸槎。留直槎处应加设拉结钢筋，拉结钢筋的数量为每 120mm 墙厚放置 1ϕ6 拉结钢筋，间距沿墙高不应超过 500mm；埋入长度从留槎处算起每边均不小于 500mm，对抗震设防地区不应小于 100mm；末端应有 90 度弯钩。抗震设防地区不得留直槎。

(10) 隔墙与承重墙不能同时砌筑又留成斜槎时，可在承重墙中引出凸槎，并在承重墙的水平灰缝中预埋拉结钢筋，其构造与上述直槎不同，但是每道墙不得少于 2 根。

(11) 砖墙中留置临时施工洞时，其侧边离交界处的墙面不应小于 500mm。洞口顶部宜设置过梁，也可在洞口上部采取逐层挑砖封口，并预埋水平拉结筋，洞口净宽不宜超过 1m。八度以上地震区的临时施工洞位置，应会同设计单位研究决定。临时施工洞口补砌时，洞口周围砖块表面应清理干净，并浇水湿润，再用与原墙相同的材料补砌严密。

(12) 砖墙工作的分段位置，宜设在伸缩缝、沉降缝、防震缝、构造柱或门窗洞口处，相邻工作段的砌筑高度差不得超过一个楼层的高度，也不宜大于 4m。砖墙临时间断处的高度差，不得超过一部脚手架的高度。

(13) 墙中的洞口、管道、沟槽好、和预埋件等应于砌筑时正确留出或预埋，宽度超过 300mm 的洞口应砌筑平拱或设置过梁。

(14) 砖墙的每天砌筑高度以不超过 1.8m 为宜。

4.2.3 决策

每一组请一位学生讲述自己所做的计划，老师进行评价分析，给出建议。

该环节安排在单层砖砌体房屋墙体砌筑训练中完成。

4.2.4　实施

1. 技术和安全交底（表 4.13、表 4.14）

表 4.13　技术交底

工程名称	某住宅楼	建设单位	
监理单位	×××监理公司	施工单位	×××建筑公司
交底部位	底层砖墙体砌筑	交底日期	

1. 砌筑前，应将砌筑部位清理干净，放出墙身中心线与边线，浇水湿润。
2. 砌体的上下皮砖块应相互错缝搭砌，搭接长度不宜小于砖块的长度的四分之一。
3. 外墙转角处和纵横墙交接处的砌块应分皮咬槎、交错搭砌。
4. 砌体的灰缝大小应均匀，一般不大于 12mm，不小于 8mm，通常为 10mm，其水平灰缝的砂浆饱满度应≥80%，竖向灰缝不得出现透明缝，瞎缝和假缝。
5. 砖砌体的转角处和交接处应同时砌筑。严禁无可靠措施的内外墙分砌施工，对不能同时砌筑而有必须留置的临时间断处应砌成斜槎，斜槎水平投影长度不应小于高度的 2/3。
6. 砖墙的丁字交接处，横墙的端头隔皮加砌七分头转，纵墙隔皮砌通。当采用一顺一丁砌筑形式时，七分头转丁面方向依次砌丁砖。
7. 砌筑中应做到“三线一吊”“五线一靠”。

接受人签字

表 4.14　安全交底

工程名称	某住宅楼	建设单位	四川建院
监理单位	×××监理公司	施工单位	×××建筑公司
交底部位	底层砖墙体砌筑	交底日期	
交底人签字			

1. 在操作之前，必须检查操作环境是否符合安全要求，道路是否畅通，机具是否完好牢固，安全设施和防护用品是否齐全，经检查符合要求后才可施工。
2. 墙身砌体高度超过地坪 1.2m 时，应搭设脚手架。
3. 脚手架上堆料量不得超过规定荷载，堆砖高度不得超过 3 皮侧砖。
4. 不准站在墙顶上做划线，刮缝和清扫墙面或检查大角垂直等工作。
5. 砍砖时应面向墙内打，应注意碎砖跳出伤人。
6. 人工垂直向上传递砖块时，架子上的站人板宽度不应小于 60cm。
7. 雨天或下班后，应做好防雨准备，以防雨水冲走砂浆，致使砌体倒塌。冬期施工时，脚手架上有冰霜，积雪，应先清楚后才能上架工作。

接受人签字

2. 墙体砌筑训练

该环节安排在单层砖砌体房屋墙体砌筑训练中完成。

4.2.5 检查及工程资料填写

该环节安排在单层砖砌体房屋墙体砌筑训练中完成。

1. 砖砌体工程施工质量标准

(1) 砖的品种，强度等级必须符合设计要求。

(2) 砂浆品种必须符合设计要求。强度要求：对同品种，同强度等级砂浆各组试块的平均强度不小于 $f_{m,k}$，任意一组试块的强度不小于 $0.75f_{m,k}$。

(3) 砌体砂浆必须密实饱满，是新砖砌体水平灰缝的砂浆饱满度不小于 80%。

(4) 外墙转角处严禁留直槎，其他临时间断处，留槎的做法必须符合施工规范的规定。

(5) 砖砌体尺寸，位置的允许偏差及检验方法见表 4.15 和表 4.16。

表 4.15　砖砌体位置及垂直度的允许偏差及检验方法

<table>
<tr><th>项次</th><th colspan="3">项目</th><th>允许偏差/mm</th><th>检验方法</th></tr>
<tr><td>1</td><td colspan="3">轴线位置偏移</td><td>10</td><td>用经纬仪或尺检查或用其他测量仪器检查</td></tr>
<tr><td rowspan="3">2</td><td rowspan="3">垂直度</td><td colspan="2">每层</td><td>5</td><td>用 2m 托线板检查</td></tr>
<tr><td rowspan="2">全高</td><td>≤10m</td><td>10</td><td rowspan="2">用经纬仪，吊线和尺检查，或用其他测量仪器检查</td></tr>
<tr><td>>10m</td><td>20</td></tr>
<tr><td colspan="6">抽查数量：轴线查全部承重墙柱；外墙垂直度全高查阳角，不应小于 4 处，每层 20m 查一处；内墙按有代表性的自然间抽 10%，但不应少于 3 间，每间不应少于 2 处，柱不少于 5 根。</td></tr>
</table>

注：观察或用尺量检查，外墙每 20m 抽查一处，每处 3m 延长线；内墙基础有代表性的自然间抽查 10%，但不少于 3 间，每间不少于 2 处。

表 4.16　砖砌体一般尺寸允许偏差

<table>
<tr><th>项次</th><th colspan="2">项目</th><th>允许偏差</th><th>检验方法</th><th>抽查数量</th></tr>
<tr><td>1</td><td colspan="2">基础顶面和楼面标高</td><td>±15</td><td>用水平仪和尺量</td><td>不少于 5 处</td></tr>
<tr><td rowspan="2">2</td><td rowspan="2">表面平整度</td><td>清水墙，柱</td><td>5</td><td rowspan="2">用 2m 靠尺和楔形塞尺检查</td><td rowspan="2">代表性的自然间抽查 10%，但是不少于 3 间，每间不少于 2 处</td></tr>
<tr><td>混水墙，柱</td><td>8</td></tr>
<tr><td>3</td><td colspan="2">门窗洞口宽度</td><td>±5</td><td>用尺检查</td><td>检验批洞口的 10%且不少于 5 处</td></tr>
<tr><td>4</td><td colspan="2">外墙上下窗口偏移</td><td>20</td><td>以底层窗口为线，用经纬仪或吊线检查</td><td>检验批的 10%且不少于 5 处</td></tr>
<tr><td rowspan="2">5</td><td rowspan="2">水平灰缝平直度</td><td>清水墙</td><td>7</td><td rowspan="2">拉 10m 线和尺检查</td><td rowspan="2">代表性的自然间抽查 10%，但不少于 3 间，每间不少于 2 处</td></tr>
<tr><td>混水墙</td><td>10</td></tr>
<tr><td>6</td><td colspan="2">清水墙游丁走缝</td><td>20</td><td>吊线和尺检查，以每层第一皮砖为准</td><td>代表性的自然间抽查 10%，但是不少于 3 间，每间不少于 2 处</td></tr>
</table>

2. 检查计划（表 4.17）

采用自检，互检，专检的方式，检查学生实训成果。

表 4.17　检查工具计划

检查工具名称	用　途
经纬仪或拉线和尺	轴线位置偏移
水准仪和量尺	基础顶面标高
长靠尺和楔形塞尺	表面平整度
10m 线和尺	水平灰缝平直度
皮数杆，卷尺	水平灰缝平厚度（10 皮砖累计数）

3. 实施检查

各组放线完成后，先进行自检，再进行互检，自后由教师进行专检。

各组砌筑完成后，先进行自检，再进行互检，自后由教师进行专检。

4.2.6　评价

学生完成学习情况的评价见表 4.18。

表 4.18　学生完成学习情境成绩评定表

学生姓名：　　　　　　　　教师：　　　　　　　班级：　　　　　　　　学号：

序号	考评项目	分值	考核办法	教师评价（权重 60%）	组长评价（权重 20%）	学生评价（权重 20%）
1	学习态度	10	出勤率、听课态度、实训表现			
2	学习能力	20	上课回答问题、完成学生工作页质量等			
3	操作能力	20	实训（试验、大作业）成果质量等进行评价			
4	团结协作精神	10				
合计		60				
综合得分						

主要参考文献

安全生产监察编写组. 2006. 安全生产监察［M］. 北京：化学工业出版社.
陈宝智. 2005. 系统安全评价与预测［M］. 北京：冶金工业出版社.
丁士昭. 2004. 建设工程项目管理［M］. 北京：中国建筑工业出版社.
丁天庭. 2003. 建筑结构［M］. 北京：高等教育出版社.
樊玉晓. 2006. 应急救援预案编制实务［M］. 北京：化学工业出版社.
房屋建筑工程管理与实务编委会. 2004. 房屋建筑工程管理与实务［M］. 北京：中国建筑工业出版社.
广州市建筑集团有限公司. 1999. 实用建筑施工安全手册［M］. 北京：中国建筑工业出版社.
国家安全生产监督管理总局矿山救援指挥中心. 2006. 矿山事故应急救援战例及分析［M］. 北京：煤炭工业出版社.
国家煤炭工业局. 2004. 矿工井下避灾［M］. 北京：煤炭工业出版社.
建筑结构设计手册丛书编委会. 2004. 砌体结构设计手册［M］. 北京：中国建筑工业出版社.
劳动部矿山安全卫生监察局. 1990. 矿山事故调查与处理［M］. 北京：劳动人事出版社.
李坤宅. 2003. 建筑施工安全资料手册［M］. 北京：中国建筑工业出版社.
李世蓉，兰定筠. 2004. 建筑工程安全生产管理条例实施指南［M］. 北京：中国建筑工业出版社.
林明清. 1998. 劳动保护词典［M］. 北京：科学技术文献出版社.
刘宏. 2004. 职业安全管理［M］. 北京：化学工业出版社.
罗云，吕海燕，白福利. 2006. 事故分析预测与事故管理［M］. 北京：化学工业出版社.
钱仲侯，张公绪. 2001. 质量专业理论与实务（中级）［M］. 北京：中国人事出版社.
全国建筑企业项目经理培训教材编写委员会. 2002. 施工项目质量与安全管理［M］. 北京：中国建筑工业出版社.
全国一级建造师执业资格考试用书编写委员会. 2004. 建设工程项目管理［M］. 北京：中国建筑工业出版社.
施岚青. 2010. 一二级注册结构工程师专业考试应试指南［M］. 北京：中国建筑工业出版社.
实用建筑结构设计手册编写组. 2004. 实用建筑结构设计手册［M］. 北京：中国机械工业出版社.
宋功业. 2010. 砌体结构工程施工［M］. 天津：天津大学出版社.
隋鹏程，陈宝智，隋旭. 2005. 安全原理［M］. 北京：化学工业出版社.
孙华山. 2006. 安全生产风险管理［M］. 北京：化学工业出版社.
陶红林. 2002. 建筑结构［M］. 北京：化学工业出版社.
王树玉. 2006. 煤矿五大灾害事故分析和防治对策［M］. 徐州：中国矿业大学出版社.
吴穹，许开立. 2006. 安全管理学［M］. 北京：煤炭工业出版社.
吴运华，高远. 2003. 建筑制图与识图［M］. 武汉：武汉理工大学出版社.
肖爱民，梅宏晏，唐紫荣. 1990. 事故管理［M］. 北京：冶金工业出版社.
杨文柱. 2004. 建筑安全工程［M］. 北京：机械工业出版社.
姚谨英. 2003. 建筑施工技术［M］. 2版. 北京：中国建筑工业出版社.
于殿宝. 2007. 事故预测预防［M］. 北京：人民交通出版社.

ZY